船舶辅机拆装与操作

主 编 ◉ 叶晓华 王 强 郭学兵

副主编 ◉ 王福秋 张 刚

主 审 ◉ 涂志平

大连海事大学出版社

DALIAN MARITIME UNIVERSITY PRESS

图书在版编目(CIP)数据

船舶辅机拆装与操作 / 叶晓华，王强，郭学兵主编. — 大连：大连海事大学出版社，2022.8(2025.8 重印)
ISBN 978-7-5632-4298-6

Ⅰ. ①船… Ⅱ. ①叶… ②王… ③郭… Ⅲ. ①船舶辅机—教材 Ⅳ. ①U664.5

中国版本图书馆 CIP 数据核字(2022)第 143365 号

大连海事大学出版社出版

地址:大连市黄浦路523号 邮编:116026 电话:0411-84729665(营销部) 84729480(总编室)
http://press.dlmu.edu.cn E-mail:dmupress@dlmu.edu.cn

大连天骄彩色印刷有限公司印装　　大连海事大学出版社发行

2022 年 8 月第 1 版　　2025 年 8 月第 3 次印刷
幅面尺寸:184 mm × 260 mm　　印张:14
字数:316 千　　印数:3001～4000 册

出版人:余锡荣

责任编辑:王　琴　　责任校对:宋彩霞
封面设计:解瑶瑶　　版式设计:解瑶瑶

ISBN 978-7-5632-4298-6　　定价:39.00 元

前言

“船舶辅机拆装与操作”是轮机工程技术专业的一门专业必修课。本书内容满足《STCW 公约马尼拉修正案》《海船船员培训大纲(2022 版)》的要求,涵盖了船舶值班机工、二/三管轮、大管轮等职务的船舶辅助机械设备实操科目考试内容。本书适合作为航海院校轮机工程技术专业学生实操训练的指导书、轮机员履约培训的实训教材和轮机维护人员的参考用书。

本书以青岛远洋船员职业学院的实训室设备为依托进行编写,采用任务驱动教学法设计。每一项训练项目都设置几项训练任务,创设学习情景,要求学员积极参与,进行探究、实践,最终使学员能够熟练掌握、运用相关知识去解决相关问题。本书内容分为三个部分:第一部分是船舶辅机拆装与检修,包括导论和管系、冷却器、离心泵、往复泵、齿轮泵、活塞式空压机、燃油锅炉附件、制冷压缩机、液压泵、液压马达、液压阀等十一项拆装与检修项目;第二部分是船舶辅机操作与管理,包括管路系统、燃油锅炉、活塞式空压机、液压系统、油水分离器、造水机、空调、制冷装置、舵机等九项操作与管理项目;第三部分是实操考核任务设计,包括机工、二/三管轮、大管轮等实操考核任务设计。

本书由叶晓华、王强、郭学兵担任主编,由王福秋、张刚担任副主编,由涂志平担任主审。张晓荣参与了本书的编写。其中,导论、项目一至项目三、项目十至项目十一、项目十六至项目十八、实操考核任务设计由叶晓华编写,项目四至项目七由王强编写,项目十二至项目十四由王强、张晓荣共同编写,项目八至项目九、项目十五、项目十九至项目二十由王福秋、张刚、郭学兵共同编写。中远海运特种运输股份有限公司郭学兵轮机长在编写过程中提供了大量的资料,并根据船舶实际情况对拆装与操作步骤进行了修改,使本书更加符合企业生产的实际。

本书在编写过程中,得到了中国远洋海运集团有限公司相关人员和其他院校同行们的大力帮助,在此表示感谢!

本书引用、参阅了国内外同行专家的相关资料,在此向相关的作者致以诚挚的谢意!

由于编者专业水平有限,书中缺点和不足之处在所难免,敬请各位专家和广大读者批评指正。

编　者

2022 年 6 月

目 录

第一部分 船舶辅机拆装与检修

第二部分 船舶辅机操作与管理

第三部分　实操考核任务设计

第一部分

船舶辅机拆装与检修

导 论

拆装、检修基础

基础一 拆装与检修的一般规律和规则

一、船机故障的类型、一般规律及船机维修的过程

（一）船机故障的类型

1.按发生和演变过程的特点分

故障按发生和演变过程的特点分为：

(1)渐进性故障：如空压机活塞环、气缸套的磨损，曲轴、轴承的磨损。

(2)突发性故障：如设备自动故障停车、空压机气阀碎裂。

(3)波及性故障：如锅炉冷爆造成的燃烧器、炉膛及管路的损坏等。

2.按原因分

故障按原因分为：

(1)结构性故障：如空压机气缸套上部因设计上受力不当和制造工艺不良引起的凸缘根部多发性裂纹，甚至缸套断裂。

(2)工艺性故障：如轴系校中安装质量不良引起的轴系振动、轴承发热或过度磨损。

(3)磨损性故障：如由于过度磨损、活塞与气缸间隙过大而产生敲缸、窜气等故障。

(4)管理型故障：如滑油经长期使用，变质后引起轴瓦合金熔化的故障。

（二）船机故障的一般规律

1.早期故障期

早期故障期又称磨合期，主要是由设计、制造的缺陷，操作不熟练、不准确，使用条件不适等造成的。

2.随机故障期

随机故障期又称偶然故障期，主要是由设计、制造中的潜在缺陷，操作差错，维护不良和环境因素等造成的。

3.磨损故障期

磨损故障期又称晚期故障期，主要是由磨损、腐蚀、疲劳和老化造成的。

（三）船机维修的过程

1.现场观察

现场观察是指通过航行中对机器运转情况的观察和必要的检测了解和确定故障部位，零部件的损坏性质、程度等。

2.拆卸维修

拆卸维修是指将运动件从其固定件上拆下来，然后将机器进行局部或全部解体。拆卸工作必须保证正确、顺利，零件完好和能正确装复。

3.清洗和冲洗

清洗是指除去零件表面的油垢、积炭、铁锈等污物；冲洗是指清除系统中带入和沉积的杂质、污垢。

4.检验和测量

检验和测量是对机器的剖析和透视，是查明故障、分析和诊断故障原因、制定修理方案的重要依据。

5.修理

修理是指采用各种修复工艺使其中大部分零件恢复原有功能重新投入使用，其中还包括对不能修理、不好修理、不易修理或修理不经济的零部件进行更换。

6.装复和试验

装复和试验是指把拆下来的各个零件按照技术要求、装配原则和一定的装配方法进行组装，再把这些部件按照一定的次序和要求总装成一部完整的机器。装配完工后进行相关试验，达到有关标准后才可经磨合使用。

二、拆装与检修的一般规则

（一）安全规则

1.拆装前的安全准备工作

(1)人员、场地的安全准备

人员、场地的安全准备如下：

①拆装前由作业负责人组织参与工作人员向其讲解工作任务、技术要求，分析不安全因素并合理分工。

②清理作业场地，调整照明，准备必要的工具、备件，检查起重设备是否处于完好待用状态并戴好安全帽。

③拆装人员了解所拆机器的构造特点和装配技术，明确拆装目的，制定拆装方案。

(2)船舶辅机防止误动车的安全准备

船舶辅机防止误动车的安全准备如下：

①关闭通往船舶辅机的油、水、气路阀门，尤其是启动空气阀门，在阀门处挂上“禁止开启”警告牌，必要时可用铁丝扎紧。

②在船舶辅机操纵处挂上“禁止动车”警告牌。

③警告牌只能由作业负责人挂或摘，其他人不得乱动。

2.隐蔽部位的安全工作

隐蔽部位指扫气箱、曲轴箱、锅炉内及人员进入后不易发现的其他工作部位。这些部位往往处于高温、有异味、滑腻等状态，人员进入后易发生危险。

(1)进入隐蔽部位作业时，必须有人守在外部，随时注意观察内部人员的状态，以便及时营救。

(2)进入隐蔽部位作业时，除携带必要物件外不得带入任何杂物，且进入前应清点登记，作业完毕出来后认真核对，避免遗忘在内。

(3)大型主机在吊缸时需要上下几层协同工作，为防止误动车伤人，可提前约定好盘车、拆卸、吊拉信号。比如在船上以用铁锤敲击滑铁板或机架发出响声为信号，敲一下为停止，连敲两下为向上，连敲三下为向下等。

3.禁止设备在压力状态下进行拆装作业

(1)拆卸缸盖上的零部件前，必须开启示功阀卸压后才能作业。

(2)在喷油器试验器上对喷油器进行喷射试验时不得用手触摸喷嘴，试验后必须卸掉油压方可拆下喷油器。

(3)拆卸空气瓶瓶头上的阀件时，必须将压缩空气泄放后才能作业。

(4)使用液压工具拆装螺母时，必须卸掉工具系统内的油压方可拆开连接软管。

4.个人安全防护

(1)洒在地板上的油污及杂物应随时清理，避免人员滑倒受伤。

(2)作业中需要盘车时，要互相沟通予以警告，避免转车时误伤人。

(3)手柄松脱的手锤不能使用，拆装时尽量不用活动扳手，避免脱出伤人。

(4)拆装螺栓(母)时，要尽量往怀里拉，不要向外推，避免螺栓(母)突然松动或工具滑脱后伤人。

(5)在高层作业时应正确使用安全带、防滑软底鞋。在遇强风或涌浪时，除非有特殊需求，否则禁止上高作业。应在脚手架或踩踏壳体处铺垫麻袋片以防滑，拿牢工具以免滑脱后伤人。

(6)在特殊地方作业时，如有必要，应戴好防护面具。进行车、钳、焊作业时，要遵守相关的安全规则。

5.关于起重的安全规则

(1)禁止起吊超重机件。

(2)捆绑机件时应避开仪表、管路，防止绳索拉紧时将其压坏。

(3)绳索与机件尖角处接触时，应垫上纸板或抹布，防止绳索被磨断。

(4)吊钩的位置和绳索的悬挂中心线应与机件中心线一致，防止起吊时机件摇摆伤人。

(5)起吊前应仔细检查吊索是否可靠，各处绑扎是否正确且均匀拉紧。起吊重机件时不要太猛，在离地 5~10 cm 时，用撬杠敲打绳索以检验索具的可靠性。

(6)起重过程要统一指挥，协调配合。吊起机件时下面不准站人，尽量避免在机器上空吊运机件。

(二)技术规则

1.熟悉结构，遵守说明书指示的拆装工艺

熟悉结构，遵守说明书指示的拆装工艺，具体指：

(1)拆装前熟悉说明书及图纸，禁止盲目拆装。

(2)拆装工具应选择适当、使用正确,能使用专用工具时不使用通用工具。

(3)零件拆卸前应检查、核对装配标记,无标记者要补标记。

(4)运动件及其他主要件的重要连接螺栓(母)必须按照要求的力矩,分次、均匀、对角拆卸或装配,装配后应按照要求的锁紧方式正确锁紧。

(5)紧固件(螺母、螺栓、垫片等)零件拆下后尽量恢复原位,避免错乱、丢失。不能复位的也应做好标记并妥善保管。

(6)拆下的零件应放在垫木或支架上,为避免错乱,可按缸放置或按系统放置。精密偶件必须成对放置,避免错乱。

(7)零件装配时必须彻底清洁,注意装配标记,不得错装,有相对运动的零件要涂油润滑,且边装配边转动,以便随时发现问题。

2.拆卸和装配原则

(1)确定拆卸范围

根据机器存在的故障确定拆卸范围,能不拆的机件尽量不拆,不要随意扩大拆卸范围。

(2)采用正确的拆卸顺序

拆卸前不仅应该充分掌握机器的结构特点,而且应该仔细阅读说明书,了解拆装要求、随机拆装专用工具及其使用方法等,以便顺利拆卸。

一般来说,拆卸机器应从上到下、从外到里;先拆附属件、易损件,后拆主要件;先拆部件,再将部件拆成零件。

(3)保证零件原有的精度

拆卸中应保证不损伤零件,不破坏零件的尺寸精度、形状与位置精度,尤其要保护好配合件的工作表面。特殊情况下,允许在保护大件、重要件精度的前提下牺牲小件、不重要件,以完成拆卸工作;重要或精密零件不在现场拆卸,应送专门工作室或船厂车间解体修复。

(4)保证正确装复机器

拆卸前应考虑拆卸后的装配复原。要求在拆卸过程中细心观察和记忆、做标记、贴标签、画图、照相和进行必要的文字记录等。

(5)装复前应检查和修整

零部件在装复前应检查和修整。

基础二 拆装技术

一、拆装的规则与技巧

(一)做标记或贴标签

相应配合件要做记号或贴标签。通常使用样冲、号码、油漆和马克笔等做标记。注意不能在部件的密封面上做标记,以防破坏密封面。

(二)工具的使用技巧

工具的使用技巧如下:

(1)尽量少用呆扳手、活动扳手。能用梅花扳手、套筒扳手的地方不用呆扳手、活动扳手。

(2)不要随意在扳手上接加长杆,以防因力臂过大而拧断螺栓。

(3)拆装螺母时不要随意用锤子击打扳手。

(4)扳手,尤其是活动扳手不能当锤子使用。

(5)拆装螺母时要站稳,左手尽量抓住固定物,右手用力,一般向怀里拉,不要向外推。这样既便于用力,又不伤人。

(6) 一般螺丝刀不能作凿子用,不然容易打坏木柄、伤及工件表面。

(7)不同材料、不同表面应用不同材料的锤子击打。

(8)用锤子击打机件时应隔着垫块,否则会造成机件变形损坏。

二、螺栓的拆装技巧

在船舶辅机拆装中,螺纹连接拆装工作量约占全部拆装工作量的70%,故轮机人员了解螺纹连接知识、熟练掌握螺纹连接拆装技术是非常必要的。

(一)拆卸

(1)双头螺栓的拆卸(如图0-1所示)有时无须拧出双头螺栓。如确需拆卸,其简便方法是在双头螺栓的螺纹上拧两个螺母1、2,其中螺母1作为锁紧螺母,拧动螺母2,就可将双头螺栓5拧出。

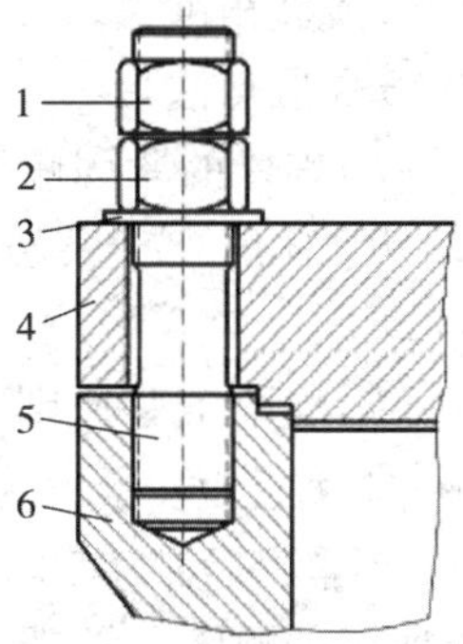

图0-1　双头螺栓的拆卸

1、2—螺母;3—垫片;4—端盖;5—双头螺栓;6—机体

(2)多个螺母的连接件,必须对角、均匀、分次拆卸或者上紧,避免拆卸不当,造成过大的附加应力。

(3)当生锈的螺母不能旋出时,可采用下列方法旋出:

①先将其拧紧1/4圈,然后旋出。

②轻轻振动螺母棱边,然后旋出。

③在螺母和螺栓之间灌入煤油或渗透剂,浸泡20~30 min后再旋出。

④用酒精喷灯将螺母均匀加热后再旋出。

⑤以上办法不奏效时,才可将螺母破坏并取出。

(4)如断头螺栓有一部分仍在螺纹孔外,可采用下列方法取出:

①螺栓顶端锯一个槽,用螺丝刀拧出。

②把螺栓两侧锉平,用扳手旋出。

③在断头螺栓上焊一根折角钢棍,转动钢棍并拧出螺栓。

④焊上一个螺母,拧转螺母并带出螺栓。

(5)如螺栓全部断在孔内,可采用下列方法取出:

①在螺栓顶部钻一个小孔,攻反丝,旋入螺钉,带出螺栓。

②在断头螺栓中钻孔,孔中打入一根经过淬火处理的矩形截面钢棍或有左旋螺纹槽的圆锥杆,把螺栓拧出。

③如以上方法均不奏效,可用比螺纹底径小 0.5~1.0 mm 的钻头钻去螺栓,再用与原螺栓螺距相同的丝锥攻一下,将螺栓破坏并取出。

(二)螺母(螺栓)拆卸后的处理

(1)普通螺母(螺栓)在零件拆下后尽量带回原处,避免错乱、丢失。

(2)重要的螺栓和螺母在拆卸后要成对放置,以便再装配无备件时维持其原有的良好配合关系或上紧位置。

(3)拆下的锁紧片一般应予以报废换新,但不要丢掉,无备件时以便按旧锁紧片制造新锁紧片。

(三)装配

(1)螺母必须能用手较容易地拧到配合位置,然后用扳手拧紧。

(2)安装时螺纹必须清洁无物,必要时要进行润滑。

(3)螺母端面必须垂直于螺纹的轴线。

(4)一个机件上有多个螺栓固定时,应按一定顺序逐次拧紧。

(5)螺栓的紧固方法有三种:

①力矩法。

②旋转角度法。

③屈服点法。

(6)螺栓的紧固顺序原则是:按照先中间后两边,对角、交替、分次上紧(如图 0-2 所示)。

(7)螺栓上紧原则:一般分三次完成。第一次,对称上紧,紧度为 50%~60%;第二次,对称上紧,紧度为 70%~90%;第三次,按图 0-2 所示的顺序上紧,紧度为 100%。

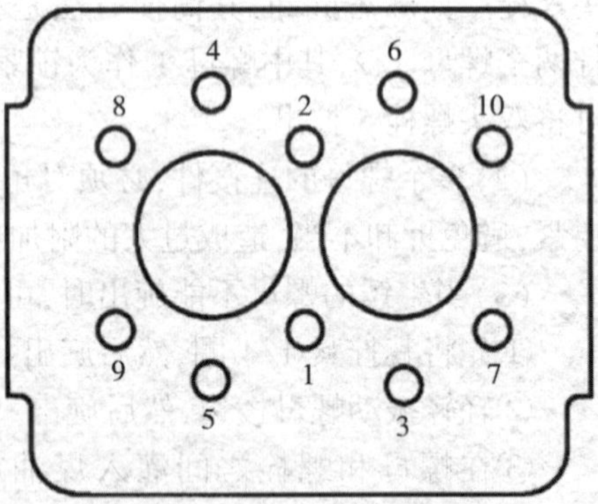

图 0-2 螺栓的紧固顺序图

三、过盈配合件的拆装

(一)冲头打出、打入法

此种方法适用于载荷不大、受力比较均匀、过盈量不大的紧配合件的拆装。

(二)压出、压入法

此种方法适用于承受交变载荷、受力不均匀、过盈量较大的压配合件的拆装,如连杆小端铜套、排气阀阀座等衬套类零件的拆装。

(三)温差法

温差法是指将孔类零件加热或将轴类零件冷却或两者同时共用,利用热胀冷缩原理使孔径胀大、轴颈缩小,从而使两零件间产生很小的间隙(或无间隙),然后进行拆卸或装配的一种工艺方法。此种方法适用于某些装配精度要求高且过盈量较大的配合件的拆装,如浮动式连接的活塞销、大型滚动轴承的内圈与轴及一些大型的轴套等。通常采用液态氮来冷却轴类零件;用油浴法加热孔类零件,采用逐步加热法,加热温度应控制在 110 ℃左右,最高温度不超过 120 ℃,装配后自然冷却。

四、滚动轴承的拆装

滚动轴承的外圈与座孔的配合采用基轴制过渡配合,内圈与轴则采用基孔制过盈配合。

(一)拆卸

(1)将轴上影响拆卸的其他零件拆下后,用打出法或压出法将轴连同轴承一起抽出。

(2)检查并修锉轴颈上影响拆卸轴承的机械损伤,拆下轴承定位零件(如果有)。

(3)拆下轴承,可使用下述方法:

①打出法拆卸:用磨钝的尖头铜凿均匀地击打轴承内圈,使其平行地从轴上脱出。

②压出法拆卸:使用套筒形打头抵在轴承内圈上,用压力机将轴承压出。

③拉马器拉出法拆卸:将轴固定(最好是垂直状态),在轴承顶针孔上滴少许机油,装上拉马器后稍稍绷紧,检查并调整拉爪位置使其正确安放,然后缓慢拧入顶螺栓,平行、均匀地拉出轴承。

(二)装配

(1)打入法或压入法装配:适用于小型滚动轴承。

(2)温差法装配:适用于大型且其过盈量较大的轴承。

五、联轴器的拆装

联轴器在船舶上除了用于原动机与被拖动机械的连接外,在船舶轴系上也被用于尾轴与中间轴以及中间轴与曲轴的连接。船舶上使用的联轴器主要有两类形式:一类为刚性联轴器;另一类为挠性联轴器。前者多用于主机与轴系的连接,后者多用于发电辅机及其他辅机的连接。

(一)刚性联轴器的拆装工艺

刚性联轴器多用于主机与轴系的连接,多采用双法兰,由中间止口螺栓和紧配合螺栓定位。

1.拆卸工艺

(1)拆卸前的预处理:对两法兰的相对位置及各紧配合螺栓与双法兰对应的孔做配合标记;拆去锁紧装置,清洁露出端的螺纹并消除螺纹的表面缺陷。

(2)拆卸螺栓:按重要螺栓的拆卸方法拆出螺母(按要求的力矩,对角、均匀、分次拆下螺母);拆下连接螺栓。

(3)将后法兰向螺旋桨方向撬开少许(定位止口脱开即可),测量两轴线的总偏移和总曲折并记录。

2.装配工艺

(1)装配前的预处理:进行轴线的对中并调整至规定的范围,检查并消除螺栓及螺栓孔有碍装配的表面缺陷。

(2)用对拉螺栓将轴系法兰拉至与曲轴法兰接近,调整曲轴法兰(盘车)使各螺栓孔对正,然后继续拉动轴系法兰使其与曲轴法兰平齐,从定位止口处插入。

(3)将螺栓及螺栓孔涂少许二硫化钼,螺纹处涂少许清洁滑油,用铜棒将各螺栓分别对号打入螺栓孔;按要求力矩,对角、均匀、分次上紧螺母并装好锁紧装置。

(二)挠性联轴器的拆装工艺

远洋船舶除了主机与螺旋桨直连时使用刚性联轴器外,其他原动机与被拖动机械的连接大多采用挠性联轴器。

1.拆卸

(1)将发电机地脚螺栓拆下,撬动发电机(或用顶螺栓顶动)使整机后移,即可使法兰插销脱出、联轴器脱开。

(2)从插销上取下橡胶圈。

2.装配要点

挠性联轴器装配的关键是检查两轴线的对中偏差。

(1)主动法兰插销插入被动法兰后,插销与孔的径向偏差在周向范围内的各个方向上不得超过0.2 mm。

(2)主动法兰插销孔与插销的配合为锥度配合,配合面应紧密,插销装入后不得有转动现象。

(3)套入插销上的橡胶圈应紧密,且进入被动法兰孔后橡胶圈外圆面与孔应有间隙,此间隙为孔径的1.2%~2%,但不得大于2 mm。

(4)两法兰对齐后应稍有轴间间隙,不得顶死,以便抵消少许的定心偏差。

六、轴封的安装

(一)盘根轴封的安装(结构如图0-3所示)

1.选择盘根

(1)选择直径合适的盘根。

(2)盘根应满足系统和设备要求的操作工况,如使用的温度、压力。

(3)选择所需盘根环的数量。

(4)检查盘根,确保其无缺陷。

2.盘根环的准备

(1)盘根长度与轴的外径一致。

(2)切割盘根时要斜切,斜切角度为45°,一次切一个盘根环。

(3)准备好所需要的盘根环个数。

3.压入盘根

(1)一次安装一个盘根环。在安装下一个盘根环之前,应确保该盘根环已完全在填料函中就位。

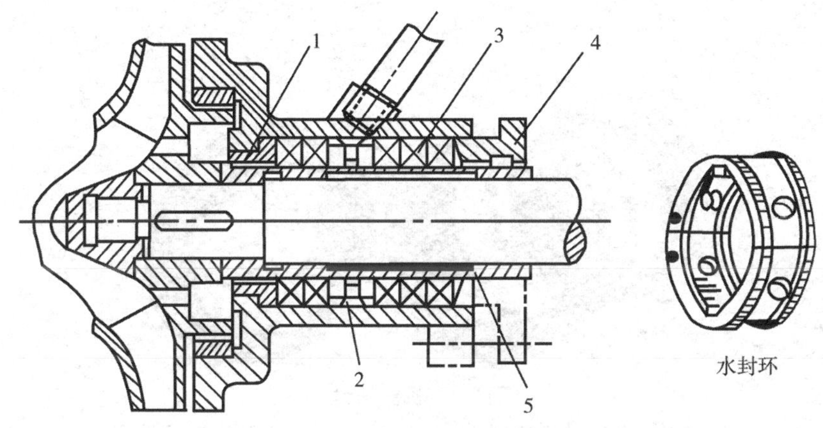

图 0-3 离心泵的填料密封

1—填料内盖;2—水封环;3—填料;4—填料压盖;5—轴套

(2)安装下一个盘根环时,搭扣左右交错。相邻盘根搭扣一般相隔 120°。

(3)如有水封环,将水封环放在盘根中间的位置,使水封环上盘根与下盘根的环数相等。

4.上紧盘根压盖

(1)装好最上面一个盘根环后,拧上盘根压盖。

(2)盘根压盖不能拧得太紧。

(3)开泵后,再调整盘根压盖。

(4)缓慢地拧紧压盖螺母,逐渐减少泄漏。

(5)如果泄漏突然停止,应回拧盘根压盖,重新调节以防止盘根过热。

(6)调节泄漏量,直到泄漏量达到可接受的程度(无明显泄漏),拧紧锁紧螺母。

(二)机械轴封的结构与安装

1.机械轴封的结构

机械轴封如图 0-4 所示。

(1)端面密封副(包括静环、动环)

端面密封副的作用是使密封面紧密贴合,防止介质泄漏。它要求静环、动环具有良好的耐磨性:动环可以轴向灵活地移动,自动补偿密封面磨损,使之与静环良好地贴合;静环具有浮动性,起缓冲作用。为此,密封面要求有良好的加工质量,保证密封副有良好的贴合性能。

(2)弹性元件(包括弹簧、波纹管、隔膜)

它主要起预紧、补偿和缓冲的作用。要求始终保持足够的弹性来克服辅助密封和传动件的摩擦和动环等的惯性,保证端面密封副有良好的贴合性能,动环有良好的追随性。材料要求耐腐蚀、耐疲劳。

(3)辅助密封(包括 O 形圈、V 形圈、U 形圈、楔形圈和异形圈)

它主要起静环和动环的密封作用,同时也起到浮动和缓冲作用。要求静环的密封元件能保证静环与压盖之间有密封性,静环有一定的浮动性;动环的密封元件能保证动环与轴或轴套之间有密封性,动环有浮动性。材料要耐热、耐寒,并能与介质相容。

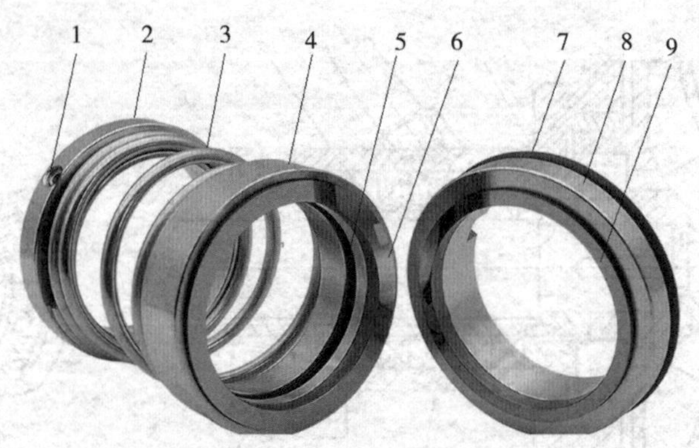

图 0-4　机械轴封

1—紧固螺栓；2—弹簧座；3—弹簧；4—动环；5、7—密封圈；6—动环密封面；8—静环；9—静环密封面

(4)传动件(包括传动销、传动环、传动座、传动键、传动突耳或牙嵌式联结器)

它起到将轴的转矩传给动环的作用。材料要耐磨损和耐腐蚀。

(5)紧固件(包括紧固螺栓、弹簧座、压盖、组装套、轴套)

它起到静环和动环的定位、紧固的作用。要求轴向定位正确，保证一定的弹簧压缩量，使密封副的密封面处于正确的位置并保持良好的贴合，同时要求方便拆装、容易就位、能重复利用。与辅助密封配合处，安装密封圈要有导向倒角和压弹量，应特别注意动环辅助密封件与轴套配合处要耐磨损和耐腐蚀，必要时可在动环辅助密封件与轴套配合处采用硬面覆层。

(6)防转件(定位销)

它起到防止静环转动和脱出的作用。要求有足够的长度，防止静环在负压下脱出，并要求正确定位，防止静环随动环旋转。材料要耐腐蚀，必要时可在中间加四氟乙烯套，以免损坏碳石墨静环。

2.机械轴封的安装(如图 0-5 所示)

(1)安装时应在与密封相接触的表面上涂一层清洁的机械油，以便能顺利安装。

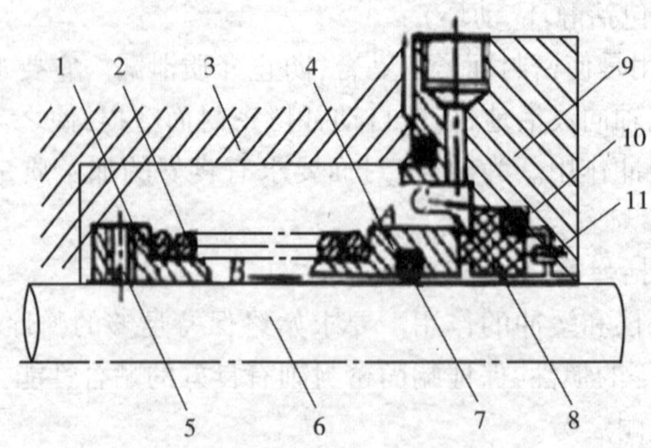

图 0-5　机械轴封的安装

1—弹簧座；2—弹簧；3—机体；4—动环；5—紧固螺栓；6—主轴；7—密封圈；8—静环；9—端盖；10—密封圈；11—定位销

(2)设备的密封腔部位在安装时应保持清洁,密封零件应进行清洗,保持密封端面完好无损,防止杂质和灰尘进入密封部位。

(3)在安装过程中严禁敲打和撞击,避免机械密封副破损而造成密封失效。

(4)设备转轴的径向跳动应不大于 0.04 mm,轴向窜动量不允许大于 0.1 mm。

(5)安装静环压盖时,拧紧螺丝必须受力均匀,以保证静环端面与轴中心线垂直度。

(6)安装后用手推动动环,使动环能在轴上灵活移动,并有一定的弹性。

(7)安装后用手盘动转轴,转轴应无轻重感。

(8)设备在运转前必须充满介质,以防止因干摩擦而使密封失效。

(9)对易结晶颗粒介质,当介质温度高于 80 ℃时,应采取相应的冲洗、过滤、冷却措施,各种辅助装置请参照机械密封有关标准。

(三)骨架油封的结构、密封原理与安装

1.骨架油封的结构

(1)骨架油封一般由三部分组成:油封体、加强骨架和自紧螺旋弹簧,如图 0-6 所示。

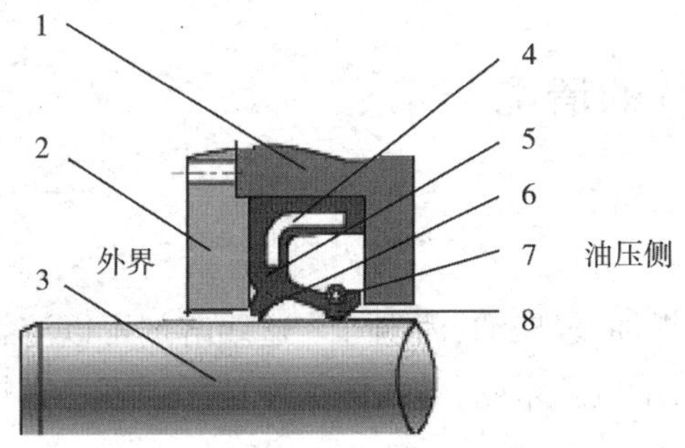

图 0-6 骨架油封

1—端盖;2—油封压盖;3—主轴;4—加强骨架;5—油封体;6—防尘唇;7—自紧螺旋弹簧;8—油封刃口

(2)油封体按照不同部位又分为底部、腰部、防尘唇和油封刃口等。

2.密封原理

(1)自由状态下,油封唇口内径比轴径小,具有一定的过盈量。

(2)安装后,油封刃口的过盈压力和自紧螺旋弹簧的收缩力对旋转轴产生一定的径向压力。

(3)工作时,油封唇口在径向压力的作用下,形成 0.25~0.5 mm 宽的密封接触环带。在润滑油压力的作用下,油液渗入油封刃口,与转轴之间形成一层极薄的油膜。油膜受油液表面张力的作用,在转轴和油封刃口外沿形成一个“新月面”,防止油液外溢,起到密封作用。

3.安装

(1)油封唇口接触部分表面不应有机加工螺纹痕迹。

(2)轴径外表面粗糙度低或有锈斑、锈蚀、起毛刺等缺陷时,要用细砂布或油石打磨光滑。

(3)装配时需要注意安装方向:装有自紧螺旋弹簧的一面(即有凹槽的一面)朝向

箱体内部(即油压侧),防尘唇向外。

(4)装配前在油封唇口或轴径对应位置涂上清洁机油或润滑油脂。

(5)装配时在油封外圈涂上密封胶,在螺纹、沟槽、花键处套一保护套,避免划伤油封唇口或翻卷。

(6)正确使用专用安装工具,保护唇口不受损坏。即使是轻微划伤也是不允许的,否则容易引起油封泄漏。采用油压设备或套筒工具安装,压力不必太大,速度要均匀、缓慢。

(7)当油封装入端盖壳体时,应以均匀的压力进行。油封不能倾斜着压入内孔,否则会引起油封外圆变形。

(8)油封装入后,装油封压盖,油封压盖的紧固螺栓要对称上紧。

基础三 机件的清洗

一、油垢(污垢)的清洗

(一)清洗液

1.有机溶剂

常用的有机溶剂有煤油、轻柴油、丙酮等。这些溶剂可以溶解零件表面的污物及各类油脂,使用极为简便且清洗效果好,对人体及零件无损害。有机溶剂适用于分散的维修工作,但其成本较高。

2.化学清洗液

化学清洗液是一种化学合成的水基金属清洗剂。其表面活性物质能够降低界面张力,产生湿润、渗透、浮化分散等作用且具有强的去污能力,对金属无腐蚀。除此以外,无公害、成本低、使用方法简便是它优于有机溶剂的另一大特点。目前,化学清洗液已在船舶上及船厂中被大量使用,今后将逐渐替代有机溶剂。化学清洗液产品种类繁多,有代表性的化学清洗液诸如碧浪灵、奥妙能、DREW 公司的 DREYYOIL AND GREASE REMOVER 等系列产品。钢制零件、铁制零件和铜制零件上的油污及锈迹也可采用不同的碱性溶液,并加热到 60~80 ℃进行清洗;滑油冷却器油腔可用四氯化碳(CCl_4)或2,2,2-三氯化乙醇($C_2H_3Cl_3O$)溶液清洗。

(二)清洗方法

最简单、方便的清洗方法是擦洗法。将零件浸泡于清洗液中,用棉纱擦洗或用毛刷、铜丝刷、泡沫塑料擦洗,切不可用钢丝刷、刮刀等尖锐器具刷洗,以免损伤零件表面,清洗后用干布擦干,并用压缩空气将零件的孔道吹净。虽然这样清洗的效率低,但非常适用于船舶上分散的维修工作。

此外,清洗方法还有煮洗法、喷洗法、振动清洗法及超声波清洗法等。这些方法需要有清洗设备,主要适用于船厂批量零件的清洗。

二、清除积炭

(一)机械清除法

此种方法是将零件浸泡于有机溶剂中,使积炭软化,然后用竹片或硬木片将积炭刮除,再用毛刷清洗。

(二)其他消除方法

1.化学清洗法

此种方法是将零件浸泡于加热后的碱性溶液内,使积炭软化,再用毛刷刷去积炭。零件清洗后需用酸性溶液进行中和清洗,然后用清水反复冲洗,防止残液对零件的腐蚀。

2.电化学清洗法

此种方法是用碱性溶液作为电解液通以直流电,在电化学反应及氢气剥离的共同作用下去除积炭。此种方法需要有清洗设备,适用于船厂批量零件的清洗。

三、消除水垢

水垢是由碳酸盐等杂质沉积而成的白色沉积物,它使冷却壁面导热系数降低、流通面积减少,严重影响冷却效果,必须及时清除。

清洗时可打开冷却水腔道门,用软刮刀或钢丝刷伸进冷却水腔掏搅,然后用压缩空气吹扫或者用清水冲洗。但当水垢较厚时多采用化学方法(如酸洗法)清除。此种方法是采用盐酸或磷酸或铬酸等水溶液去垢。下面以缸盖水垢清除为例介绍除垢操作方法。

(一)采用缸盖酸洗法清除水垢

(1)视缸盖水腔结垢的严重程度配制盐酸水溶液(盐酸浓度在 2.5%~7%)。

(2)将缸盖倒置,在缸盖排烟侧水孔处做临时性密封,在所有的加工面上涂牛油做防蚀保护。

(3)从缸盖底面进水口处小心地注入酸溶液,浸泡 30 min(有条件将酸溶液加热至 80~90 ℃浸泡 15 min 即可),水垢经化学反应生成易溶于水的盐类。

(4)放出缸盖水腔内的溶液,然后用压力水将水腔内脱落的水垢碎屑冲出。可辅以手锤轻击缸盖非加工面,借助机械振动力使尚未溶解的水垢从壁面脱下并随水排出。

(5)注入浓度为 8%的苛性钠碱性溶液浸泡 5~10 min,在中和残存酸液后再用清水反复冲洗,最后用压缩空气吹干。

(二)使用机油冷却器或空气冷却器清除水垢

冷却器一类设备大多采用壳体管束式,其水垢清洗方法与缸盖的水垢清洗方法相似,也可采用酸洗法。为了增强除垢效果,可用圆柱形铜丝刷插入管孔中往复拖动,借助机械摩擦力清除较厚的水垢。

中小型闭式循环冷却的柴油机,还可采用整机冷却水空间清洗法,将配好的清洗剂灌入冷却水腔,使其代替冷却水在系统内循环,最后拆掉下部管路并放掉沉淀物。

四、除锈

除锈时,对粗糙度要求不高的表面和非配合面,可采用机械方法,如用砂纸等将锈迹除掉,也可采用酸洗法化学除锈。

对于精密零件如精密偶件,则不能采用上述方法,以免影响其表面精度。油泵柱塞的偶件可用下述方法除锈:在 950 mL 的水中加入 50 mL 磷酸(比重为 1.88),与 20 g 铬酸配成溶液,加热至 50~60 ℃使其混合均匀,然后将脱过脂的偶件浸入溶液中浸泡 1~1.5 h,取出后用清水冲洗,最后用温度为 60~80 ℃、浓度为 2%的苏打溶液清洗。

基础四 测量与检修

一、常用量具

(一)塞尺

塞尺(如图 0-7 所示)又称测微片或厚薄规,是由一组具有不同厚度级差的薄钢片组成的量规,用于测量间隙尺寸。塞尺一般用不锈钢制造,最薄的为 0.02 mm,最厚的为 3 mm。塞尺厚度为 0.02~0.1 mm 时,各钢片的厚度级差为 0.01 mm;塞尺厚度为 0.1~1 mm 时,各钢片的厚度级差为 0.05 mm;塞尺厚度为 1 mm 以上时,钢片的厚度级差为 1 mm。除了公制塞尺以外,也有英制塞尺。

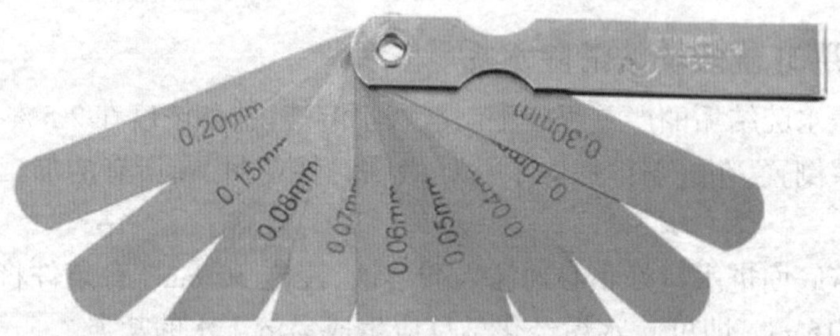

图 0-7 塞尺

1.使用方法

(1)用干净的布将塞尺测量表面擦拭干净,不能在塞尺沾有油污或金属屑末的情况下进行测量,否则将影响测量结果的准确性。

(2)将塞尺插入被测间隙中,来回拉动塞尺:如果感到稍有阻力,说明该间隙值接近塞尺上所标出的数值;如果感到阻力过大或过小,说明该间隙值小于或大于塞尺上所标出的数值。

(3)进行间隙的测量和调整时,先选择符合间隙规定的塞尺插入被测间隙中,然后一边调整,一边拉动塞尺,直到感觉稍有阻力,此时塞尺所标出的数值即为被测间隙值。

2.使用时的注意事项

(1)不允许在测量过程中剧烈弯折塞尺,或用较大的力硬将塞尺插入被检测间隙,否则将损坏塞尺的测量表面或零件表面的精度。

(2)使用完毕后,应将塞尺擦拭干净,并涂上一薄层工业凡士林,然后将塞尺折回夹框内,以防锈蚀、弯曲、变形。

(3)存放时,不能将塞尺放在重物下,以免损坏塞尺。

(二)游标卡尺

游标卡尺(如图 0-8 所示),是一种测量长度、内径、外径、深度的量具。游标卡尺由主尺和附在主尺上能滑动的游标两部分构成。游标卡尺的主尺和游标上的两副活动量爪,分别是内测量爪和外测量爪,内测量爪通常用来测量内径,外测量爪通常用来测量长度和外径。深度尺与游标尺连在一起,可以测量槽和筒的深度。

游标卡尺有 0.1 mm(游标尺上标有 10 个等分刻度)、0.05 mm(游标尺上标有 20 个等分刻度)、0.02 mm(游标尺上标有 50 个等分刻度)、0.01 mm(游标尺上标有 100 个等分刻度)四种最小读数值。

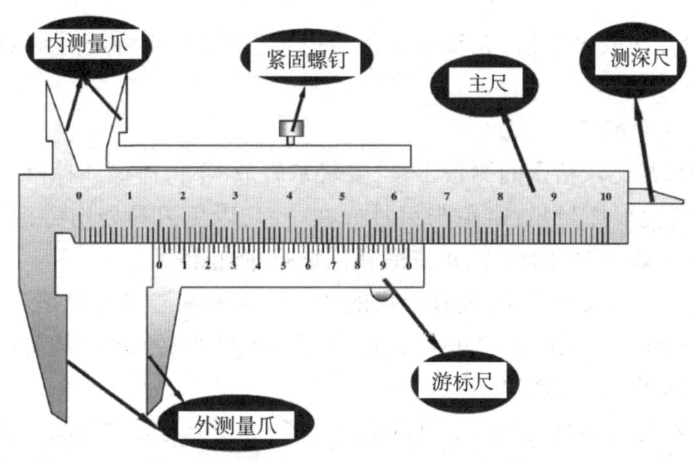

图 0-8 游标卡尺

1.使用方法(如图 0-9 所示)

(1)用软布将量爪擦干净,使其并拢,查看游标与主尺身的零刻度线是否对齐。如果对齐,则可以进行测量;如果没有对齐,则要记取零误差。

(2)测量时,右手拿住尺身,大拇指移动游标,左手拿待测外径(或内径)的物体,使待测物位于外测量爪之间,卡尺两测量面的连线应垂直于被测量表面,不能歪斜。

(3)读数。读数时,首先以游标零刻度线为准在尺身上读取毫米整数,即以毫米为单位的整数部分;然后看游标上第几条刻度线与尺身的刻度线对齐,如第六条刻度线与尺身的刻度线对齐,小数部分即为 0.6 mm(若没有正好对齐的线,则取最接近对齐的线进行读数)。

可用下述方法判断游标上哪条刻度线与尺身的刻度线对准:选定相邻的三条线,如左侧的线在尺身对应线之右,右侧的线在尺身对应线之左,中间那条线便可以认为是对准了。读数值为:

$$L=\text{对准前刻度}+\text{游标上第 } n \text{ 条刻度线与尺身的刻度线对齐}\times\text{分度值}$$

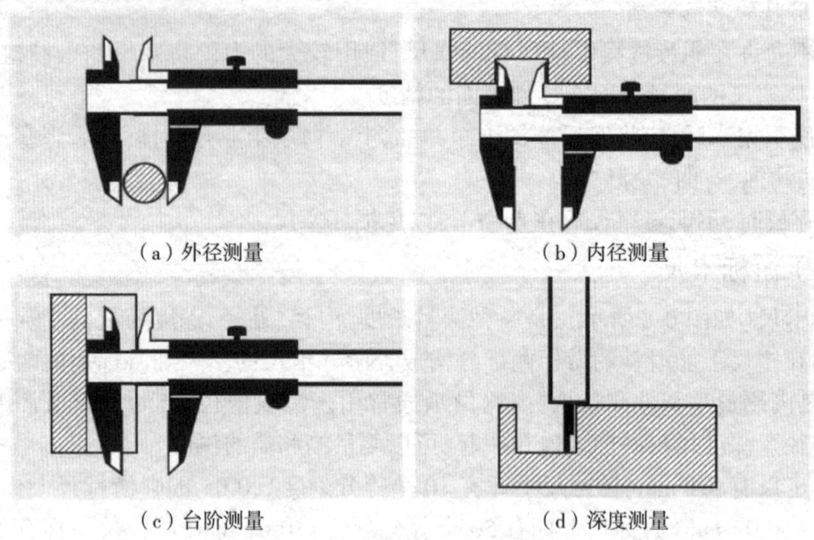

图 0-9 游标卡尺的使用方法

如果需测量几次取平均值,无须每次都减去零误差,只要将最后结果减去零误差即可。

2.使用时的注意事项

(1)游标卡尺是比较精密的测量工具,要轻拿轻放,不得碰撞或掉落。不要用来测量粗糙的物体,以免损坏量爪;避免与刃具放在一起,以免刃具划伤游标卡尺的表面。不使用时应置于干燥、中性的地方,远离酸碱性物质,防止锈蚀。

(2)测量前应把卡尺擦干净,检查卡尺的两个测量面和测量刃口是否平直无损,把两个量爪紧密贴合时,应无明显的间隙,同时游标和主尺的零位刻度线要相互对准。这个过程称为校对游标卡尺的零位。

(3)移动尺框时,活动要自如,不应过松或过紧,更不能有晃动现象。用固定螺钉固定尺框时,卡尺的读数不应有所改变。在移动尺框时,不要忘记松开固定螺钉,但不宜过松,以免掉落。

(4)当测量零件的外尺寸时,卡尺两测量面的连线应垂直于被测量零件表面,不能歪斜。绝不可把卡尺的两个量爪调节到接近甚至小于所测尺寸,或把卡尺强制卡到零件上去,这样做会使量爪变形,或使测量面过早磨损,使卡尺失去应有的精度。

(5)用游标卡尺测量零件时,不允许过分地施加压力,所用压力应使两个量爪刚好接触零件表面。如果测量压力过大,不但会使量爪弯曲或磨损,导致量爪在压力作用下产生弹性变形,还会使测量所得的尺寸不准确(外尺寸小于实际尺寸,内尺寸大于实际尺寸)。

(6)在游标卡尺上读数时,应把卡尺水平拿着,朝着亮光的方向,使人的视线尽可能与卡尺的刻度线表面垂直,以免由于视线的歪斜造成读数误差。

(7)为了获得正确的测量结果,可以多测量几次,即在零件的同一截面上的不同方向进行测量。对于较长的零件,应当在全长的各个部位进行测量,以便获得一个比较正确的测量结果。

（三）外径千分尺

1.外径千分尺的结构与原理

外径千分尺(如图0-10所示),也叫螺旋测微器,常简称为千分尺。它是比游标卡尺更精密的长度测量仪器。根据螺旋运动原理,当微分筒(又称可动刻度筒)旋转一周时,测微螺杆前进或后退一个螺距,即0.5 mm。这样,当微分筒旋转一个分度后,它转过了1/50周,这时螺杆沿轴线移动了1/50×0.5 mm=0.01 mm,因此,使用千分尺可以准确读出0.01 mm的数值。加上估读的1位,可读取到小数点后第三位(千分位),故称千分尺。千分尺常用规格有0~25 mm、25~50 mm、50~75 mm、75~100 mm、100~125 mm等若干种。

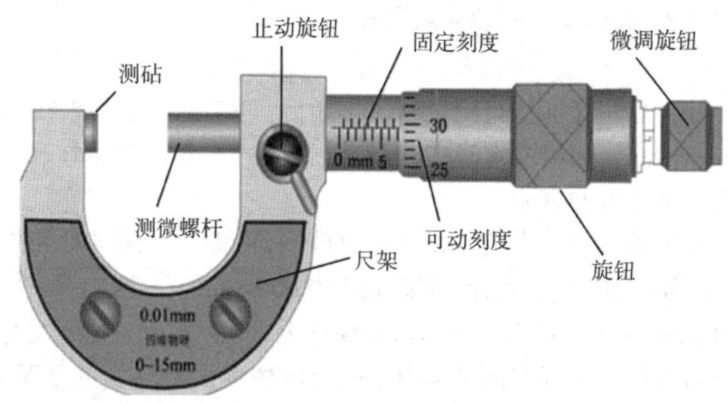

图0-10 外径千分尺

2.使用方法

(1)将被测物擦干净,使用千分尺时要轻拿轻放。

(2)松开千分尺锁紧装置,校准零位,转动旋钮,使测砧与测微螺杆之间的距离略大于被测物体。

(3)一只手拿着千分尺的尺架,将待测物置于测砧与测微螺杆的端面之间,另一只手转动旋钮,当螺杆要接近物体时,改为转动微调旋钮装置直至听到"喀喀"声后再轻轻转动0.5~1圈。

(4)如果测量的是活塞或柱塞的外径,要使外径千分尺与活塞的轴线垂直。

(5)旋紧锁紧装置(防止移动千分尺时测微螺杆转动),即可读数。

3.读数

(1)以微分筒的端面为准线,读出固定套管上的固定刻度值。如图0-11(a)、(b)所示,两外径千分尺的固定刻度值都是8 mm。

(2)读半刻度时,若半刻度线已露出,记作0.5 mm;若半刻度线未露出,记作0.0 mm。图中两外径千分尺的半刻度值分别为0.0 mm、0.5 mm。

(3)以固定套管上的水平横线作为读数准线,读出可动刻度上的分度值,读数时应估计读到最小刻度的1/10,即0.001 mm。图中两个外径千分尺的可动刻度值分别为0.265 mm、0.267 mm。

(4)最终读数结果为固定刻度+半刻度+可动刻度。图中两个外径千分尺的可动刻度值分别为8.265 mm、8.767 mm。

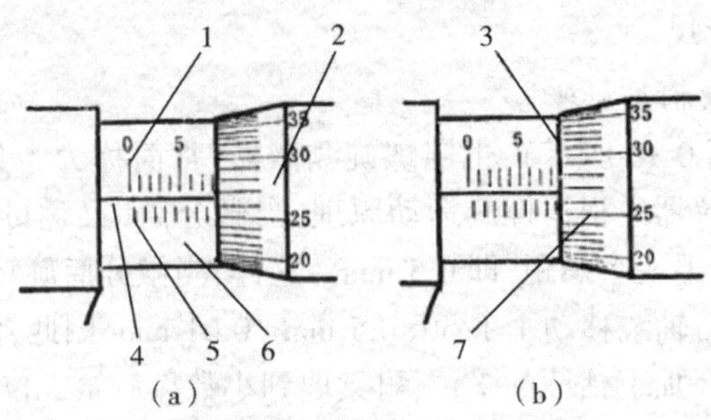

图 0-11 外径千分尺的读数

1—固定刻度;2—微分筒;3—微分筒的端面;4—水平横线;5—半刻度;6—固定套管;7—可动刻度

4.误差的判定

校准好的千分尺,当测微螺杆与测量物体接触后,可动刻度上的零线与固定刻度上的水平横线应该是对齐的,如果没有对齐,测量时就会产生系统零误差。如无法消除零误差,则应考虑它们对读数的影响。

(1)可动刻度的零线与固定刻度上的水平横线对齐,即说明测量时的读数与真实值一致,零误差为零。如图 0-12(a)所示,零误差为 0.000 mm。

(2)可动刻度的零线在固定刻度上的水平横线上方,且第 x 条刻度线与水平横线对齐,则说明测量时的读数要比真实值小 x/100 mm,这种零误差叫作负零误差,如图 0-12(b)所示,零误差为-0.030 mm。

(3)可动刻度的零线在固定刻度上的水平横线下方,且第 y 条刻度与横线对齐,则说明测量时的读数要比真实值大 y/100 mm,这种误差叫正零误差,如图 0-12(c)所示,零误差为+0.050 mm。

(4)测量结果应等于读数减去零误差,即测量值=固定刻度+半刻度+可动刻度-零误差。

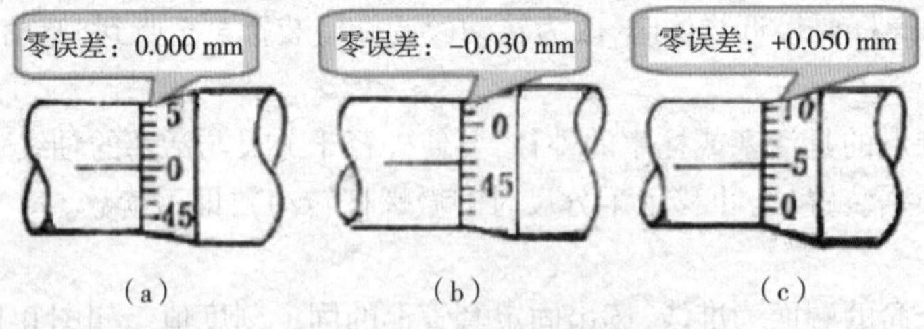

图 0-12 外径千分尺的误差判定

5.使用时的注意事项

(1)不准把千分尺当夹具使用。

(2)不准拿着微分筒快速任意摇动,或将两测量面互相撞击。

(3)不准用油石、砂纸等硬物摩擦测量面、测微螺杆等部位。

(4)不准在千分尺的微分筒和固定套管之间加酒精、煤油、柴油、机油或凡士林等;不准把千分尺浸泡在上述油类或水及冷却液中。

(5)使用完毕后,用绸或干净的白细布擦净千分尺的各部位,同时,将测量面及测微螺杆上涂一薄层防锈油,并让测量面之间保留一定间隙。

(6)千分尺放入专用盒内,存放于干燥处。不能将千分尺放在潮湿、有酸性、有磁性的地方,不能放在高温或振动的地方。

(四)量缸表

量缸表又称内径百分表(如图0-13所示),是一种用于测量孔径的比较性量具。它主要用于测量气缸的圆度、圆柱度误差或零件磨损情况,由百分表、绝热手柄、活动测头(测杆)和一套长度不等的接杆等组成。

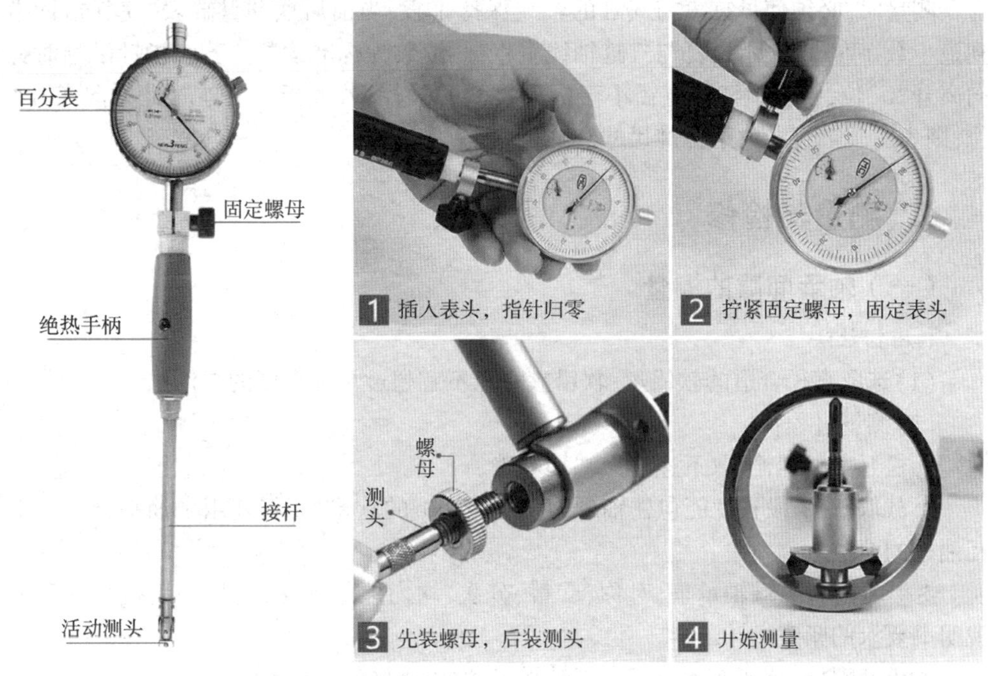

图0-13 量缸表

1.安装、校对量缸表

(1)按被测气缸的标准尺寸选择合适的接杆,装上后,暂不拧紧固定螺母。

(2)把外径千分尺调到被测气缸的标准尺寸,将装好的量缸表放入千分尺。

(3)稍微旋动接杆,使量缸表指针转动约2 mm,确保指针对准刻度零处,扭紧接杆的固定螺母。为使测量正确,应重复校零。

2.读数方法

(1)百分表表盘刻度为100,大指针在圆表盘上转动一格为0.01 mm,转动一圈为1 mm,小指针转动一格为1 mm。

(2)测量时,若表针沿顺时针方向离开"0"位,表示缸径小于标准尺寸的缸径,它是标准缸径与表针离开"0"位格数之差;若表针沿逆时针方向离开"0"位,表示缸径大于标准尺寸的缸径,它是标准缸径与表针离开"0"位格数之和。

(3)测量时,小指针转动超过一格(1 mm),则应在实际测量值中加上或减去1 mm。

3.测量方法

(1)使用量缸表,一只手拿住隔热套,另一只手托住管子下部靠近本体的地方。

(2)将校对后的量缸表的接杆在平行于曲轴轴线方向和垂直于曲轴轴线方向等两个方位,沿气缸轴线方向取上、中、下三个位置,共测得六个数值。上面一个位置一般定在活塞上止点,位于第一道活塞环气缸壁处,约距气缸上端 15 mm;下面一个位置一般取在气缸套下端以上 10 mm 左右处,该部位磨损得最轻。

(3)测量时,使量缸表的接杆同气缸轴线保持垂直,才能测量准确。当前后摆动量缸表,使其指针指示到最小数字时,即表示接杆已垂直于气缸轴线。

4.使用时的注意事项

测量时,必须使量缸表与气缸的轴线保持垂直,当前后摆动量缸表,使其指针指示到最小数字时,即表示接杆与气缸轴线垂直,此读数为标准读数。若大指针沿顺时针方向离开"0"位,则表示气缸直径小于标准尺寸的缸径;若大指针沿逆时针方向离开"0"位,则表示气缸直径大于标准尺寸的缸径。

二、测量与检修

(一)轴承间隙的测量

1.压铅丝法

(1)选取直径合适的软铅丝,软铅丝直径不宜超过余隙高度的 2 倍。

(2)测量过程:

①松开大端螺栓,取下连杆大端轴承盖。

②截取 2~3 段长度能包住轴颈为 150°~160°的软铅丝,将其用牛油平行粘于下轴瓦油槽的两侧。

③装复连杆大端轴承盖,对称、交替、分次、均匀地上紧螺栓,最好用扭力扳手上至说明书要求的紧度。

④松开螺栓,重新取下连杆大端轴承盖,取出压好的软铅丝。

⑤取下软铅丝片并清洁。均匀选出测量点,用外径千分尺测量每段软铅丝被挤压后最厚处的厚度,记录结果并计算平均值。

(3)结论与调整:

根据计算结果,按照说明书的要求(轴承间隙一般为 0.03~0.09 mm),得出零件使用和维修结论。

2.差值法

(1)测量过程:

①将主轴瓦和主轴颈清洁干净。

②如果是"half"轴瓦,装复轴承盖及轴瓦,对称、交替、分次、均匀地上紧螺栓,用扭力扳手上至说明书要求的紧度。

③用千分表直接测量大端轴瓦的内径与曲柄销的外径。

④两次测量值的差值即为连杆大端轴瓦与曲柄销的间隙。

⑤可以多测几组数据,取最大值。

(2)结论与调整:

根据计算结果,按照说明书的要求,得出零件使用和维修结论。

3.塞尺法

轴承间隙用塞尺测量(参考塞尺的使用方法),塞尺塞入的深度为轴颈的1/4,应测4点,取最大值。按照说明书的要求,得出零件使用和维修结论。

(二)气缸余隙高度的测量

1.用压铅丝法测量

选取直径合适的软铅丝,软铅丝直径不宜超过余隙高度的2倍。

2.测量过程

(1)截取2~3段软铅丝,用牛油将软铅丝平行粘到活塞顶面上。

(2)装上缸盖,对称、交替、分次、均匀地拧动缸盖锁紧螺母,缸头螺母上紧到预紧力为止。

(3)手动盘车一周。

(4)对称、均匀地拧下缸盖锁紧螺母,取下缸盖。

(5)取下软铅丝片并清洁。用外径千分尺测量每段软铅丝被挤压后最薄处的厚度,并做好记录。

(6)根据测量记录,取最小值即为余隙高度。根据说明书的要求,可通过增减缸盖垫片厚度进行调整。

(三)缸套或油缸的圆度、圆柱度测量

(1)清洗缸套或油缸的内表面,准备与其内径相适应的量缸表。

(2)安装、校对量缸表,参考量缸表的使用方法。

(3)在缸套或油缸的轴线方向上、中、下取三个位置,再分别测量上、中、下三个水平剖面的相互垂直的直径 X、Y,共测 X_1、X_2、X_3、Y_1、Y_2、Y_3 六个数值,如图0-14所示。

(4)将测量值记录到表0-1中。

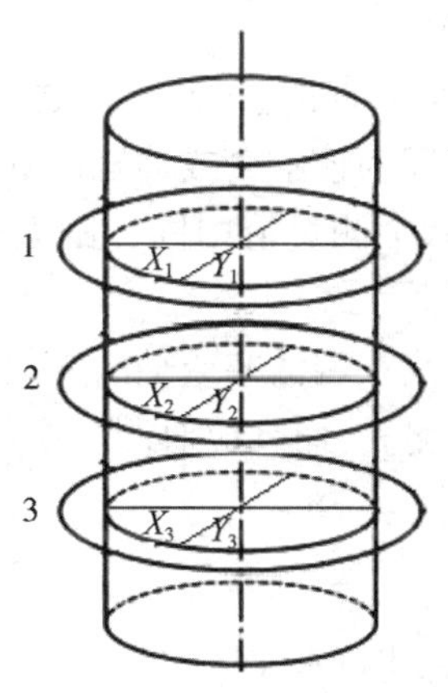

图0-14 圆度、圆柱度测量

表 0-1　圆度和圆柱度

误差:
单位:mm

	前后(X)	左右(Y)	$\|X-Y\|/2$	圆度误差
1				
2				
3				
$(X_{max}-X_{min})/2$ 或$(Y_{max}-Y_{min})/2$				
圆柱度误差				

(5)在同一轴向剖面内相互垂直的直径 X、Y 之差的一半即为该剖面的圆度,即 $|X-Y|/2$。三个圆度中的最大值即为该缸套或油缸的圆度。

(6)上述三个测量横剖面、六个测量值中同一剖面的最大值与最小值之差的一半,取最大值即为该缸套或油缸的圆柱度。

(7)上述方法只适用于待修或在用缸套或油缸的一般检测。如要取得精确的测量值,则应选多个横剖面、纵剖面进行测量,而且应对同一横剖面、纵剖面上进行多点测量,方能检测出圆度、圆柱度误差的值。

(四)活塞或轴的圆度、圆柱度的测量

(1)清洗活塞或轴的外表面,准备与其外径相适应的外径千分尺等。

(2)外径千分尺的准备和校对参考外径千分尺的测量使用方法。

(3)在活塞或轴的轴线方向取上、中、下三个位置,再分别测量上、中、下三个水平剖面的相互垂直的直径 X、Y,共测 X_1、X_2、X_3、Y_1、Y_2、Y_3 六个数值,如图 0-14 所示。

(4)将测量值记录到表 0-1 中。

(5)在同一轴向剖面内相互垂直的直径 X、Y 之差的一半即为该剖面的圆度,即 $|X-Y|/2$。三个圆度中的最大值即为该缸套或油缸的圆度。

(6)上述三个测量横剖面、六个测量值中同一剖面最大值与最小值之差的一半,取最大值即为该活塞或轴的圆柱度。

(7)上述方法只适用于待修或在用活塞或轴的一般检测。如要取得精确的测量值,则应选多个横剖面、纵剖面进行测量,而且应对同一横剖面、纵剖面上进行多点测量,方能检测出圆度、圆柱度误差的值。

(五)平面研磨方法

(1)选用合适的专用研磨平板,水平放置。研磨台如图 0-15 所示。

(2)先进行粗研磨,再进行细研磨。将粗研磨砂适量、均匀地涂于研磨平板上,并滴少量滑油。

(3)把被研磨工件的平面放在平板上,沿平板的表面以"∞"字形的推磨方式研磨。或以旋

图 0-15　研磨台

转和直线相结合的方法进行研磨,使阀片很快达到精度要求。按压工件的手指在圆周方向用力要均匀,工件的被加工表面和研磨平台的表面在研磨过程中要始终保持紧密贴合的平行运动。研磨一段时间后,将工件水平调转 90°~180°,以防工件倾斜。

(4)根据研磨情况,可多次添加研磨砂和滑油。

(5)研磨面上无明显痕迹时,清洗工件。细研磨时换以细研磨砂,与粗研磨的方法相同,研磨好后,清洗磨件。

(6)研磨好的外观。研磨好的阀线应是封闭的,密封面平整发乌、颗粒轮廓点分布均匀。

基础五 物料

船舶辅机拆装检修中常用的物料主要有金属材料和非金属材料两大类。金属材料包括黑色金属(圆钢、型钢、钢板等)和有色金属(棒材、板材等)。非金属材料包括木材、油漆、油料、清洗剂、石棉制品、纤维制品及高分子材料(工程塑料、橡胶、涂料、黏结剂等)等。这些材料在船舶辅机拆装检修中用于制造配件、修补零件、制作密封垫片、清洗零件、防腐、润滑等。

下面着重介绍在船舶辅机拆装中常用的垫料、涂料、填料及绝热材料。

一、垫料

垫料分为软垫料和硬垫料两种。

(一)软垫料

1.软木垫

软木垫是用软木加工成的薄板料,其特点是耐油、密封性好,但不耐高温,主要用于刚性较差的盖板、导门及钢板成型的轻型油底壳等结合面的密封。

2.橡胶板

橡胶板分为普通橡胶板和耐油橡胶板两类。普通橡胶板具有一定的弹性,不耐油、不耐高温,主要用于冷却系统连接件的密封;耐油橡胶板具有一定的弹性,耐油、不耐高温,主要用于低压燃油和润滑系统连接件的密封。

3.石棉纸板

石棉纸板由石棉、橡胶等材料高温压制而成。根据承压能力,石棉纸板分为高压、中压、低压三种,船舶上通常使用中压石棉纸板。石棉纸板的特点是有较好的密封性能,耐高温、不耐油,主要用于有一定压力要求的高温零件的密封。

4.纸柏垫(油纸柏、钢纸柏)

这类材料是用石棉和亚麻纤维压制而成的,有减振及密封作用。在拆装检修中,纸柏垫主要用于制作小的精密件的密封垫片,也作为间隙调整垫片使用。

(二)硬垫料

硬垫料由塑性好的有色金属材料制成,有减振、密封作用。在船舶辅机拆装检修中利用它们良好的塑性作固定件结合面的密封垫床及配合件间隙调整垫片等。常用的硬垫料有以下几种：

1.紫铜垫片与铝垫片

紫铜垫片与铝垫片具有良好的塑性、韧性，且耐高温、耐高压，主要用于有高温、高压要求的密封件，如缸盖密封垫床、喷油器密封垫圈等，其中紫铜垫片可反复使用（须做退火处理）。

2.工程塑料

工程塑料通常为棒材，其特点是具有良好的塑性、韧性，且耐油、耐压，主要用于内燃机接头油管处的密封垫片及制作强度要求不高的小零件等。

3.黄铜垫和铁皮垫

黄铜垫和铁皮垫这两种垫料强度好，但塑性较差不能用于制作密封件，主要用于配合件间隙调整垫片，如厚壁瓦两侧垫片、三段式连杆调整压缩室高度的垫片等。

船舶辅机拆装检修垫料除了上述各种垫料外还大量使用铜包、石棉垫床（片）及O形橡胶圈，这些制品一般作为配件随机供应。它们有良好的密封性能，且耐油、耐高温、耐高压，多用于油管接头密封、缸盖床垫密封及一些盖板结合面的密封，属一次性零件，用后必须换新。

（三）垫料使用和制作的注意事项

1.垫料的选择

根据使用处的温度、压力、流体介质的种类、垫片的性能及在连接处的作用（是密封还是调整间隙），选择性能适宜的垫料。

2.垫片的制作

对于薄的软垫料，可直接铺于零件的密封面上，用0.5 lb小手锤按其形状轻轻敲击成连续的断痕，用手撕下，制成垫片；对于厚的软垫料或硬垫料，可将换下的旧垫片铺在垫料上，用铅笔描绘出几何形状，然后剪下制成垫片。其中，软垫料的孔可用空心冲打出，而硬垫料的孔只能用钻头钻出。

3.换装新垫片

将零件密封面清理干净，若使用软垫料，应按照密封处的要求在垫片两面均匀地涂上涂料（所需涂料见后述），若使用紫铜硬垫料制成的垫片，则必须退火后方可使用。然后准确地装好垫片，分次、均匀地拧紧连接螺钉。

二、涂料

涂料与密封垫片（橡胶垫片除外）配合使用，其作用是填补密封面上的微小不平，增大接触面的紧密度，以形成良好的密封。目前，船舶上常用的涂料有液态密封胶及油膏类密封涂料等。

（一）液态密封胶

液态密封胶是一种高分子化学物质密封垫料，常温下是一种黏稠的液体。

在船舶辅机装配中，液态密封胶除了和密封垫片结合使用外还可单独使用，在结合面上形成一层具有黏弹性和可剥性的薄膜即液体垫片。该垫片有良好的耐压性和密封性,是理想的密封涂料和垫料,但由于液体垫片价格高昂且受厚度的限制,多与固体垫片结合使用,同样可得到良好的密封效果。

液态密封胶涂得不可太厚且密封表面应清洁。涂胶后要晾置一段时间,待胶中的有机溶剂挥发掉再装合。

(二)油膏类密封涂料

目前,船舶上常用的油膏类密封涂料主要有下述几种:

1.铅丹油膏

铅丹油膏主要用于高温、高压结合面的密封。若调制成厚油膏,可单独用作垫料;若调制成稀油膏,可配合软垫片使用。

2.锌白油膏

锌白油膏又称白厚油,主要用于常温水管法兰处配合软垫料来密封水或用于饮用水管螺纹接头处配合麻丝来密封水。

3.石墨油膏

石墨油膏的特点是耐高温,故与垫片结合用于锅炉受热件及缸盖底面的密封等。

(三)涂料的选择与使用

视密封处的温度、压力等要求,根据各种涂料的性能选择适宜的涂料。使用涂料时,金属表面需去锈、去油及去污垢,涂料应均匀地涂在金属表面上且厚度应适宜(以装紧后缝隙处挤出少许涂料为宜)。

三、填料

填料又名盘根,船舶用的填料分为金属填料和非金属填料两大类。金属填料多用于高温、高压处的密封。例如,排烟管与增压器进口接口处采用钢质密封环对废气进行密封。再如,低速机活塞杆填料函处,采用钢质密封环或木制密封环对气缸扫气空间进行密封等。这些填料均制成零件并随设备供应。

船舶检修中常用的非金属填料多为棉、麻、石棉、橡胶或它们的混合制品。非金属填料的功能是:作为穿过孔盖、壳体、轴筒等固定件与做旋转或往复运动的轴的径向密封,如阀件的阀杆处、往复泵的泵轴处及尾轴填料函处等对流体介质的密封。填料除了有密封作用外尚有减轻零件磨损的润滑作用。

(一)棉、麻填料

棉或麻填料是用棉纤维或麻纤维编制成的圆形或方形绳状体,并在机油中煮透制成。棉性质柔软、有弹性、不易老化,多用于阀杆、泵轴处的密封;麻质较棉质地硬且粗糙,但不易腐烂,多用于尾轴系统的密封。

(二)油浸石棉填料

油浸石棉填料是用石棉绳或铜丝石棉绳编制成的圆形或方形绳状体,并在石墨机油中煮透制成。其性质紧密、光滑、拆装方便且耐高温(达 450 ℃),有一定的承压能力(不加铜丝的可达 600 kPa、加铜丝的可达 1 MPa 以上),多用于高温处的回转轴或往复活塞杆径向间隙的密封。

（三）橡胶石棉填料

橡胶石棉填料是由石棉布或石棉线以橡胶为黏合剂，卷制或编制后加压成的方形绳状体，外涂高碳石墨制成。橡胶石棉填料适用于压力为 600 kPa、温度在 450 ℃以下的高温阀杆、活塞杆等径向间隙的密封。

（四）软填料的选择与更换

1.软填料的选择

应视密封处的温度、压力及运动状况等要求根据各种填料的性能进行软填料的选择。

2.软填料的更换

（1）用螺旋式填料钩取出填料，清洁填料函。依照取出的旧填料长度截取新填料并剪成斜搭口。

（2）在填料表面涂润滑剂，逐道塞入填料函并使各道搭口错开。

（3）压上填料盖，压入紧度应以零件运转后有微量泄漏为宜，不要一次压死，防止摩擦功增大且零件发热磨损。

四、绝热材料

为了避免热量（或冷量）的散失及灼伤工作人员，需要对船舶上的一些高温管路、锅炉及制冷系统管路进行绝热处理。船上常用的绝热材料主要有以下几种：

（一）石棉

石棉可耐 600 ℃的高温。使用时，将石棉与水调和成膏状体黏附在高温管路外壁面上，再包扎以石棉布进行绝热。

（二）石棉布

石棉布可以承受的温度低于 250 ℃，通常可以作为高温管路黏附石棉后的外表面包扎材料，也可以单独使用，即直接包扎管路进行绝热。

（三）石棉线

石棉线可以直接缠绕在高温管路上进行绝热。

（四）石棉板

石棉板可耐 450 ℃的高温，可直接用于锅炉外壳及需要绝热的壁面进行绝热。

项目一

管系的拆装与检修

一、安全注意事项

（一）人身安全

(1)穿戴好工作服、安全帽、手套等劳保用品;操作过程中,应注意安全,避免被旋转部件夹手、碰伤;学员必须在教师的指导下操作,严禁擅自操作。

(2)管内可能存在高压、高温、有腐蚀性及有毒性的流体,拆装前根据管系图停用相关设备,关闭待拆部位前后的截止阀,并注意泄放管内的流体,以防外溢伤人。

（二）设备安全

(1)避免对设备部件的磕碰和损坏,防止对地面的污染;分组存放不能互换的零件。

(2)注意保护管路及仪表,不允许猛打乱敲,防止损坏零件和工具。

二、基础知识

（一）船舶管路破损的原因

船舶上的管路有很多种,时间一长,由于腐蚀等因素的作用,经常发生管壁被腐蚀而形成空洞的现象。通常,船舶管路损坏主要有以下几种原因:

(1)管内残水未放净,引起锈蚀。

(2)在冬季因未能及时保温包扎而冻裂。

(3)管路内工质的流速太快,使管内壁过度磨损而破裂。

(4)管路断续使用,有时干燥,有时潮湿,管路内部最容易被腐蚀,特别是经过焊接加工的部件。

(5)管路在安装时,因使用的垫片材料不佳、凸缘平面不平而引起泄漏。

(6)因管路法兰连接螺栓紧固力不均或船舶振动、管路胀缩等引起泄漏或裂缝。

(7)管路质量不好,本身存在砂眼或裂纹,或因焊接质量差而使焊接部位产生气泡或夹渣。

（二）管路密封材料的选择

管路接头的密封件可有效地防止管路介质的跑、冒、滴、漏现象。常用的密封材料种类很多,如橡胶、紫铜、石棉、纸箔、白漆、油麻、塑料和复合材料等。船舶管路常用的密封件有以下几种：

1.紫铜垫片

紫铜垫片一般用于高压压缩空气管路,液压管路和柴油机高温、高压零部件间的密封。

2.石棉橡胶板

石棉橡胶板是一种复合材料,应用广泛,适用于各种蒸汽、海水、淡水(饮用水除外)、空气、烟气和惰性气体等管路上。它分为高压、中压、低压三种,高压石棉橡胶板呈紫色、中压石棉橡胶板呈红色、低压石棉橡胶板呈灰色。耐油石棉橡胶板适用于压力为6.4 MPa、温度为100 ℃的燃油、滑油管路。

3.夹布橡皮

夹布橡皮亦是复合材料,适用于工作压力为0.6 MPa、工作温度在60 ℃以下的低温、低压管路,如海水、淡水(饮用水除外)、空气和燃油等管路,但绝不可用于蒸汽、高温水等管路,以防其黏结。饮用水管路的密封应为无毒夹布橡皮垫片。

4.聚四氟乙烯密封带

聚四氟乙烯密封带是一种塑料密封材料,可以取代白漆和油麻,一般用于工作压力为0.6 MPa、工作温度为260 ℃的海水、淡水、空气、燃油和滑油管路。

任务一 管系的拆装

一、工具选用与准备工作

1.主要使用的工具和材料

主要使用的工具和材料有:梅花扳手、插口扳手、螺丝刀、手锤、铜棒、气动刷子、抹布、做法兰垫片的相应材料及工具、垫片胶等。

2.准备工作

(1)技术准备:熟悉管系图,查看相关管路备件。

(2)现场布置:地面铺好纸垫或牛皮纸等垫料,将工具等摆放整齐。

(3)设备准备:设备转至现场控制,使设备停止运转,切断电源,悬挂“禁止启动”工作牌;关闭准备拆装管路前后的阀门,打开管路上的压力泄放阀(如没有泄放阀,可在拆松管路连接法兰时用螺丝刀撬开一小缝),泄放管路内的压力和液体;用油性记号笔或钢字码等工具在泵壳上各部件配合处标上号码和接缝记号,以保证装配。

二、管路的拆卸

(1)优先拆除管路上的仪表,拆除过程中注意保护仪表和管件,拆下的管件、仪表和管子分类放好。

(2)拆松固定管路的管夹,对于高空位置的管路,在确保检修人员安全的前提下,对管路上的连接法兰逐一进行拆卸。拆卸时,应先去除连接螺栓上的油漆或铁锈,使用合适的扳手(建议使用梅花扳手)对连接螺栓上的螺母按照对角、交替、分次松开的方式拆卸连接螺栓和螺母。若连接螺栓和螺母锈蚀严重,可考虑用錾子錾断或动火割掉。

(3)所有连接管路上的连接螺栓拆卸完毕后,可解开管路固定夹,移走损坏的管路。

三、管路的装配

(1)管路修理完毕后或新换管子装复时,应用刮刀去除管路连接法兰处的旧垫片,装好新垫片。

(2)装复前,注意清洗管道内的焊渣、泥沙、铁锈和其他杂质。

(3)按与拆卸相反的顺序装复管路,法兰安装要注意做到对正、不错口、不张口。对螺纹连接的管件,螺纹结合时要做到生料带缠绕方向正确和厚度合适,螺纹与管件咬合时要对准、对正,避免错开,拧紧时用力要适中。

任务二 管系堵漏器材的选择与绑扎堵漏

在船舶航行中,管路破损时修理的方法有很多种。管路破损经修理后,若是一些特殊的管路,还应进行压力试验,试验的压力应符合规范要求。

一、更换管路

更换管路就是用一段新的,与原管路同尺寸的,经过重新放样、定位、弯管、焊接等的管子,把损坏的管路全部换新。采用这种方法修理后的管路一般能使用较长时间。

二、局部焊补

局部焊补就是用一块稍大于洞孔的铁板,将其弯成与管子外径相同的圆弧形并贴到管壁上,盖住洞孔,然后将铁板的边缝用电焊焊牢。

注意:在局部焊补燃油管路和滑油管路时,必须将管子拆下来进行焊补,以防引起爆炸或火灾。

三、打水泥

打水泥这种方法多用来封堵直径较大的海水管路上的漏洞,如靠近舱底板的大直径海水管路上的漏洞。

打水泥前应先把漏洞处管路上的油污清洗干净,用木板或铁皮制作一个简单的托架,再用铁丝将托架与管路的位置相对固定,最后将和好的水泥灌注于托架与管壁之间,水泥凝固后撤除托架即可。和水泥时宜掺上一定比例的沙子,水泥灌好后应每隔1~2 h洒上一点淡水,以防水泥干裂。

四、铁水泥堵漏及环氧树脂堵漏

铁水泥这种材料可作为应急时管路堵漏之用。涂前,管内应先卸压,泄放存水并将洞孔周围清洁干净;涂后,用玻璃丝带包扎,至少经过 8~12 h,待铁水泥凝固后即可投入使用。

无铁水泥时,可用环氧树脂替代,但环氧树脂只适用于修补直径较小的管路破损。其方法是将环氧树脂固化剂涂在管子表面,然后在管子上缠两圈纱布,再涂一层环氧树脂,可根据需要确定纱布和涂层的圈数,等环氧树脂固化以后就可以使用了。

五、管夹(卡箍)包扎

管夹(卡箍)包扎就是在腐蚀烂穿的洞口外面贴上一层厚度适中的橡皮,然后用管夹夹牢。管夹的种类很多,常用的管夹有普通管夹和高压管夹,分别如图 1-1、图 1-2 所示。

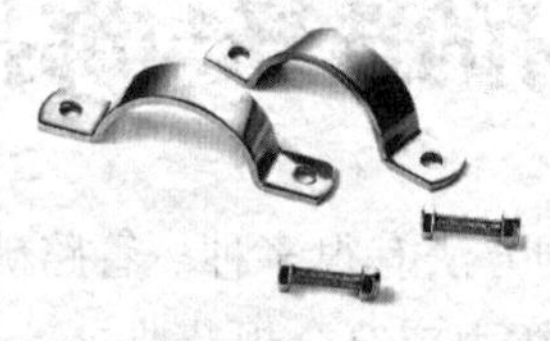

图 1-1　普通管夹

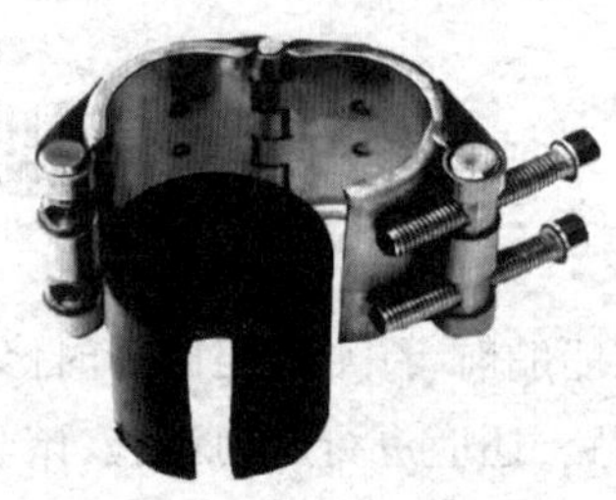

图 1-2　高压管夹

使用普通管夹时,先将橡皮垫片盖在管路破口处,然后将管夹夹在橡皮上,用螺丝刀收紧螺丝,直到管路破口被堵住为止。这种方法一般用在对压力要求较低、较细的管路上。高压管夹具有一定的耐压能力,可用在具有一定压力的管路上。其内部配置专用密封橡皮,使用时只需将专用管夹套在管路上,用螺丝刀收紧两个紧固螺丝,直到管子不泄漏为止。

六、应急包扎

船舶上还经常在一些场合采用临时应急的破损管包扎技术,如用自行车内胎包扎、用木塞堵住破孔等。

项目二

冷却器的拆装与检修

一、安全注意事项

（一）人身安全

(1)穿戴好工作服、安全帽、手套等劳保用品;操作过程中,应注意安全,避免被旋转部件夹手、碰伤;学员必须在教师的指导下操作,严禁擅自操作。

(2)冷却器内可能存在高压、高温的流体,拆装前根据管系图停用相关设备,关闭冷却器前后的截止阀,并注意泄放管内的流体,以防其外溢伤人。

（二）设备安全

(1)避免对设备部件的磕碰和损坏,防止对地面的污染;分组存放不能互换的零件。

(2)拆装板式冷却器时,注意保护换热板上的橡胶垫圈,避免损坏。

二、基础知识

（一）壳管式冷却器

如图 2-1 所示,冷却管束置于用钢板焊成的筒形壳体内,其两端分别固接在前、后管板上。其中前、后管板与壳体凸缘及前、后端盖用螺栓固定,端盖底部有垫片。这种类型的冷却器的特点是冷却水从管内流过,被冷却介质(如滑油)则从管外的间隔中流过,中间设置隔板以增强冷却效果。

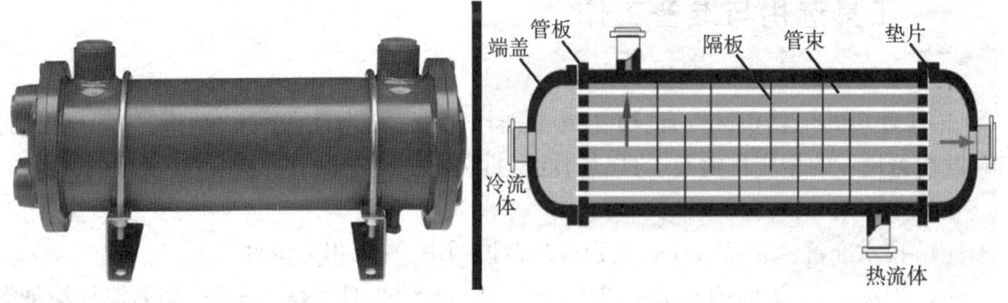

图 2-1　壳管式冷却器

（二）板式冷却器

如图 2-2 所示，板式冷却器是由波纹形状的金属片叠装而成的新型高效换热器，应用广泛。各种板片之间形成薄矩形通道，通过板片进行热量交换，为了防止泄漏，在板与板之间装有成型的硬橡皮垫圈，垫圈由树脂黏合剂黏结在板的凹槽中。它利用波纹构造排列的接触点，让流体在流速并不高的情况下形成紊流，大幅度地增强了散热的效果。板式冷却器具有换热效率高、结构紧凑轻巧、占地面积小、安装和清洗方便、使用寿命长等特点。在相同压力损失的情况下，其传热系数是壳管式换热器的 3~5 倍，占地面积仅为管式换热器的 1/3。

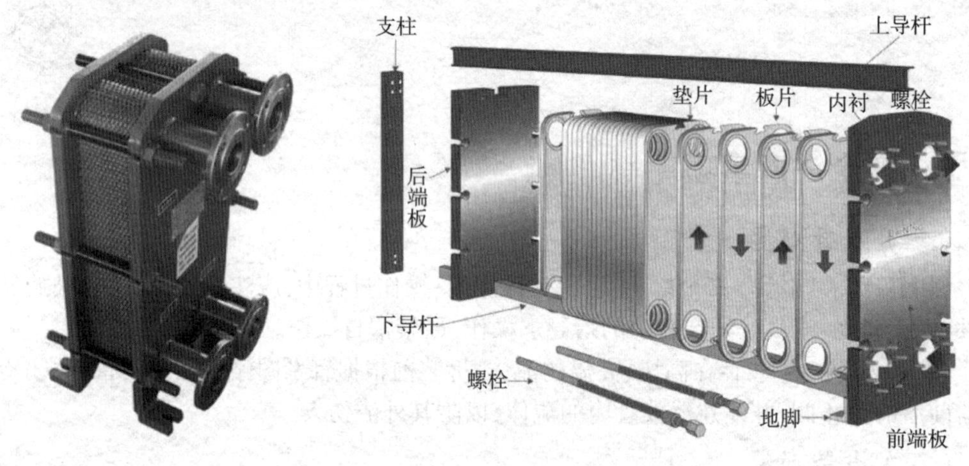

图 2-2　板式冷却器

船上冷却器的清洗一般是指海水空间的清洗。冷却器在使用一段时间后，冷却海水流动的空间就会有一些杂物或泥沙堵塞冷却水管，为此应定期清通和检修。在海贝壳繁殖季节停泊时，只需停泊几天，贝壳就可能把冷却器管路堵塞，这时就需要进行清通。

任务一　冷却器的解体与清洗

一、工具选用与准备工作

1.主要使用的工具和材料

主要使用的工具和材料有：梅花扳手、插口扳手、螺丝刀、手锤、铜棒、气动刷子、抹布、做端盖垫片的相应材料及工具、垫片胶、拆装板式冷却器、长钢尺。

2.准备工作

（1）技术准备：熟悉管系图，查看冷却器说明书，查看相关备件。

（2）现场布置：地面铺好纸垫或牛皮纸等垫料，将工具等摆放整齐，如需泄放滑油等物质，应提前用专门的容器承接，避免产生污染。

（3）设备准备：使设备停止运转，切断电源，悬挂“禁止启动”工作牌；关闭冷却器的海水进、出口阀,关闭被冷却介质(如滑油)的进、出口阀;打开冷却器下部的放水阀(壳管式冷却器如没有放水阀,可在拆松端盖时用螺丝刀撬开一小缝),放出冷却器内的残水,板式冷却器还需泄放被冷却介质;用油性记号笔或钢字码等工具在泵壳上各部件配合处标上号码和接缝记号,以保证装配。

二、壳管式冷却器的解体与清洗

(1)拆除与靠近冷却器的法兰相连的短管,前、后端盖的螺栓,将前、后端盖拆下。

(2)清洗时,须用清洗专用通条(或代用通条)将每一铜管内壁逐一清通,清除管内的海水微生物及泥渣。

(3)用软管接通海水或淡水,冲洗每一根清通过的水管海水侧,并根据冷却水管的出水判断清通的效果。如果出水不畅,则还应再行清通。

(4)用压缩空气逐一吹扫冷却水管,再将前、后端盖内的污物及锈蚀物消除。

(5)清洗污垢可采用化学、机械、高压水、超声振动、蒸汽冲洗等方法进行。若用化学清洗除垢,清洗后,应将废清洗液收集起来,用酸碱中和法进行中和处理,并用试纸检测酸碱度,pH=6~8方可排掉,清洗后应将残留在热交换器内的化学溶剂用清水清洗干净。

三、板式冷却器的解体与清洗

(1)拆装前,需用钢尺测量两端板的间距,通常在每一根螺丝杆处测量并做记录。

(2)逐次松开端板组件的紧固螺栓,每个螺母每次只松一圈,一边拆一边测量两端板的间距,避免端板发生较大的倾斜。拆开后注意板片的排列顺序。

(3)冷却器海水侧用水冲洗,并用塑料刷子清洁,注意避免损坏换热片上的橡胶垫圈。海水如有较多结垢,可以先用草酸浸泡再进行刷洗。针对不同污垢采用不同的清洗方法:采用碱性清洗液清洗细菌类生物;主要采用酸性清洗液清洗水垢;如有专用清洗液,一定要用专用清洗液。

任务二 冷却器的装复、密封性检查与处理

一、壳管式冷却器的装复、密封性检查与处理

(1)检查端盖防腐锌块,消除锌块上的锈斑,锌块失效应更换锌块;如果锌块根本没有腐蚀,而壳体发生了腐蚀,这是由于锌块与壳体未完全接触,应及时予以纠正。

(2)当两端端盖及端盖内横隔板被海水腐蚀时,应及时焊补或更换,并清洁内表面,涂上防锈漆或环氧树脂以防腐蚀。

(3)检查端盖与壳体之间的密封圈或垫床,密封圈必须完好,且具有一定的弹性,否则必须更换。

(4)放好密封圈或垫床,装上端盖,均匀地上紧端盖螺栓。由于冷却器的密封圈多

为橡皮垫床,故无须上得过紧。

(5)装好短管法兰,最后通水检查,使冷却器投入工作,检查有无泄漏。

(6)壳管式冷却器压力实验:

①关闭滑油进、出冷却器的进、出口阀门。如阀门关闭不严,可用盲板隔离。安装盲板时注意靠冷却器一侧的密封垫床应保证良好。

②利用冷却器的备用接口,向滑油侧注入润滑油,直接加压至试验压力(一般为工作压力的1.25倍),也可先给滑油侧注满滑油,再用压缩空气加压至要求的压力,保证压力能在约30 min内不降低。

③从已拆开的端盖的海水侧,检查管子、管子接头、堵头等处有无滑油渗出或泄漏。若无,说明冷却器密封良好。若发现管子泄漏,应用铜堵头将破损的管子两端堵死,再按第二步的方式试压,直至破损的管子彻底被堵住为止。

④冷却器密封性检查和泄漏处理完毕,应恢复相关阀门。

二、板式冷却器的装复、密封性检查与处理

(1)检查海水侧防腐锌块,消除锌块上的锈斑,锌块失效应更换锌块。

(2)检查换热板是否平整,换热板的密封槽、密封面有无凹凸不平、折皱、扭曲、划痕等状况。若板片局部腐蚀减薄量超过原厚度的20%或有严重拉伤痕迹,则应予换新。

(3)确保密封垫圈完好且具有一定的弹性,否则必须更换。如无法修复且无备用垫圈,可将密封不好的换热板以及与它相连的换热板成对拆除,但这样会使换热面积减小、冷却效果变差。

(4)安装时垫片应平整、牢固、表面清洁、外观整齐。将冷却器在固定端压板和活动端压板间的螺杆均匀压紧,两端压板间的距离应符合原来要求。

(5)装复后,启用设备,检查有无泄漏,如有泄漏,则可适当调整相应螺丝。

项目三

离心泵的拆装与检修

一、安全注意事项

（一）人身安全

(1)穿戴好工作服、安全帽、手套等劳保用品;操作过程中,应注意安全,避免被旋转部件夹手、碰伤;学员必须在教师的指导下操作,严禁擅自操作。

(2)注意设备周围的环境,避免身体磕碰,注意泄放设备内的残压、残水。

（二）设备安全

(1)避免对设备部件的磕碰和损坏,防止对地面的污染;分组存放不能互换的零件。

(2)拆解设备时用马克笔做好标记;保护好部件的接触面,接触面需向上放置;不允许猛打乱敲,防止损坏零件和工具。

二、基础知识

（一）离心泵的工作原理及其结构

离心泵属于叶轮式泵,它利用泵壳内的叶轮的高速回转直接将能量传给液体,使泵能连续稳定地吸、排,从而达到输送液体的目的。图3-1示出悬臂式单级离心泵简图,其主要部件包括叶轮1和泵壳3,组成泵内液体的过流部分,泵壳3呈螺旋形,称为蜗壳或螺壳。固定螺母7通常采用左旋螺纹,以防反复启动导致因惯性而松动。

（二）主要部件

如图3-2所示为离心泵内部主要部件:离心叶轮(上有6个平衡孔)、阻漏环(上、下各一个静环)、填料底座、填料压盖、水封环。

该叶轮为闭式后弯叶轮,后弯叶轮比前弯叶轮水力效率高,因而离心泵通常采用后弯叶轮。

平衡孔的作用:平衡叶轮轴向力。

阻漏环的作用:控制阻漏环与叶轮吸口密封间隙的大小,减少内漏,提高容积效率。

水封环的作用:引入清水,润滑、冷却填料,同时防止空气漏入泵内。

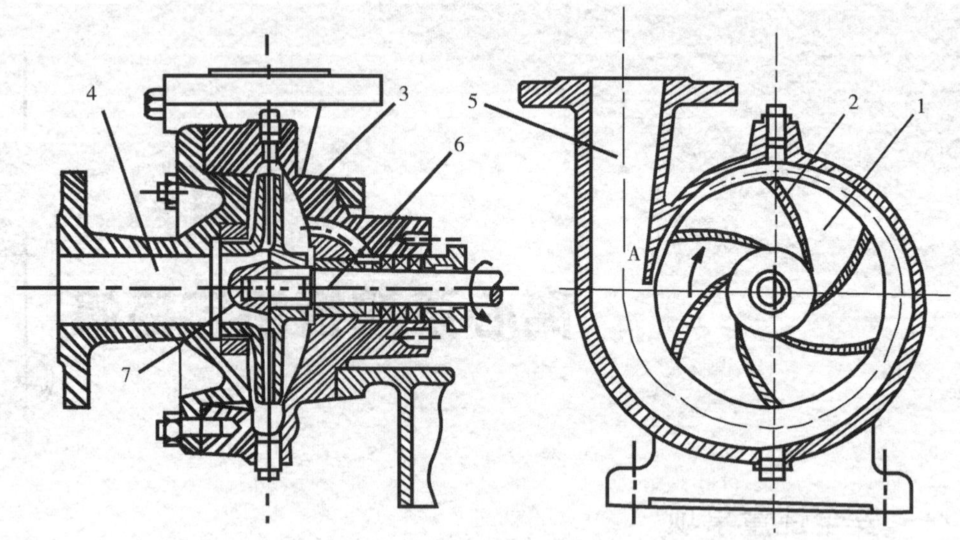

图 3-1 悬臂式单级离心泵

1—叶轮;2—叶片;3—泵壳;4—吸入接管;5—扩压管;6—泵轴;7—固定螺母

图 3-2 离心泵内部主要部件

任务一 离心泵的解体

一、工具选用与准备工作

1.主要使用的工具、量具和材料

主要使用的工具、量具和材料:梅花扳手、插口扳手、螺丝刀、手锤、铜棒、液压拉马、气动刷子、塞尺、外径千分尺、内径百分表、抹布、做法兰垫片的相应材料及工具、垫片胶、盘根等。

2.准备工作

(1)技术准备:熟悉管系图,查看离心泵说明书,查看相关备件(尤其是根据故障现象判断可能已经损坏的零部件)。

(2)现场布置:地面铺好纸垫或牛皮纸等垫料,将工具等摆放整齐。

(3)设备准备:泵转至现场控制,使设备停止运转,切断电源,悬挂“禁止启动”工作牌;关闭离心泵的吸、排气阀,如有必要,拆除电机和相关管路;放掉泵壳内的液体;如果轴承部件是液体滑油润滑,应将润滑油放掉;用油性记号笔或钢字码等工具在泵壳上各部件配合处标上号码和接缝记号,以保证装配。

二、离心泵的解体(半剖式)

1.附件拆卸

拆除泵的进、出口连接法兰。拆除妨碍拆卸的附属管路和仪表,如平衡管、水封水管、引水装置相关部件、压力表等。

2.拆卸填料轴封压盖

将填料轴封压盖的两个螺母交替卸下。将螺母摆放到地面的垫子上,此时压盖应保持在原位,不急于拆下,以避免拆开泵壳时立轴倾倒。

3.拆卸泵的底部端盖及下端轴承

拆卸泵的底部端盖的固定螺母,拆卸时注意用手托住底部端盖,防止端盖及下轴承坠落。将拆下的螺母、端盖及下轴承放在地面的垫子上,密封面要朝上。

4.拆卸泵壳

(1)将壳体固定螺栓对角交替卸下。在拆卸最后一个螺栓时,要固定住泵壳,以防突然坠落。

(2)将拆下的壳体慢慢放到地面的垫子上,密封面要朝上,防止碰伤、损坏;拆卸的部件要摆放整齐、有序。

(3)取下泵壳垫片。

5.联轴器和滚动轴承的拆卸

(1)拆下弹性联轴器的固定螺丝,用液压拉马将联轴器慢慢拉出,取下该处的传动键,防止丢失,将联轴器与键摆放在地面的垫子上。操作时,液压拉马的丝杠要顶正泵轴中心,使联轴器两侧受力均匀。切忌用手锤猛烈击打,以免造成泵轴、轴承或联轴器的损坏。如果拆不下来,可用棉纱蘸上油,沿着联轴器四周燃烧,使其均匀受热膨胀,在燃烧时要用湿布把泵轴包好,不断用冷水淋浇湿布,防止轴和联轴器一起受热膨胀。这样联轴器就容易拆下来了。

(2)拆卸上轴承压盖。螺母、轴承压盖放在垫子上。

(3)拆卸上轴承座,拆卸时要用手固定好主轴、叶轮总成,防止坠落。

(4)将主轴、叶轮总成放到胶皮垫板上。

(5)轴承的拆卸:

如轴承还需继续使用,必须用液压拉马或专用工具拆卸。拆卸轴颈轴承时,应施力于内圈;拆卸轴承座上的轴承时,应施力于外圈。拆卸轴承的内圈或外圈时,用力应平衡、均匀,不得歪斜,以防卡死。若配合力过紧,可将滑油加热至 100 ℃后用油壶浇在轴承内圈上，同时用液压拉马将轴承拆下。拆卸轴承时，不得使用易破裂的物件敲击，个别情况下也可用铜棒或其他软金属衬垫敲击。

6.叶轮总成的拆卸

(1)撬开叶轮螺母的锁紧片，卸下叶轮螺母，锁紧螺母一般是左旋螺纹。

(2)拆下轴封压盖、盘根、水封环和填料座。拆卸的部件应整齐、有序地放到垫子上。

(3)拆卸轴套。

(4)拆卸叶轮时，用木锤(或铅锤)沿叶轮四周靠中间的部位轻轻敲击拆下。如拆下有困难，对于有平衡孔的叶轮，可用专用工具，将两只螺钉旋入叶轮平衡孔中，用丝杠顶住轴头，转动丝杠拉出叶轮；对于无平衡孔的叶轮，可用套管套住轴头，用手锤轻轻敲打套管头，使叶轮松动。若叶轮锈蚀在轴上，可先用专用清洁液或煤油浸洗后再拆卸，拆下后，将轴套、叶轮和传动键等放到垫子上。

7.清洁

离心泵拆卸完毕后，应用轻柴油或煤油将拆卸的零件清洗干净，按顺序放好，以备检查和测量。

任务二 离心泵的检修

一、叶轮的检修

离心泵叶轮如图 3-3 所示。

当铜质叶轮穿孔不多时，可采用黄铜补焊磨光，也可采用环氧树脂修补。当叶轮进口处的划痕或偏磨现象不太严重时，可以用砂布打磨，在厚度允许的情况下，也可以光车。如果叶轮在轴上松动，比较简单的办法是在轴上焊一层锡，通过加大尺寸恢复过盈配合。在船上，如果发现叶轮有下列缺陷之一，应予更新：

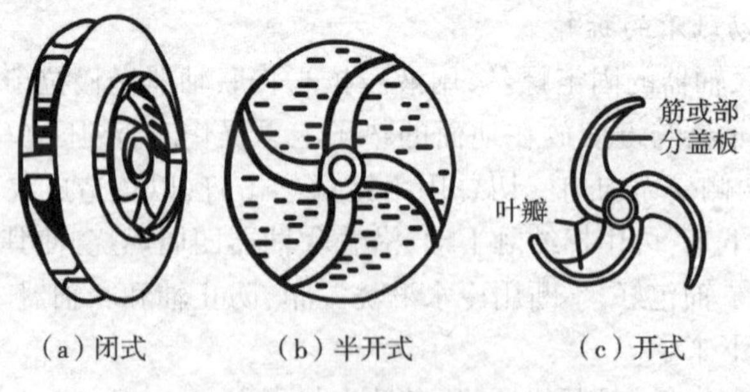

图 3-3 离心泵叶轮

(1)叶轮表面出现较深的裂纹或开式叶轮的叶瓣出现断裂；

(2)叶轮表面因腐蚀或穴蚀而出现穿孔；

(3)轮盖板因腐蚀而变薄，影响机械强度；

(4)叶轮进口处有较严重的磨损而又难以修复；

(5)叶轮产生较大的变形，影响泵的正常工作。

二、密封环间隙的测量

离心泵为了减少内部泄漏,在叶轮入口处安装了由铜合金制成的密封环,叫阻漏环或口环。安装在叶轮或泵壳上的密封环分别称为动环和定环,它们可成对使用,也可只装设定环。离心泵的转子在工作中难免有抖动和偏移,排送热的液体还会有热胀,密封环的径向间隙太小容易产生摩擦,甚至咬死,但间隙太大会使泄漏量显著增加。离心泵在工作约 2 000 h 后,就应检查上述间隙值。密封环的最大许用间隙可取:

$$\delta_{\max}=0.3+0.004D \quad \text{mm}$$

当密封磨损超过最大许用间隙时,应及时换用新环。

(1)卡尺法:用卡尺测量叶轮进口外圆和定环内圆前后、左右两个位置的直径,分别取平均值,定环内圆与叶轮进口外圆直径差值的一半为其间隙。也可以用内径千分尺测量密封环的内径,用外径千分尺测量叶轮进口的外径。

(2)百分表法:为简便起见,可把密封环扣在叶轮入口,左右推动密封环。这时百分表的读数(跳动值)的一半就是密封环的径向间隙。

(3)塞尺法:用塞尺测量前、后、左、右四个间隙的大小,最后取平均值。

(4)涂色法:新装密封环后,必须检查安装间隙。必要时可用涂色法(在静环内侧或动环外侧的环形面上涂很薄的红铅油,然后盘车)检查密封环是否彼此擦碰。

三、泵轴及轴套的检查

1.泵轴的检查

泵轴的工作表面不得有麻面、损伤和裂纹等缺陷。检查时,如发现泵轴有裂纹、表面严重磨损或因腐蚀而出现较大沟痕、键槽扭裂扩张严重,则应予以修复或换新。

2.泵轴的校直

校直泵轴的方法很多,但对水泵来说,现场最简便易行的方法是捻打校直法。当泵轴较粗而弯曲度较小时,可用铜质捻棒冷打轴的凹部,使其表面延伸而校直。校直时应使轴的凹面朝上,并将最大弯曲度的凸面顶点放置在硬木上支柱,同时在泵轴两端用卡子向下压,然后用锤敲打捻棒,从凹面中央开始,逐渐移向两侧沿圆周 1/3 的弧面上进行,直至校直为止。还可用手摇螺旋压力机来校直,如图 3-4 所示。

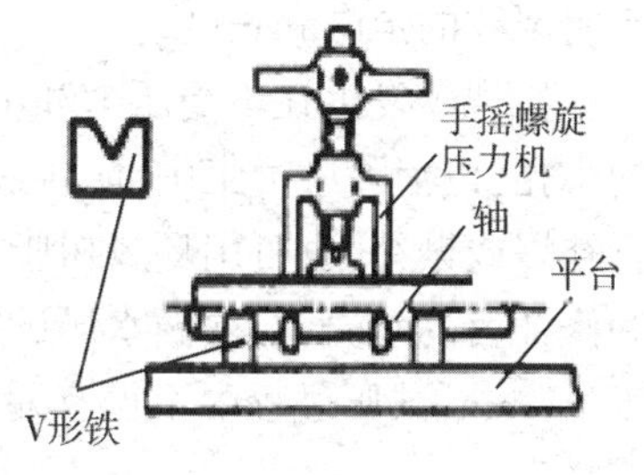

图 3-4 泵轴的校直

3.轴套的检查

检查轴套的磨损,如磨损较大或有沟痕,应焊补、光车,必要时应换新。

四、轴承的检查

对于滚动轴承,检查时,若发现松动、转动不灵活等缺陷或运行时间已达到运行周期,则应换新。泵使用的滚动轴承常见的故障有:滚子与滚道严重磨损、表面腐蚀和烧熔裂纹等。

1.外表检查

经清洁的滚动轴承,如发现内、外环道或滚珠过热退火变色,滚珠表面疲劳剥落、严重腐蚀、凹陷、过度磨损及损坏,应按原型号和精度更换。

2.空转试验

将轴承在手上进行空转试验,应灵活、无噪声,没有卡滞现象。若旋转时有不均匀的转动,是不允许的。旧轴承空转时,允许有轻微的响声,但不应忽大忽小。

3.间隙测量

磨损主要表现在间隙变化上,间隙过大则更换新轴承。一般来讲,滚动轴承间隙包括轴承的径向间隙、轴向间隙,以及轴承内圈与轴和外圈与轴承座孔的配合三个方面。

(1)径向间隙测量:将轴承放于平台上,百分表的触针抵住轴承外圈的外圆。然后一只手压紧轴承内圈,另一只手往复水平推动轴承外圈,百分表所指示的最大数值与最小数值之差,即轴承的径向间隙。正常的径向间隙要求:轴承内径为30~50 mm时,径向间隙不大于0.035~0.045 mm;轴承内径为50~80 mm时,径向间隙为0.045 ~0.055 mm。

(2)轴向间隙测量:将轴承外圈放在两个垫块上,使内圈悬空,再在内圈端面上放一小平板,将百分表触针抵在平板中央,然后一只手压住外圈,另一只手上下推动内圈,百分表上指针的摆差,就是该轴承的轴向间隙。

(3)轴承内圈与轴的配合一般为过渡紧配合,外圈与轴承座孔的配合为过渡松配合。

五、泵壳的检修

泵壳大多由铸铁铸造而成。工作中,泵壳往往因机械应力或热应力的作用而出现裂纹。检查时,可用手锤轻敲泵壳来检查裂纹。如有破裂声,则表明泵壳已有破裂,必要时可用放大镜寻找裂纹。可先在裂纹处浇以煤油,擦干表面,涂上一层白粉,然后用手锤轻敲泵壳,这样煤油就从裂缝中渗出,浸湿白粉并显示出一条清晰的黑线,借此可判明裂纹的走向和长度。

如裂纹发生在不受压力和不起密封作用的地方,在裂纹两端各钻一个直径为3 mm的小孔,以消除应力集中,防止裂纹扩展。如果裂纹出现在承受压力的地方,则应先进行补焊或镶补,也可用环氧树脂修补。如泵壳已无修补价值,应予以换新。对于新泵壳和修补后的泵壳,必须做水压试验。试验压力应为工作压力的1.5倍,承压时间不得少于10 min,试压过程中不得有漏水、冒汗等现象。

任务三 离心泵的装复

一、装轴承及轴承压盖

(1)装轴承分为冷装法和热装法:

①冷装法

装配前检查各部件数据并确认合格后,在轴颈上涂润滑油,将清洗干净的轴承平稳、垂直地套在轴颈上,然后用紫铜棒在轴承内圈端面对称地轻轻敲打或借助钢管使轴承就位,如图 3-5 所示。

②热装法

当滚动轴承内孔与轴颈的配合过盈量较大时,应用热装法。把清洗干净的轴承放进设有网格的润滑油中加热,当轴承被加热到 80~100 ℃时,把轴承迅速取出。泵轴竖直放好,将热的轴承对正泵轴并迅速推入或锤入轴肩位置。装到位后,应固定住轴承直到冷却为止。

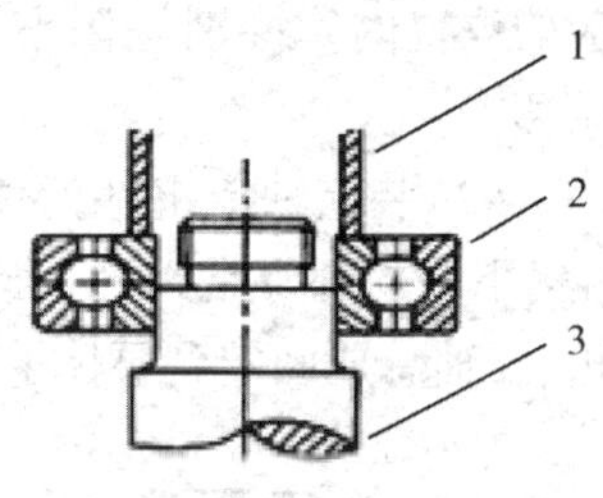

图 3-5 轴承的安装

1—钢管;2—轴承;3—主轴

(2)确保轴承润滑油合适。特别是热装法的封闭轴承,装复后需要重新填充润滑油。

(3)将轴承压盖装到泵轴上,注意轴承压盖的正反方向。

二、装联轴器

(1)将联轴器传动键放入键槽内,涂上少量牛油黏附。

(2)装联轴器,一般采用冷装法和热装法:

①冷装法中最常用的是动力压入,其操作是将泵轴叶轮端竖直放在木块、铅块或其他软金属材料上作为缓冲工件。将联轴器装入泵轴,用木锤或铅锤敲击联轴器,逐渐把联轴器压入轴颈。这种方法容易使脆性材料制成的联轴器的轮毂局部受损伤,同时容易损坏配合表面。

②联轴器与泵轴为过盈配合时,采用热装法。先将联轴器加热,再将泵轴叶轮端竖直放在木块、铅块或其他软金属材料上作为缓冲工件,将热的联轴器装入泵轴,用木锤或铅锤敲击联轴器,逐渐把联轴器压入轴颈。

三、装复盘根底座、水封环、盘根压盖和装轴套

(1)依次装复盘根底座、水封环、盘根压盖,注意盘根压盖的正反方向,不能装反。

(2)装复上轴套和叶轮传动键,待叶轮装复后安装下轴套。

四、装复叶轮

(1)将键放入键槽内,涂上少量牛油黏附。

(2)装入上阻漏环。

(3)将叶轮装到轴上,注意叶轮的进口方向,不能装反。

(4)装入下轴套。

(5)放入锁紧垫片,拧紧叶轮螺母,再用锁紧垫片固定螺母。注意阻漏环的正反方向,通过原先做的标记或环槽来判断安装方向。

(6)装入下阻漏环,注意阻漏环的正反方向。

五、将装好的叶轮、主轴总成装入泵体

(1)分别将上轴承压盖、轴承、水封环、盘根座、上阻漏环、叶轮、下阻漏环等放入相

应的位置内。特别是阻漏环要放正,阻漏环上的固定销应对准销孔,防止密封环被压坏。

(2)装上轴承座,用手拧上螺母,检查轴承压盖、轴承、水封环、盘根座、上密封环、叶轮、下密封环等是否已正确地放入相应的位置内。再用扳手拧紧螺母,让轴承座将叶轮、泵轴总成固定到泵体上。

六、装复泵壳

(1)将密封面清洗干净后,换上新垫片。

(2)再次检查水封环、盘根座、上密封环、叶轮、下密封环是否已正确地放入相应的位置内。

(3)装上泵壳,用手拧上螺母。

(4)再用扳手上紧螺母。上紧时,按照从中间向两边,对称、交替、分次上紧的原则。

七、装复盘根和水封环

1.选择盘根

选择直径合适的盘根,盘根应满足系统和设备要求的操作工况,如使用的温度、压力;检验盘根,确保其无缺陷;选择所需盘根环的数量。

2.盘根的要求

盘根长度与轴的外径一致,切割盘根时要斜切,斜切角度为 45°(如图 3-6 所示)。用填料密封的泵,填料要一圈圈地放进去,要求平整、服帖,各圈的切口应相互错开,一般交错 120°。水封环要对准水封环供水口,压盖的松紧应适当。

3.盘根压盖的上紧

拧紧螺母,将压盖均匀下压。上紧螺母时,采用交替、分次上紧的原则。盘根压盖拧得不能太紧。开泵后,再调整压盖螺母,此时允许有较多的泄漏,然后缓慢地拧紧压盖螺母,逐渐减少泄漏量。

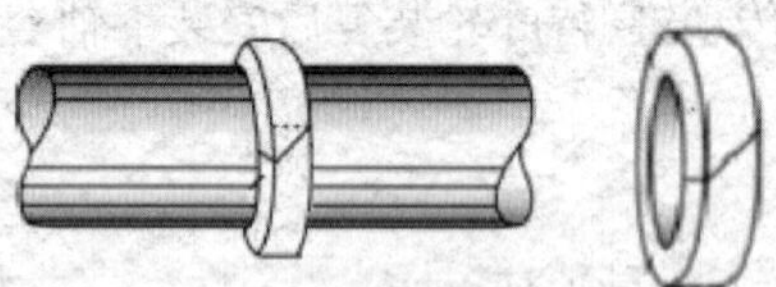

图 3-6　填料密封

八、用手转动泵轴(盘车)

用手转动泵轴(盘车)以判明有无卡阻、异常声响及轴线有无不正等情况。

九、装复相关附件、仪表和电机

装复相关附件、仪表和电机。

项目四

往复泵的拆装与检修

一、安全注意事项

（一）人身安全

(1)穿戴好工作服、安全帽、手套等劳保用品；操作过程中，应注意安全，避免被旋转部件夹手、碰伤；学员必须在教师的指导下操作，严禁擅自操作。

(2)注意设备周围的环境，避免身体磕碰，注意泄放设备内的残压、残水。

（二）设备安全

(1)避免对设备部件的磕碰和损坏，防止对地面的污染；分组存放不能互换的零件。

(2)拆解设备时用马克笔做好标记；保护好部件的接触面，接触面需向上放置；不允许猛打乱敲，防止损坏零件和工具。

二、基础知识

（一）往复泵的工作原理及其结构

往复泵属于容积式泵，它是依靠工作部件的运动造成工作容积周期性地增大和缩小而吸、排液体，并靠工作部件的挤压而直接使液体的压力能增加。图 4-1 示出 CDW25-0.35 电动往复泵简图。

（二）主要部件

往复泵内部的主要部件有阀箱、空气室、活塞、泵缸、减速齿轮箱等。

该往复泵为双作用泵：每个往复冲程吸排两次。

阀箱分成两组，上下被隔成三层：上层为排出室，与泵的排出管路相通；下层为吸入室，与泵的吸入管路相通；中层被隔成单独的小室，分别通泵缸的下部和上部工作空间，上部有排出阀与排出室相通，下部有吸入阀与吸入室相通。

空气室的作用：虽然空气室和泵之间的流量仍然是不均匀的，但空气室之外的排出(或吸入)管路中的流量会变均匀。由于空气在液体中的溶解量随压力的增大而增加，排出空气室内的气体就会因逐渐溶入液体而减少，需要补气，而吸入空气室空气在液体中的溶解量随压力的减小而减少，吸入空气室内的气体就会因逐渐从液体中析出而增加,但空气会随着水被带走,无须单独放气。

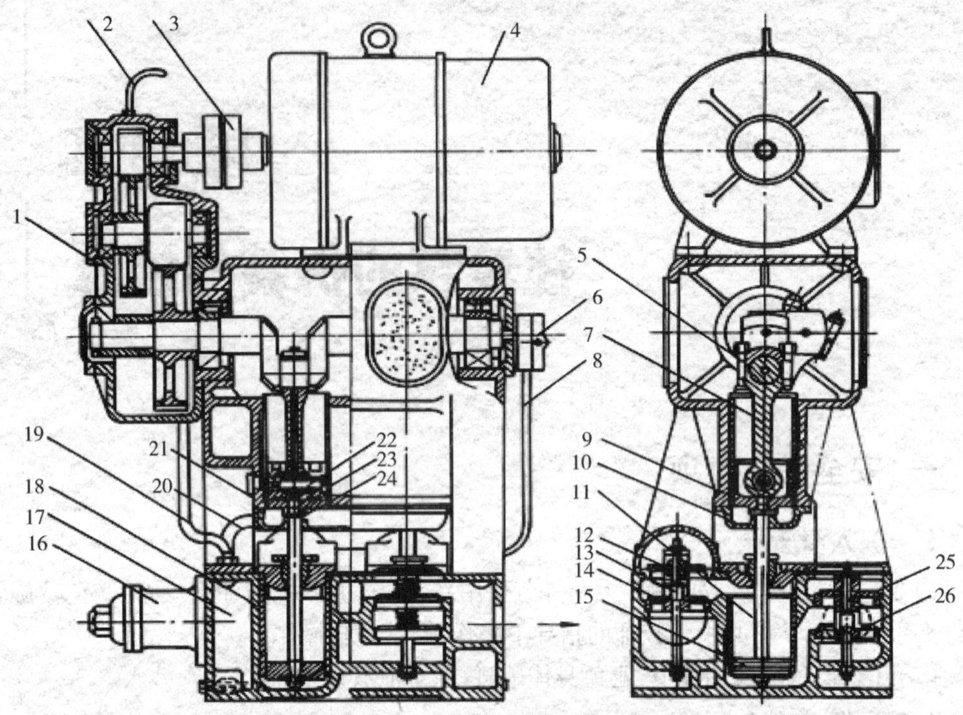

图4-1　CDW25-0.35 电动往复泵

1—减速器;2—油管;3—联轴器;4—电机;5—曲轴;6—滑油泵;7—连杆;8—吸油管;9—十字头;10—油盘;11—泵缸套;12、25—排出阀;13—固定螺栓;14、26—吸入阀;15—活塞;16—安全阀;17—滑油箱;18—泵缸体;19、20—油管;21、22—十字头销、套口;23—锁紧螺母;24—螺塞

任务一　往复泵的解体

一、工具选用与准备工作

1.主要使用的工具、量具和材料

主要使用的工具、量具和材料:梅花扳手、插口扳手、螺丝刀、手锤、铜棒、液压拉马、气动刷子、塞尺、外径千分尺、内径百分表、抹布、做法兰垫片的相应材料及工具、垫片胶、盘根等。

2.准备工作

(1)技术准备:熟悉管系图,查看往复泵说明书,查看相关备件(尤其是根据故障现象判断可能已经损坏的零部件)。

(2)现场布置:地面铺好橡胶垫板、纸垫或牛皮纸,将工具等摆放整齐。

(3)设备准备:泵转至现场控制,使设备停止运转,切断电源,悬挂“禁止启动”工作牌;关闭往复泵的吸、排气阀,如有必要,拆除电机和相关管路;放掉泵壳内的液体;如果轴承部件是液体滑油润滑,应将润滑油放掉;用油性记号笔或钢字码等工具在泵壳上各部件配合处标上号码和接缝记号，以保证装配。

二、往复泵的解体

1.拆卸缸盖、活塞

（1）切断电源，关闭吸排管路上的截止阀。拆除妨碍拆卸的附属管路和仪表等。

（2）拆下滑油泵和接油盘，松开活塞杆与十字头连接的锁紧螺母，然后拆去泵侧的丝堵，再拆下十字头销上的定位卡圈，用吊环将十字头销拔出。

（3）取下曲轴箱上的有机玻璃观察孔盖，松开连杆大端螺栓，取出连杆大端下的瓦盖（注意轴瓦和轴承盖的方向，做好标记），然后将曲轴转过一个适当的角度，将连杆和十字头一起取出。

（4）拆下固定减速齿轮箱的螺栓，将曲轴连同齿轮箱一起吊出，再解体齿轮箱并清洁。

（5）拆卸填料压盖和水缸盖上的固定螺母，将泵缸盖打开并提起，然后将活塞、活塞杆一起向上提，直到活塞全部露出为止，最后将泵缸盖和填料箱盖从活塞杆上头取出。

2.阀箱解体

（1）松开水阀箱盖上的紧固螺母，拆下水阀箱盖，取出里面的吸水阀和排水阀。

（2）解体吸水阀和排水阀，注意弹簧的存放。

（3）拆除安全阀，进行单独解体、清洗和检查。

任务二 往复泵的检修

一、活塞的检测

（1）检测前，先用煤油或轻柴油将活塞清洗干净，再仔细检查活塞表面有无腐蚀，活塞与缸壁有无磨损拉毛现象，如有磨损痕迹，说明活塞杆对中性不良，应检查并重新找正。

（2）活塞磨损情况要用外径千分尺进行测量，测量活塞的圆度与圆柱度。若磨损量达到极限标准（参照说明书的要求），就应换新活塞或换新缸套。

（3）活塞环槽的检查。环槽无腐蚀、无磨损拉毛现象。环槽的深度可用深度游标卡尺或普通带深度测量的游标卡尺测量；环的厚度可用千分尺测量。

二、活塞环（胶木胀圈）的测量

（1）活塞环切口间隙的大小，是活塞环弹性强弱的标志。切口间隙过大，会导致密封性下降，应予以更新；切口间隙过小，会引起卡死，造成缸套、活塞环的偏磨。

（2）活塞环的天地间隙也应适宜，太大会引起胶木胀圈在环槽内的上下撞击，加剧磨损甚至折断，太小则会引起卡死。

（3）切口间隙的检查：将活塞环平放在泵缸中磨损最小的位置，用塞尺测量切口间隙的大小。

(4)天地间隙的检查:将活塞环装入活塞环槽中,用塞尺沿圆周上 X 和 Y 方向各测两个点或沿整个圆周测量环与环槽的平面间隙。

活塞环安装间隙及磨损极限如表 4-1 所示。

表 4-1 活塞环安装间隙及磨损极限

单位:mm

活塞环直径	切口间隙		天地间隙		径向间隙
	安装间隙	极限间隙	安装间隙	极隙间隙	
<100	1.5	4.0	0.15	0.30	1.5
100~150	2.0	5.0	0.20	0.40	2.0
150~200	2.2	5.5	0.25	0.50	2.2
200~300	2.5	6.5	0.30	0.60	2.5
>300	3.0	7.5	0.40	0.80	3.0

三、缸套的检测

(1)检测前,先用煤油或轻柴油将缸套的工作镜面清洗干净,再仔细检查缸套是否有单边磨损、擦伤或划痕等现象,缸套的两端是否出现凸台。如果发现上述情况,可用细油石打磨后再用细帆布抛光。

(2)缸套磨损情况要用内径千分尺进行测量和检查,若磨损量达到极限标准,就应换新活塞或换新缸套。

泵缸磨损极限标准如表 4-2 所示。

表 4-2 泵缸磨损极限标准

单位:mm

缸径	允许镗缸或更换水缸套时直径最大磨损量	必须换新缸套时直径最大磨损量	圆度误差	圆柱度误差
100~150	3.000	5.250	0.900	1.100
150~200	3.500	5.500	1.100	1.300
200~300	4.500	7.000	1.200	1.400
300~400	5.500	7.500	1.300	1.600
400~500	6.500	8.500	1.400	1.700

四、泵阀的检修

(1)检查阀与阀座贴合面是否有锈蚀、斑点和裂痕等现象。如发现轻微的斑点,可以用研磨砂或研磨膏在平板上研磨,也可以将阀芯放在阀座上下研磨。如发现阀盘上斑点较深,应先光车,然后研磨。

(2)在研磨时,应先进行粗研磨,再进行细研磨。粗研磨时取适量的粗凡尔砂,均匀地涂于阀盘面(或阀座)上,并滴少量滑油。然后用手给阀盘(或阀座)施以一定的压力,在平板面上以“∞”字形轨迹研磨。根据研磨情况,可多次添加粗凡尔砂和滑油。研磨至面上无明显痕迹,清洗阀盘(或阀座)。细研磨时换用细凡尔砂,以与粗研磨相同的方法研磨几分钟后,清洗之。研磨好的阀线应是封闭的。

(3)检查研磨效果:在阀座面上均匀地涂一薄层色油,将阀盘与阀座对研后,观察阀盘与阀座的贴合情况。只有当表面有均匀的色点时才算合格,否则应重新细研磨。亦可用涂红蓝粉或划铅笔痕等方法,检查阀与阀座的密合线的封闭程度。

(4)阀的密封试验:将阀倒置后注入煤油,5 min 内不渗漏为合格(GB 11034—2008),否则应重新细研磨。

(5)检查泵阀弹簧的状况。如果阀弹簧因变形而使其自由长度缩小量达5%以上,说明该弹簧力已经变弱,应予以换新。

(6)在装阀时,切忌将吸阀弹簧与排阀弹簧装错,因为一般排阀弹簧的张力略大些。

任务三 往复泵的装复

(1)先做好各部件的清洁工作。

(2)把已组合好的吸水阀、排水阀分别装入泵阀箱内,换新垫片,上紧阀箱盖。

(3)将活塞环(胶木胀圈)放于沸水中浸泡,待其变软后取出。将已变软的活塞环取出后,迅速套装于活塞上冷却,使其搭口间隙伸张到 8 mm 左右。待活塞环完全冷却后,将其装入槽中。胶木胀圈装配完毕后,将它的对口位置错开,相邻活塞环的搭扣相隔 180°。将装好活塞环的活塞装入泵缸,装上缸盖,拧紧缸盖螺栓。

(4)装填料箱内套,填料,上紧填料压盖。

(5)把组装好的齿轮减速箱和曲轴固定在机架上。

(6)将接油盘和滑道固定在机架上,再将十字头和连杆组装好,一起装进滑道,并装好十字头销轴。

(7)将连杆连接到曲轴上,此时应保证运转自如,但也不能太松,否则应该调整连杆轴瓦的垫片。注意轴瓦和轴承盖的方向,按标记安装。

(8)将组装好的机架安装在水缸上,并将活塞杆与十字头接妥,然后盘车使活塞上下往复运动几次,再将连接螺栓拧紧,并装好连杆大端螺栓的开口销。

(9)装好齿轮滑油泵。

(10)安装好润滑系统的油管、油压表等各部件。

(11)装好电动机,注意调整好电机轴线与减速器轴线的平行度、同轴度及相互位置,使其误差值符合国家形位公差标准的要求。

(12)装上安全阀、各处盖板,拧紧螺丝等。

(13)检查装复效果。

(14)安装注意事项:

①活塞环的切口通常切成 45°,拆装时检查其切口是否有缺损,如缺损严重,应换新,安装时上下切口位置要错开。

②注意连杆大端轴瓦和轴承盖的方向,按标记安装。

项目五

齿轮泵的拆装与检修

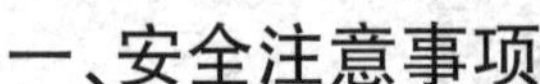

一、安全注意事项

（一）人身安全

(1)穿戴好工作服、安全帽、手套等劳保用品;拆装过程中,应注意安全,避免被旋转部件夹手、碰伤;学员必须在教师的指导下拆装,严禁擅自操作。

(2)注意设备周围的环境,避免身体磕碰,注意泄放设备内的残压、残油。

（二）设备安全

(1)避免对设备部件的磕碰和损坏,防止对地面的污染;分组存放不能互换的零件。

(2)拆解设备时用马克笔做好标记;保护好部件的接触面,接触面需向上放置;不允许猛打乱敲,防止损坏零件和工具。

二、基础知识

（一）齿轮泵的工作原理及其结构

齿轮泵属于容积式泵,它是依靠工作部件的运动造成工作容积周期性地增大和缩小而吸、排液体,并靠工作部件的挤压而直接使液体的压力能增加。图 5-1 为齿轮泵结构图。

（二）主要部件

齿轮泵的主要部件有主动齿轮、从动齿轮、端盖、垫片、安全阀等。

端盖上开凹槽的目的是消除困油现象。

齿轮泵中主动齿轮和从动齿轮径向力大小不等、方向不同,常通过缩小排出口来减小齿轮泵的径向力。

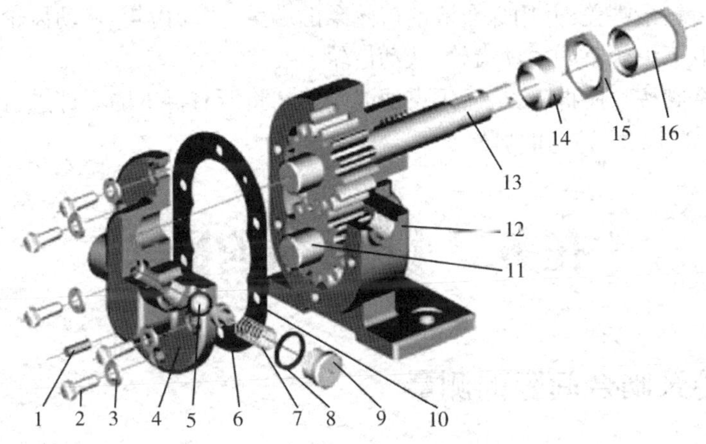

图 5-1 齿轮泵结构图

1—定位销;2—螺栓;3—螺栓垫片;4—泵盖;5—钢球;6—钢球定位圈;7—弹簧;8—密封圈;9—端盖;10—垫片;11—从动齿轮轴;12—油道;13—主动齿轮轴;14—填料;15—锁紧螺母;16—填料压盖

任务一 齿轮泵的解体

一、工具选用与准备工作

1.主要使用的工具、量具和材料

主要使用的工具、量具和材料:梅花扳手、插口扳手、螺丝刀、手锤、铜棒、专用螺栓、气动刷子、塞尺、外径千分尺、铅丝、抹布、做法兰垫片的相应材料及工具、垫片胶、盘根等。

2.准备工作

(1)技术准备:熟悉管系图,查看齿轮泵说明书,查看相关备件(尤其是根据故障现象判断可能已经损坏的零部件)。

(2)现场布置:地面铺好橡胶垫、纸垫或牛皮纸,将工具等摆放整齐。

(3)设备准备:泵转至现场控制,使设备停止运转,切断电源,悬挂"禁止启动"工作牌;关闭齿轮泵的吸、排气阀,如有必要,拆除电机和相关管路;放掉泵壳内的液体;用油性记号笔或钢字码等工具在泵壳上各部件配合处标上号码和接缝记号,以保证装配。

二、齿轮泵的解体

(1)切断电源,关闭齿轮泵的吸、排气阀,拆除连接管路,将泵从机座上拆下,把齿轮泵放在工作台上。

(2)用黑色马克笔在泵壳上各部件配合处标上号码和接缝记号,以保证装配时能按原来的顺序和位置装复。

(3)用梅花扳手交叉用力拧下齿轮泵端盖上的紧固螺栓,取出螺母并编号。

(4)用专用反顶螺栓拧入专用反顶螺纹孔反向顶起齿轮泵端盖。

（5）取下齿轮泵端盖，并用抹布清洁齿轮泵的端盖、主动齿轮、从动齿轮等。

（6）依次取下齿轮泵的主动齿轮、从动齿轮。

（7）将安全阀按顺序拆下，最后用煤油或轻柴油将所有拆下的零件进行清洗并放于容器内妥善保管，以备检查和测量。

任务二 齿轮泵的检修

一、齿轮泵啮合间隙的测量

1.塞尺法

（1）选一合适塞尺插入两齿轮啮合牙齿之间进行测量，测量点要选在齿轮上相隔大约 120°的 1、2、3 三个位置上（如图 5-2 所示）。

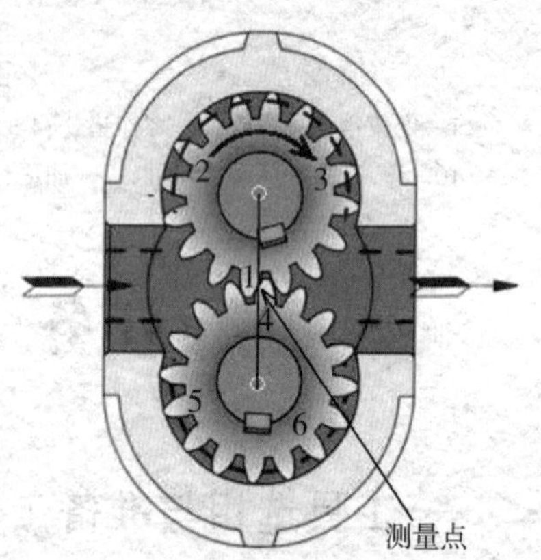

图 5-2 测量点

（2）测量过程：

①正确地装配好主动齿轮、从动齿轮。

②顺着工作方向转动主动齿轮轴，当 1 号齿与 4 号齿的啮合点过两个齿轮的中心连线时，用塞尺测量 1 号齿与 4 号齿啮合侧间隙。

③再依次转到 2 号齿与 5 号齿、3 号齿与 6 号齿，测得三个数据，并做好记录。

（3）结论：

依据所测间隙的最大值，得出零件使用结论，确定是继续使用还是换新。该间隙一般为 0.04～0.08 mm。

2.压铅丝法

（1）选取直径合适的软铅丝，软铅丝直径不宜超过最小间隙的 1.5～2 倍。压铅丝如图 5-3 所示。

（2）测量过程：

①装配好主动齿轮。

②测量点要选在从动齿轮上相隔大约 120°的三个位置上。沿从动齿轮在齿宽的齿面上，平行放置 2～4 条铅丝（如图 5-3 所示），用牛油黏附。使粘贴软铅丝的轮齿置于非啮合点，装配好从动齿轮；使粘贴软铅丝的齿面处于排出腔侧，装配好从动齿轮。

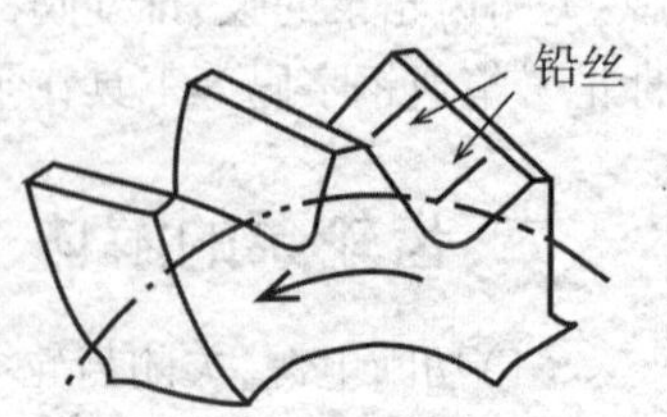

图 5-3 压铅丝

③在联轴器上做标记，装配好轴套和泵盖。

④顺着工作方向将主动齿轮轴转动一周，拆卸泵盖及轴套。

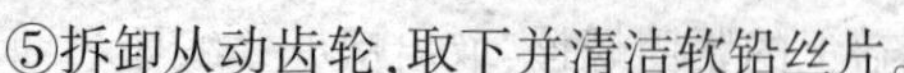
⑤拆卸从动齿轮，取下并清洁软铅丝片。

⑥用外径千分尺测量每段软铅丝被挤压后最薄处的厚度，即为啮合间隙，并做好

记录。

(3)结论:

将所测间隙最大值与正常的间隙范围(一般为0.04~0.08 mm)相比较,以此来确认继续使用或换新。

二、齿顶间隙的测量

1.塞尺法

(1)齿轮的齿顶圆与泵壳的径向间隙,即齿顶间隙。选一合适塞尺插入齿轮齿顶圆与泵壳内表面之间的间隙,测量点要选在大致对称的6~8个位置上,如1、2、3、4、5、6(如图5-4所示)。

(2)测量过程:

选取合适的6~8个点,用塞尺测量插入齿轮齿顶圆与泵壳内表面之间的间隙。测取6~8个数据,并做好记录,其平均值即为齿顶间隙。

(3)结论:

依据所测间隙的平均值,得出零件使用结论,确定是继续使用还是换新。齿轮泵的径向间隙应保持在0.02~0.04 mm,最大不超过0.08 mm,间隙过大时,应更换新齿轮。

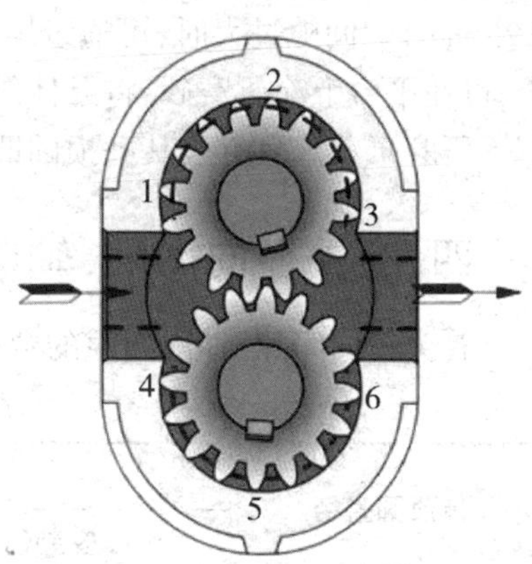

图5-4 塞尺测量点

2.差值法

(1)外圆柱偶数齿齿轮泵的径向间隙可采用差值法测量。

(2)测量过程:

选取规格合适、种类正确的量具(选用游标卡尺或内、外径千分尺)。在主动齿轮与从动齿轮端各选取1个位置用游标卡尺或内径千分尺测量泵壳内径和齿轮齿顶圆直径,做好记录并计算。用泵壳内径与齿轮齿顶圆直径的差值再除以2,然后求两组数据的平均值,此平均值即齿顶间隙。

(3)结论:

依据所计算的平均值,得出零件使用结论,确定是继续使用还是换新。齿轮泵的径向间隙应保持在0.02~0.04 mm,最大不超过0.08 mm,间隙过大时,应更换新齿轮。

三、端面间隙的测量

1.用压铅丝法测量

选取直径合适的软铅丝,软铅丝直径不宜超过最小间隙的1.5~2倍。

2.测量过程

(1)截取两段长度等于节圆周长的软铅丝,用牛油将圆形软铅丝粘于齿轮节圆端面上。

(2)装上泵盖,对称、交替、分次、均匀地拧动泵盖锁紧螺母;所有螺母均紧到预紧力为止。

(3)对称、均匀地拧下泵盖螺母,取下泵盖。

(4)取下并清洁软铅丝片;在每一圆形软铅丝片上选取 4 个测量点(相隔两点连线互为垂直);用游标卡尺或内径千分尺测量软铅丝片厚度;做测量记录。

3.结论

根据测量记录,计算出 8 个测量值的平均值即为轴向间隙。按照轴向间隙数值,做出零件使用和维修结论(该间隙一般为0.06~0.10 mm,低压齿轮泵允许达到 0.1~0.25 mm)。间隙过大时,可通过增减泵盖垫片厚度进行调整。若无法通过调整达到要求,可在平台上涂研磨砂,将泵体结合平面研磨到符合规定的端面间隙为止,一般情况下不研磨泵盖。只有当其磨损的凹陷超过 0.05 mm 时,才需要磨平。

四、有关径向间隙、轴向间隙的数值

有关径向间隙、轴向间隙的数值应符合表 5-1 的规定。

表 5-1　齿轮泵安装间隙　　单位:mm

齿顶圆直径	径向间隙		轴向间隙
	安装值	极限值	安装值
40~70	0.04~0.08	0.12	0.06~0.10
70~100	0.06~0.10	0.20	0.08~0.12
100~130	0.08~0.12	0.24	0.09~0.13
130~160	0.10~0.14	0.28	0.10~0.14

五、轴、轴承、轴封的检查与更换

1.泵轴的检查

泵轴无裂纹、无磨损、无弯曲、无垢、无锈。测量轴的直径符合要求。

2.轴承的检查

(1)对轴承内座圈外座圈、滚动体、滚道和保持架外观进行检查,其表面应无腐蚀、坑疤与斑点等缺陷。最后将轴承拿在手里,捏住内圈,水平转动外圈,旋转应灵活、无阻滞、无杂音。

(2)径向间隙的检查:一种方法是用轴承间隙 1.5~2 倍的软铅丝穿过轴承,转动内圈,使滚动体和轴承座圈相互挤压软铅丝后,将软铅丝拿出并用千分尺测量其厚度,所测厚度即为该轴承的径向间隙;另一种方法是将轴承装在轴颈上,内圈固定,使用磁性百分表架和一个百分表,表头的触点与轴承外圈表面接触,然后转动外圈,每转 90°做两次上下推动,百分表上、下两值之差即为该轴承的径向间隙。

3.轴封的检查(盘根轴封或机械轴封)

(1)盘根轴封维修时,一般情况对所有盘根进行换新。不需要对盘根做特殊检查,仅检查泵轴与盘根配合的密封面的磨损情况,确保该轴面无裂纹、无磨损、无锈蚀。

(2)机械轴封:

①检查机械轴封动环、静环的密封圈,密封圈无老化。

②检查动环、静环密封面,确保密封面无磕碰等硬伤,表面光滑。

③检查机械轴封的弹簧,确保弹簧张力合适。

④检查轴套,确保轴套无磨损、无锈。

任务三 齿轮泵的装复

(1)先做好各部件的清洁工作。

(2)组装好主动齿轮、从动齿轮及相关联动部件。

(3)按照原先主动齿轮、从动齿轮对应位置做的记号,将主动齿轮、从动齿轮装到泵壳内。

(4)换新垫片,装复定位销和两侧端盖。上紧两侧端盖上的紧固螺栓。上紧时,按照从中间向两边,对称、交替、分次上紧的原则。

(5)将填料放入填料函中,拧上锁紧螺母和填料压盖,开始不需要太紧。

(6)装上吸、排气管,关闭进、出口旋塞。

(7)将联轴器与键装到泵轴上。

(8)装复安全阀。

(9)检查装复效果,手动转到主动轴,查看运转情况。

(10)注意事项如下:

①在拆卸时,做好标记,保护好密封面。

②按照原先做的标记进行安装。

③装配时,各部件一定要干净无尘。

④润滑部位要涂抹滑油或牛油。

⑤装配时,要确保齿轮的啮合间隙、径向间隙和端面间隙符合要求。

项目六

活塞式空压机的拆装与检修

一、安全注意事项

（一）人身安全

（1）穿戴好工作服、安全帽、手套等劳保用品；操作过程中，应注意安全，避免被旋转部件夹手、碰伤；学员必须在教师的指导下操作，严禁擅自操作。

（2）注意设备周围的环境，避免身体磕碰，注意泄放设备内的残压、残水。

（二）设备安全

（1）避免对设备部件的磕碰和损坏，防止对地面的污染；分组存放不能互换的零件。

（2）拆解设备时用马克笔做好标记；保护好部件的接触面，接触面需向上放置；不允许猛打乱敲，防止损坏零件和工具。

二、基础知识

（一）活塞式空压机的工作原理及其结构

空气经滤清器吸入气缸上部，滤清器用金属丝网或化学纤维层滤出气体中的灰尘等固体杂质，以减轻缸内磨损。

气缸及铝合金铸造的活塞都分成直径上大下小的两段，活塞顶部以上为气缸的低压级工作空间，活塞不同直径段过渡锥面以下的环形空间为高压级工作空间，这种型式称为级差式。活塞上段有活塞环，下段有活塞环和一道刮油环。图 6-1 为级差式空压机结构简图。

（二）主要部件

空压机内部的主要部件有气阀、安全阀、气液分离器、级差式活塞、连杆、缸套等。

气阀：要求关闭严密，启闭及时，阻力小，寿命长。空压机使用最普遍的阀是环状阀。

安全阀：低压级安全阀装在高压级入口处，开启压力约 0.7 MPa（一般比额定排压约高 15%）；高压级安全阀装在排气阀室出口处，开启压力约 3.3 MPa（一般比额定排压约高 10%）。

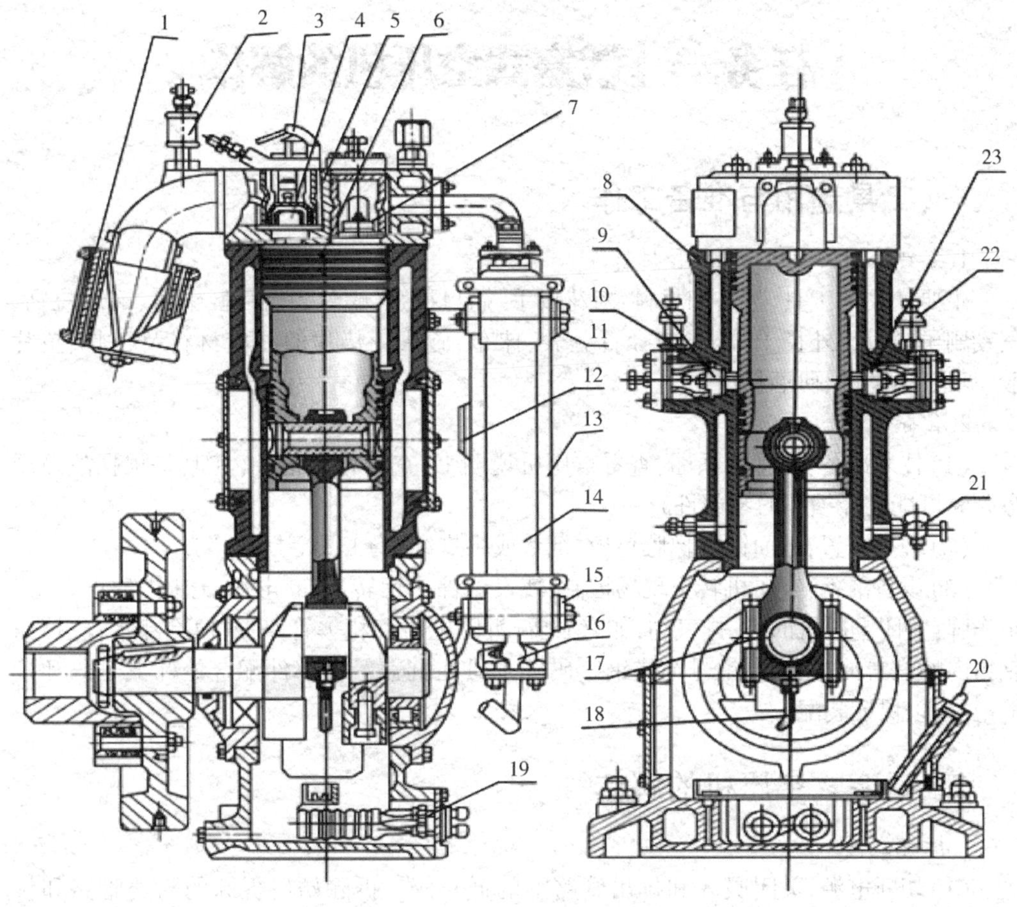

图 6-1 级差式空压机结构简图

1—空气滤清器;2—滴油杯;3—卸载机构;4——级吸气阀;5—气缸盖;6—活塞;7——级排气阀;8—气缸;9—二级吸气阀;10——级安全阀;11、15—防蚀锌棒;12—安全模;13—冷却器;14—气液分离器;16—泄放阀;17—曲轴;18—击油勺;19—滑油冷却器;20—油尺;21—泄水旋塞;22—二级安全阀;23—二级排气阀

气液分离器:在冷却器后常设有气液分离器,以提高充入气瓶的压缩空气的品质。

常用的润滑方式有飞溅润滑、压力润滑、滴油润滑。船用小型空压机多采用飞溅润滑。气缸上部缸壁靠一级空气吸入管上的油杯每分钟滴入 4~6 滴油或通过连接管从曲轴箱中吸入部分油雾来润滑。

冷却方式有水冷和风冷两种。船用空压机多数采用水冷。空压机的冷却主要包括以下几种:

(1)级间冷却:降低排气温度和减少功耗效果显著。

(2)气缸冷却:减少压缩功、降低排气温度和避免滑油温度过高。

(3)后冷却:减小排气比容、增加气瓶储量和减轻其气压降低程度,并使排气中的油和水的蒸气冷凝从而便于分离。

(4)滑油冷却:使滑油保持良好的润滑性能,又能对摩擦表面起到冷却作用,油氧化变质的速度也可减缓。

任务一 活塞式空压机的解体

一、工具选用与准备工作

1.主要使用的工具、量具和材料

主要使用的工具、量具和材料:梅花扳手、插口扳手、螺丝刀、手锤、铜棒、液压拉马、气动刷子、塞尺、外径千分尺、内径百分表、抹布、做法兰垫片的相应材料及工具、垫片胶、盘根、研磨砂、研磨板等。

2.准备工作

(1)技术准备:熟悉管系图,查看空压机说明书,查看相关备件(尤其是根据故障现象判断可能已经损坏的零部件)。

(2)现场布置:地面铺好橡胶垫板、纸垫或牛皮纸,将工具等摆放整齐。

(3)设备准备:空压机转至现场控制,使设备停止运转,切断电源,悬挂"禁止启动"工作牌;关闭空压机的吸、排气阀,如有必要,拆除电机和相关管路;放掉冷却水;放掉曲轴箱内的润滑油;用油性记号笔或钢字码等工具在缸盖等各部件配合处标上号码和接缝记号,以保证装配。

二、活塞式空压机的解体

1.拆卸缸盖

(1)切断电源,关闭吸入和排出管路上的截止阀。拆除妨碍拆卸的附属管路和仪表等。

(2)在缸盖与缸体之间做好标记。

(3)按照由两边向中间,对角、交替的原则,分 2~3 次逐步松开缸盖螺母。

(4)将螺母或螺栓整齐、有序地放到胶皮垫板上。

(5)小心地搬下缸盖,将缸盖放在胶皮垫板上并使密封面朝上。

(6)拆掉气缸盖上的进、排气阀,取下铜垫片。

2.拆卸活塞

(1)将曲轴箱中的滑油泄放至油桶中存放。

(2)打开曲轴箱道门,在连杆大端轴承盖做好标记。

(3)拔掉开口锁,松开连杆大端螺母,拿掉连杆大端轴承盖,取出螺栓。

(4)在活塞顶部拧入吊环,吊出活塞与连杆。

(5)取出挡圈和活塞销,拆下连杆。

(6)将螺栓、连杆、连杆大端轴瓦和连杆大端轴承盖按原样扣合在一起,整齐、有序地放到胶皮垫板上。

三、曲轴的拆卸

(1)拆下飞轮。

(2)固定好曲轴。

(3)拆下两边主轴承端盖。

(4)取下两边主轴承,注意曲轴的固定。

(5)取出曲轴。

四、注意事项

(1)停车后不要马上拆卸,否则会使润滑油遇到大量高压气体而产生火花,引起缸内残余气体发生着火爆炸事故。

(2)将各部件清洗干净,需要涂润滑油的部件表面涂抹润滑油。

任务二 活塞式空压机的检修

一、气阀的检查

(1)研磨过的阀片放在平板上检验时,阀片的整个表面应与平板紧密贴合。

(2)阀片的内、外径应当同心,其同轴度不超过 0.25 mm。

(3)阀片的毛刺应当修光,在阀片的表面上不允许有伤痕、裂纹或其他会降低金属疲劳强度的缺陷。

(4)阀片在磁力工作盘上研磨后,应当退磁。

(5)弹簧不应成弯曲形(即中部的弹簧圈向外膨胀),弹簧的钢丝不应有裂纹、磨损或擦伤。

(6)把弹簧底座水平放置,弹簧的轴线应与水面垂直,它的垂直度偏差应符合相关规定的要求(CZ-60/30 型垂直度在全长内偏差不超过 0.14 mm)。

(7)同一弹簧螺距值的差数应符合相关规定的要求(CZ-60/30 型不大于 0.4 mm)。

二、余隙高度的测量与调整

1.一级余隙高度

(1)用压铅丝法测量

选取直径合适的软铅丝,软铅丝直径不宜超过余隙高度的 2 倍。

(2)测量过程

①截取 2~3 条软铅丝,用牛油将软铅丝平行粘到活塞顶面上。

②装上缸盖,对称、交替、分次、均匀地拧动缸盖锁紧螺母;所有螺母均紧到预紧力为止。

③手动盘车一周。

④对称、均匀地拧下缸盖螺母,取下缸盖。

⑤取下并清洁软铅丝片。用外径千分尺测量每段软铅丝被挤压后最薄处的厚度,并做好记录。

(3)结论与调整

根据测量记录,取最小值即为余隙高度。根据说明书的要求(余隙高度一般为0.5~1.0 mm),可通过增减缸盖垫片(或气阀)厚度进行调整。如果机体与机座之间的垫片厚度改变,一级余隙高度就需要重新测量和调整。

2.二级余隙高度

(1)用压铅丝法测量

选取直径合适的软铅丝,软铅丝直径不宜超过余隙高度的1.5~2倍。

(2)测量过程

①拆除二级的吸、排气阀。

②从吸气阀通道或排气阀通道,将软铅丝沿气缸圆周方向放到二级压缩空间。

③手动盘车一周。

④取出并清洁软铅丝片。用外径千分尺测量每段软铅丝被挤压后最薄处的厚度,并做好记录。

(3)结论与调整

根据测量记录,取最小值即为余隙高度。根据说明书的要求,可通过增减机体与机座之间的垫片厚度进行调整。

三、气阀的研磨

(1)检查阀座和阀片的贴合面是否有锈蚀、斑点和裂痕等现象。如果发现阀片、阀座密封边缘有不太严重的裂纹和沟痕,可用研磨方法进行修复。对阀片和阀座分别进行研磨。

(2)阀的研磨:

①先进行粗研磨再进行细研磨。取适量的粗凡尔砂均匀地涂在平板上,并滴少量滑油。

②把阀片(或阀座)的平面放在平板上,沿平板的表面以"∞"字形的推磨方式研磨,或以旋转和直线相结合的方法进行研磨,使阀片很快达到精度要求。根据研磨情况,可多次添加粗凡尔砂和滑油。

③研磨面上无明显痕迹时,清洗阀片(或阀座)。细研磨时换用细凡尔砂,以与粗研磨相同的方法研磨几分钟后,清洗之。研磨好的阀线应是封闭的。

(3)阀的密封试验:将清洁的煤油注入阀孔中,若无明显的渗漏(允许有个别滴状渗漏现象),说明气密性良好;若煤油很快漏完,则说明气密性差,必须重新研磨阀片和阀座,直至符合要求为止。

(4)检查泵阀弹簧的状况。如果阀弹簧因变形而使其自由长度缩小量达5%以上,则说明该弹簧力已经变弱,应予以换新。

(5)研磨修复后的阀座和阀片或重新更换的阀座和阀片组装后,其阀片升程应符合规定要求。

(6)修复后的气阀最好换上新的开口销,插入连接螺栓与螺母之间,以免由于振动使螺母松脱,影响气阀正常工作或因螺母掉入气缸造成重大事故。

四、气缸的检修

(1)气缸内径圆度和圆柱度的检查

用量缸表或内径千分尺测量气缸的圆度时,应在气缸轴上Ⅰ-Ⅰ和Ⅱ-Ⅱ两个或三个位置进行测量,分别在气缸径向 *X*–*X* 和 *Y*–*Y* 进行,这时内径千分表所指出的差数就是气缸的圆度。沿着Ⅰ-Ⅰ与Ⅱ-Ⅱ方向的差值则是气缸内径的圆柱度偏差。表 6-1 所列为气缸允许的最大磨损量,表 6-2 为气缸套圆度和圆柱度测量记录表。

(2)气缸内径镜面的检查

检查气缸内径镜面是否有擦伤、沟痕、拉缸或其他缺陷,这些都可以在外部直接查看。还可以用另一种方法检查气缸镜面的粗糙度,即用一铝制的小圆薄板用手捏着使圆板的夹角在气缸镜面上摩擦一两次,若圆板的夹角未被磨出痕迹,则证明表面的粗糙度仍旧很好。

(3)气缸水套、缸壁裂缝的检查

①用水压试验检查。用掺入颜色的有色水液,并在规定的压力上保持 1~2 h(检验气缸时,应在 1.5 倍额定压力下进行)。根据颜料沉淀的情况,可以确定裂纹的位置和大小。

②用另一种比较简单的方法,即在推测的裂纹位置涂上煤油,然后擦干净,并撒上干燥的白垩粉末,经过 1~2 h 后,渗透到裂纹内的煤油就变成鲜明的黄色条纹。根据这种黄色条纹就容易确定裂纹的存在和它的边界。

表 6-1 气缸允许的最大磨损量

气缸的直径/mm	100~150	150~300	300~400
沿气缸圆周均匀磨损/mm	0.5	1.0	1.2
圆度/mm	0.25	0.4	0.5

表 6-2 气缸套圆度和圆柱度测量记录表

误差:
单位:mm

	前后(*X*)	左右(*Y*)	|*X*–*Y*|/2	圆度误差
1				
2				
3				
$(X_{max}-X_{min})/2$ 或 $(Y_{max}-Y_{min})/2$				
圆柱度误差				

(4)当气缸镜面有轻微的擦痕时,拉缸可采用手工修理。其方法是将活塞取出,将气缸清洗干净,用条状半圆形油石沿气缸圆周方向左右打磨之后,用 400 号水砂纸蘸柴油再按气缸圆周方向左右打磨,直到把擦痕打磨到用手感觉擦痕不大时为止。打磨完后,清洗干净,再用帆布按气缸圆周方向反复摩擦直至无磨手感为止。应注意,打磨前要把曲轴箱内的润滑油放掉。

(5)如果气缸的磨损等缺陷较大,则一定要进行镗削,若气缸的镗削量在直径方向上大于缸径的1%,则必须装上直径与镗孔相适应的新活塞及活塞环,同时要对气缸进行液压试验。

CZ-60/30型空压机由于采用级差式活塞,在镗削某一级气缸时,另一级气缸亦必须镗削同样的厚度,以使活塞所有级都能与气缸很好地接触。在修理或更换气缸活塞时,必须检查活塞与气缸之间的间隙,间隙的大小必须在说明书的规定范围内。

五、活塞的检修

(1)活塞的裂纹。有裂纹的活塞一般应报废并更换新的活塞。

(2)活塞的磨伤、结瘤或结炭。活塞因某种原因在气缸中被卡住,使活塞磨伤或结瘤时可手工修理。先用锉刀将这种磨伤或瘤小心锉净,再用油石轻轻打磨修理。若有结炭现象,用砂纸打磨清除。

(3)活塞环槽的磨损。活塞环槽可用新活塞环样板或游标卡尺沿环槽圆周的三四个地方加以测量。活塞环槽磨损后与活塞环的天地间隙大于0.12 mm时,必须修理,这时可在车床上将环槽车削到修理尺寸。一般做法是按环槽尺寸,换用加厚的活塞环并修整环高,借以得到一定的天地间隙。活塞环槽有高低不平或磨损成梯形时,可在车床上,待车平后配换新活塞环。

(4)活塞销孔的磨损

活塞销孔用内径千分尺测量。当活塞销孔的圆柱度和圆度误差大于0.015 mm时,就必须修理。这时可用铰刀把它铰削到修理尺寸,并配上修理尺寸的活塞销。活塞销孔根据待配用的活塞销加工。

活塞销与活塞销孔是过盈配合的,实际工作中根据经验,在常温下,将活塞销一端插入活塞销孔后,能用手掌力量拍入活塞销孔至深度的1/3~1/2;或将活塞加热至100~120 ℃并推入孔内,即为合乎要求。

(5)活塞与气缸的配合间隙

活塞与气缸的配合间隙应符合相关规定的要求(CZ-60/30型一、二级均为0.25~0.38 mm)。检验方法:可以直接用内径千分尺和外径千分尺分别测量气缸内径和活塞外径,两直径的差值即为气缸套与活塞间的配合间隙。另外,也可以把活塞直接装入与它相配合的气缸内,用厚薄规在气缸圆周上,按四个方向测量,当其测得的数值都相等时,这个数值就是活塞与气缸的配合间隙。

六、活塞环的检修

(1)检查活塞环的搭口间隙时,先将活塞环放在相应的气缸内,用直尺或活塞环推至气缸套内壁磨损较小的下端或缸套上口(与活塞环不接触的部位),使活塞环平行于缸套上平面,然后用塞尺测量搭口间隙(搭口间隙的大小如表6-3所示)。

对于新更换的活塞环,其自由开口尺寸应符合相关规定的要求[CZ-60/30型,其自由开口尺寸为(17±2)mm]。

表 6-3 CZ-60/30 型空压机的主要配合间隙 单位:mm

序号	名称	安装间隙	磨损极限
1	活塞上止点余隙(容积高度)	0.5~1.0	1.2
2	高压气缸与活塞的径向间隙	0.25~0.38	0.66
3	低压气缸与活塞的径向间隙	0.25~0.38	0.66
4	一级活塞环的搭口间隙	0.5~0.8	2.0
5	二级活塞环的搭口间隙	0.4~0.7	1.5
6	刮油环的搭口间隙	1.2~1.5	2.2
7	活塞环两端面与环槽的间隙	0.011~0.069	0.12
8	刮油环两端面与环槽的间隙	0.011~0.069	0.12
9	连杆大端轴承与曲柄销的径向间隙	0.03~0.09	0.15
10	连杆小端铜套与活塞销的径向间隙	0.025~0.077	0.12
11	连杆大端端面与曲柄的轴向间隙	0.17~0.367	0.8
12	气阀阀片升程(一级吸、排气阀)	3	
13	气阀阀片升程(二级吸、排气阀)	2.0~2.1	

当开口间隙过小时,可用细平锉刀在环开口平面上锉去一部分的办法进行调整,但锉去的部分不宜过大;锉修时应注意环口的平整,并进行倒角,以免锋利的外口拉伤缸套内壁。

(2)通过活塞环与气缸的径向间隙检查,可以看出活塞与气缸套内壁贴合的紧密程度。

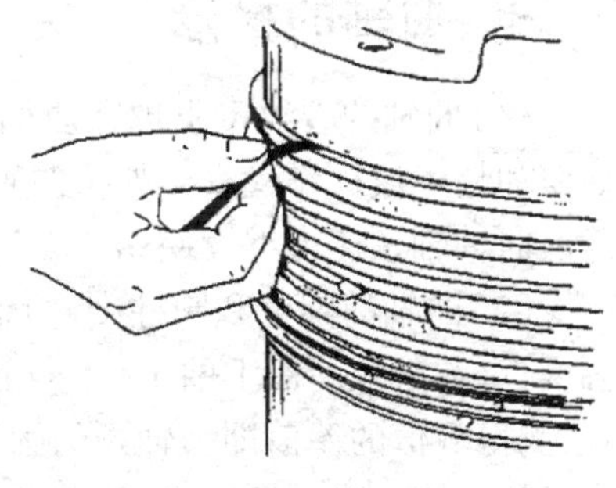
图 6-2 活塞环天地间隙的测量

检查时可以用塞尺塞入活塞环与气缸内径间隙处(如图 6-2 所示),其值要小于 0.03 mm。必须注意活塞装入气缸时要与气缸直径平行,可在四周用直尺测量,活塞环在气缸内不得倾斜。也可用灯光做漏光检验。其方法是将活塞环装入气缸套中磨损最轻的部位,在气缸下面接一灯泡,在上面盖上一块圆薄平板,其直径比气缸内径小 2~4 mm,在上面用眼观察活塞环与气缸内径间的漏光情况,可测量出漏光的圆周弧长是否符合相关规定的要求(见表 6-2)。要求在开口位置 30°范围内不得有漏光现象存在,在整个活塞环圆周方向,漏光现象不得超过两处,每处漏光范围不能大于 45°(CZ-60/30 型规定内每处漏光不超过 30°,各处总漏光不超过 60°)。

(3)检验活塞环两端面与环槽的间隙(天地间隙)时,将环放入活塞环槽内,用厚薄规在活塞环和环槽圆周上的几点进行,其检验结果符合相关规定的要求(见表 6-2)。如图 6-2 所示,也可将活塞水平放在平台或垫木上,将活塞环用手拿着塞到活塞上的环槽内,用手在槽内转动一周试验,天地间隙合适的活塞环,应该能够在活塞环槽内自由转动,但不应晃动也不应卡住。如果换用的活塞环的天地间隙太小,即环太厚,可采用研磨的方法进行处理。就是在平板上放好砂布,将环平放,用手指使活塞环紧贴在砂布上均匀地做回转运动,但应注意只磨环的上表面(即朝活塞顶的一面),边研磨边测量,使间隙符合要求。必须注意不要伤及环的下表面和外侧面。

(4)在检查活塞环与环槽的径向间隙(活塞环的间隙)时,将活塞环装到活塞环槽内,用手压入时活塞环的外径应能沉入环槽内,使活塞外表面成一凹口,使直尺靠紧活塞的外圆表面,用塞尺塞入其凹口内,塞尺的厚度即为所测活塞环的背隙。其值根据缸径的大小,不能超过 1 mm,如图 6-3 所示。如果活塞环高于环槽,可在车床上车深环槽或重新选配活塞环。

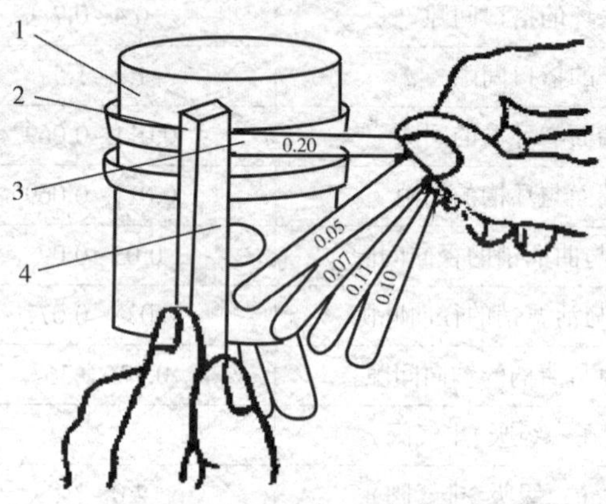

图 6-3　活塞环背隙的检查

1—活塞;2—活塞环;3—塞尺;4—直尺

七、曲轴的检修

(1)曲轴的裂纹多出现在曲柄上,可用放大镜或涂白垩粉来检查,必要时还可进行磁粉和超声波探伤检查。如果曲轴轴颈上轻微的轴向裂纹可以在修磨时得到消除,消除后曲轴轴颈还可继续使用。如果有径向裂纹,一般不加修理而更换新轴。

(2)曲轴的圆度和圆柱度、曲轴轴颈上的圆度和圆柱度可用普通千分尺测量。确定圆度,可在某一断面上的Ⅰ-Ⅰ与Ⅱ-Ⅱ两个(或三个)互相垂直的位置上分别测量其轴径,测得数值的差值即为轴颈的圆度。确定圆柱度,应在距轴肩 8~10 mm 的两端测得直径的差值,即为轴颈的圆柱度偏差。曲轴圆度和圆柱度的修正,可根据具体情况使用手锉、曲轴磨床、车床等专用设备、工具。通常磨损较轻的曲轴,若圆度和圆柱度均不大于 0.05 mm,则用手锉或抛光用的木夹具中间夹细砂布进行研磨修正;若圆度和圆柱度较大,则在车床上车削或在磨床上光磨。

由于设备条件的限制,也可手工加以修正,其方法是首先测出曲轴轴颈椭圆形和锥形突出的两边并做好记号,然后将曲轴架在支架上固定好。可以先用细锉刀手工修理,边修理边量其尺寸,再用宽度与轴颈长度相等的布带,上面敷上 00 号砂布(或均匀地涂一层 180 号金刚砂),绕在轴颈要研磨的一边,用手拉住布带的两端做往复研磨,磨完一边再磨另一边,最后将砂布绕在整个轴颈上。将麻绳在砂布上绕几圈,在曲轴左、右两侧各站一人拉绳,这样可以研磨整个曲轴轴颈,一直研磨到符合要求为止。应注意,将轴颈上的油孔用螺塞或木塞堵住,以防污物进入。

(3)当曲轴出现轻微的擦伤或刮痕时,可采用手工方法修理。

(4)轴瓦的检修:检查有无划伤、合金剥落及磨损情况。

八、曲柄销轴承间隙的测量

曲柄销轴承间隙可用压铅丝法、差值法或塞尺法进行测量。

1.压铅丝法

(1)选取直径合适的软铅丝,软铅丝直径不宜超过余隙高度的2倍。

(2)测量过程:

①松开大端螺栓,取下连杆大端轴承盖。

②截取2~3段长度能包住轴颈为150°~160°的软铅丝,将其用牛油平行粘于下轴瓦油槽的两侧。

③装复连杆大端轴承盖,对称、交替、分次、均匀地上紧螺栓,最好用扭力扳手上至说明书要求的紧度。

④松开螺栓,重新取下连杆大端轴承盖,取出压好的软铅丝。

⑤取下并清洁软铅丝片。均匀选出测量点,用外径千分尺测量每段软铅丝被挤压后最厚处的厚度,记录结果并计算平均值。

(3)结论与调整:

根据计算结果,按照说明书的要求(轴承间隙一般为0.03~0.09 mm),得出零件使用和维修结论。

2.差值法

(1)测量过程:

①装复连杆大端轴承盖及轴瓦,对称、交替、分次、均匀地上紧螺栓,最好用扭力扳手上至说明书要求的紧度。

②用千分表直接测量大端轴瓦的内径与曲柄销的外径。

③两次测量值的差值即为连杆大端轴瓦与曲柄销的间隙。

(2)结论与调整:

根据计算结果,按照说明书的要求,得出零件使用和维修结论。

九、活塞销的检修

(1)活塞销在使用过程中,发现下列情况时必须修理和更换:

①活塞销外圆的圆度、圆柱度超过规定公差0.025 mm。

②活塞销外圆有裂纹。

③活塞销外圆磨损超过规定公差。

(2)在中小型空压机上,活塞销磨损后一般以换新为宜;若活塞销与连杆铜套配合间隙过大,而活塞销的磨损不严重(用手指摸活塞销外圆表面,感觉没有明显凹痕),也可只换连杆铜套。

任务三 活塞式空压机的装复

(1)先做好各部件的清洁工作。

(2)把事先组装好的曲轴组件从大端孔水平穿入,不要扭斜,再装入轴承座盖、飞轮等件。

(3)通过活塞销把连杆和活塞连接在一起,装入挡圈。

(4)将曲轴转到上止点位置,然后把组装好的活塞连杆吊入气缸内,此时应注意活塞环在装入气缸时的搭口方向要相互错开,并在环槽中涂少量滑油。

(5)装回连杆大端盖、连杆螺栓,上紧螺母并穿好开口销。应注意,在紧固连杆螺栓时,可用扭力扳手按要求的扭紧力紧固。如果没有扭力扳手,可按组合预装时所做的标记上紧。

(6)盖上曲轴箱道门。

(7)将回气阀组合件和气阀组合件往气缸盖上的止口装配时,先用手拿着使其在阀止口上转动 1~2 周,看是否有卡阻现象,转动自如才能装复。

(8)装好进气管、排气管、冷却水管、油管、油水分离器及仪表。

(9)检查装复效果,盘车检查运转情况。

(10)注意事项:

①装复时,将清洗部件的柴油或煤油清除干净,涂抹滑油。

②活塞环装入气缸时的搭口方向要相互错开。

③紧固连杆螺栓时,预紧力应符合说明书的要求。

项目七

燃油锅炉附件的拆装与检修

一、安全注意事项

（一）人身安全

(1)了解安全事项;穿戴好工作服、安全帽、手套等劳保用品;拆装过程中,应注意安全,避免被设备部件夹手、砸伤;学员必须在实训教师的指导下操作,严禁擅自操作。

(2)注意设备周围的环境,避免身体磕碰,注意泄放设备内的残压、残水。

（二）设备安全

(1)避免对设备部件的磕碰和损坏,防止对地面的污染;分组存放不能互换的零件。

(2)拆解设备时用马克笔做好标记。保护好部件的接触面,接触面需向上放置;不允许猛打乱敲,防止损坏零件和工具。

二、基础知识

（一）排污阀和给水止回阀的工作原理及其结构

排污阀一般是截止阀,给水止回阀一般是截止止回阀。两种阀的不同之处在于阀芯与阀杆的相对关系。如图 7-1 所示,截止阀的阀芯与阀杆是固定的。当阀开启时,流体可以从左向右通过,此时阻力小;流体也可以从右向左通过,但是此时阻力大。如图 7-2 所示,截止止回阀的阀芯在阀杆轴向可以上下移动。若流体可以从左向右通过,则阀开启;如果流体无法从右向左通过,则阀关闭,即止回。

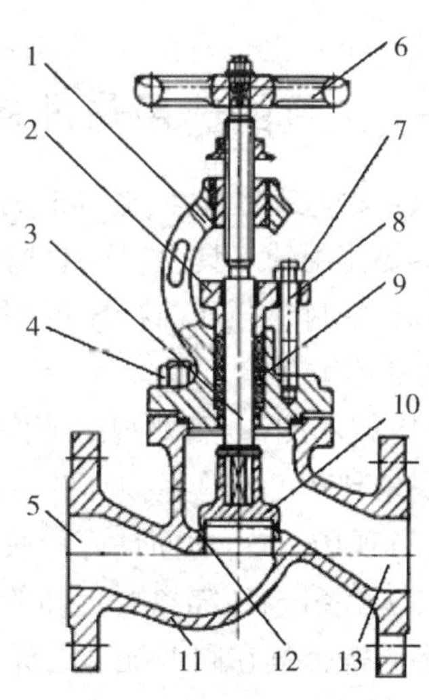

图 7-1　截止阀结构图

1—阀盖;2—盘根压盖;3—阀杆;4—螺母;5—进口;6—阀轮;7—螺母;8—螺栓;9—盘根;10—阀芯;11—阀体;12—阀座; 13—出口

（二）主要部件

截止阀的主要部件有阀盖、盘根压盖、阀杆、阀轮、阀芯、阀体、阀座等。

截止阀流道：低进高出。

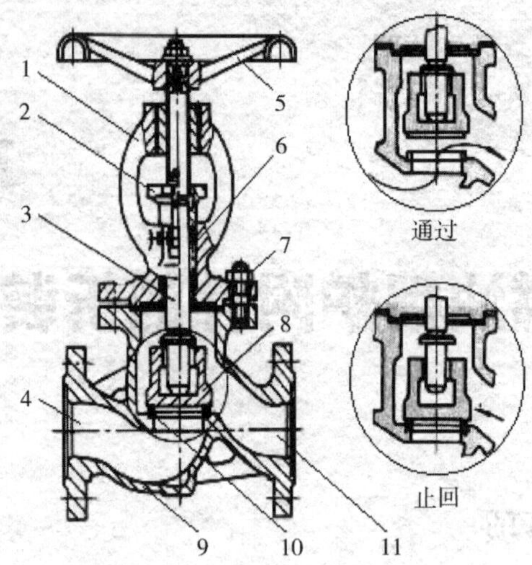

图 7-2　截止止回阀结构图

1—阀盖；2—盘根压盖；3—阀杆；4—进口；5—阀轮；6—盘根；7—螺母；8—阀芯；9—阀体；10—阀座；11—出口

任务一 排污阀和给水止回阀的解体、清洁、研磨与组装

一、工具的选用与准备工作

1.主要使用的工具、量具和材料

主要使用的工具、量具和材料：梅花扳手、插口扳手、手锤、铜棒、研磨平台、胶皮垫板、盘根、密封垫、研磨砂、抹布、做法兰垫片的相应材料及工具、垫片胶、盘根等。

2.准备工作

(1)技术准备：熟悉阀的结构图，查看阀的使用说明书，查看相关备件(尤其是根据故障现象判断可能已经损坏的零部件)。

(2)现场布置：地面铺好橡胶垫板、纸垫或牛皮纸，将工具等摆放整齐。

(3)设备准备：隔离要拆卸的阀件，不能让热水蒸汽外溢，以防烫伤。用油性记号笔或钢字码等工具在阀上配合处标上号码和接缝记号，以保证装配。

二、排污阀的解体过程

(1)关闭通海阀和与锅炉相连的截止阀，从管路上卸下排污阀。同时，注意观察有无大量的水从管路中流出，否则应停止拆卸，查明原因并加以消除。

(2)选择合适的拆装工具，不能损坏零件及工具。

(3)解体：

①将排污阀放到台钳上,夹牢固。注意要在阀与台钳之间垫铜垫片,以防损坏阀体。

②拧下盘根压盖紧固螺母,抬起盘根压盖,取出盘根。

③拧下压盖螺母,取下阀芯、阀盖、阀杆总成。

④解体阀芯、阀盖、阀杆总成。

⑤检查阀芯、阀座、阀杆的状态。

三、给水止回阀的解体过程

(1)关闭待拆止回阀前后的截止阀,使其与锅炉和管路的其他部分隔离。

(2)选择合适的拆装工具,不能损坏零件及工具。

(3)解体：

①将给水止回阀放到台钳上,夹牢固。注意要在阀与台钳之间垫铜垫片,以防损坏阀体。

②拧下盘根压盖,取出盘根。

③拧下压盖螺母,取下阀芯、阀盖、阀杆总成。

④解体阀芯、阀盖、阀杆总成。

⑤检查阀芯、阀座、阀杆的状态,特别要检查阀芯与阀座在轴向的移动情况。

四、阀密封面和平口阀的研磨

阀密封面和平口阀的研磨,即分别对阀芯和阀座进行研磨。

1.阀芯的研磨

(1)准备好研磨平台及研磨砂。

(2)先用粗研磨砂,后用细研磨砂。

(3)研磨过程中注意加一些滑油。

(4)研磨按"∞"字形进行。

(5)查看研磨效果。

2.阀座的研磨

(1)根据阀口的大小车削一个合适的研磨胎(如图7-3所示),将阀座与研磨胎进行对研。制作研磨胎时,研磨体的直径 D 稍小于阀座内孔的直径,研磨面4的平面精度高、硬度大。

(2)先用粗研磨砂,后用细研磨砂。

(3)研磨过程中注意加一些滑油。

(4)用力均匀,直到密封面的阀线连续为止。

(5)查看研磨效果。

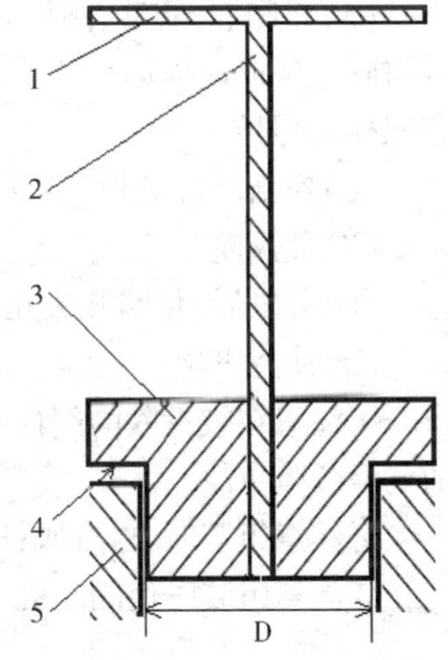

图7-3 研磨胎

1—手柄;2—杆;3—研磨体;4—研磨面;5—阀座

五、阀密封面和球阀的研磨

阀密封面和球阀的研磨,即让阀与阀座对研。如果研磨不能取得满意的效果,需换新。

六、排污阀的装复

(1)清洁排污阀的各部件。

(2)将排污阀放到台钳上,夹牢固。注意要在阀与台钳之间垫铜垫片,以防损坏阀体。

(3)组装阀芯、阀盖、阀杆总成。

(4)清洁阀体与阀盖之间的密封面,换新垫片。

(5)将阀芯、阀盖、阀杆总成装到阀体上(注意将阀芯处于全开位,防止上紧时阀芯因与阀座碰撞而损坏),然后上紧压盖螺栓及螺母。

(6)换新阀杆盘根,装盘根,检查阀杆盘根压紧程度是否合适。

(7)装阀轮。

(8)装复后,将阀开关几次,进行试验。

七、给水止回阀的装复

(1)清洁给水止回阀的各部件。

(2)将给水止回阀放到台钳上,夹牢固。注意要在阀与台钳之间垫铜垫片,以防损坏阀体。

(3)组装阀芯、阀盖、阀杆总成,注意提前放入盘根压盖。

(4)清洁阀体与阀盖之间的密封面,换新垫片。

(5)将阀芯、阀盖、阀杆总成装到阀体上(注意将阀芯处于全开位,防止上紧时阀芯因与阀座碰撞而损坏),检查确认阀芯与阀座在轴向的移动是否灵活、顺畅,然后上紧压盖螺栓及螺母。

(6)换新阀杆盘根,装盘根,检查阀杆盘根压紧程度是否合适。

(7)装阀轮。

(8)装复后,将阀开关几次,进行试验。

(9)注意事项:

①注意在被拆除的阀件与锅炉之间做好隔离工作。防止在拆装时发生漏水、漏汽的危险故障事故。

②注意组装时,检查阀杆盘根压紧程度是否合适。

③注意组装时使阀芯处于全开位,防止上紧时阀芯因与阀座碰撞而损坏。

任务二 水位计的解体、检修与组装

一、水位计解体的准备工作

(1)主要使用的工具有梅花扳手、插口扳手、胶皮垫板、密封垫等。

(2)在拆卸水位计之前,必须正确地关闭水位计的通汽阀、通水阀,确保水位计与锅炉的汽水空间隔离。

(3)准备好易损或需要更换的备件。

二、水位计的解体及清洁

(1)待水位计稍冷却后,将水位计与通汽阀、通水阀的两个连接螺母拆卸下来,取下水位计。

(2)拆卸水位计前、后盖板的紧固螺母2,如图7-4所示,一定要按照拆卸方法进行拆卸。从两边向中间,对角、交替、分次松开,防止因单边受力而损坏玻璃板和密封垫片。同时,防止玻璃板坠落或破损。

(3)取下前、后盖板及前、后玻璃板。

(4)取下垫片,清洁水位计本体框架的水腔与两侧的垫片密封面。

(5)清洁玻璃板侧面的水垢,即带凹槽的面。

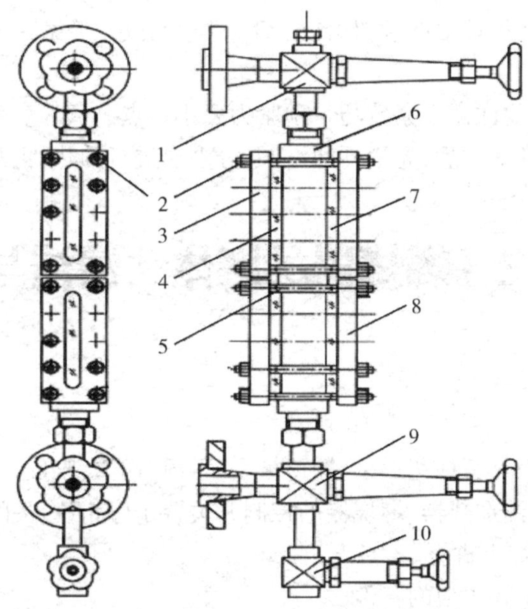

图7-4 水位计结构图

1—通汽阀;2—紧固螺母;3—后盖板;4—后玻璃板;5—双头螺栓;6—本体框架;7—前玻璃板;8—前盖板;9—通水阀;10—冲洗阀

三、水位计垫片的更换和水位计的组装

(1)将玻璃板连同框架烘热一段时间,如置于炉顶或放于热水中,让其热胀后再进行装配。

(2)清洁水位计的各部件。

(3)换新垫片,将新垫片放置到水位计本体框架两边的垫片凹槽内,要注意放置到位。水位计本体框架与垫片的接触面要绝对清洁,再涂上“格兰粉”,“格兰粉”的使用量要适当,以防止其进入水腔,污染水位计。

(4)将前、后玻璃板装复并放正。玻璃板与垫片之间的接触面要绝对清洁,再涂上"格兰粉"。注意玻璃板的正反面,带凹槽的面朝向水腔侧。

(5)将前、后盖板装到玻璃板上。盖板与玻璃板之间也需要放置垫片,防止玻璃板破损。

(6)将水位计的双头螺栓装入盖板螺孔内。先用手拧紧各个螺母,再用扳手上紧。螺母上紧时,要注意上紧技巧,应从中间向两边,对角、交替、分次逐渐上紧。螺母上紧的预紧力要小一点,水位计装复到锅炉,在通汽、通水正常后,再进行紧固。

(7)将水位计装复到锅炉。换新水位计与通汽阀、通水阀的密封垫片,上紧连接螺母。

(8)先稍开通汽阀,进行预热,分多次进行预热,再开通水阀。然后进行"冲洗"和"叫水",确保水位计无泄漏,即装复完毕。

四、注意事项

(1)用扳手松开水位计上的螺母,注意最好对角松开,避免因单边受力而损坏密封垫片。

(2)螺母上紧时,要注意上紧技巧。预紧力要小一点。

(3)水位计装复到锅炉后,先稍开通汽阀,分多次进行预热,再开通汽阀和通水阀。

任务三 燃烧器的解体、清洁与组装

一、准备工作

(1)主要使用的工具有梅花扳手、插口扳手、手锤、铜棒、胶皮、盘根、密封垫等。

(2)将燃油泵、燃油加热器、燃烧器的控制开关置于停止位,关闭燃油管路上的相关油阀。将喷油器从锅炉上拆下。

(3)准备易损和需要更换的备件。

二、燃烧器的结构

燃烧器包括喷油器、配风器、电点火器、火焰感受器、看火孔。燃烧器的解体主要是对喷油器(种类较多)进行解体,对配风器、电点火器、火焰感受器和看火孔进行清洁检查。燃烧器主要有压力式燃烧器、整体式燃烧器和旋杯式燃烧器。

三、燃烧器的解体

(一)压力式燃烧器的解体

1.压力式喷油器(如图 7-5 所示)的解体

(1)将喷油器的筒身夹在台钳上,台钳与喷油器之间垫铜垫片。

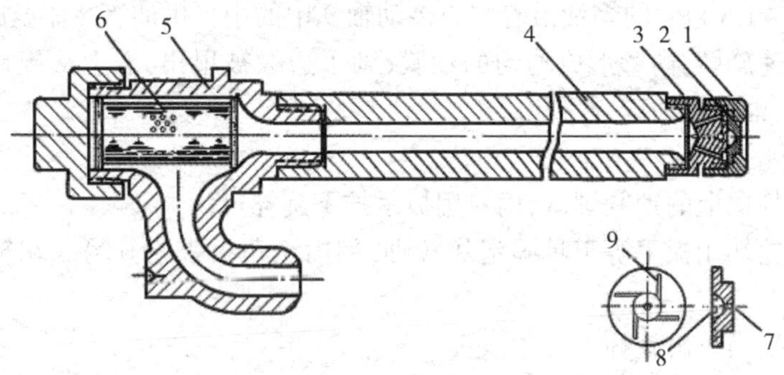

图 7-5 压力式喷油器

1—喷嘴螺母;2—雾化片;3—喷嘴体;4—筒身;5—接管部分;6—过滤器;7—中心喷孔;8—旋涡室;9—切向槽

(2)用梅花扳手拆卸下喷嘴螺母,取下雾化片。

(3)再拆卸下喷嘴体。

(4)拆卸另一端的帽盖,取出过滤器进行清洗。

(5)检查各部件的状况,确定维修、更换范围。

2.回流压力式喷油器(如图 7-6 所示)的解体

(1)将喷油器的喷嘴座夹在台钳上,台钳与喷油器之间垫铜垫片。

(2)用梅花扳手拆卸下喷嘴螺母,取下雾化片和旋流片。

(3)清洁雾化片、旋流片和分油嘴。

(4)检查各部件的状况,确定维修、更换范围。

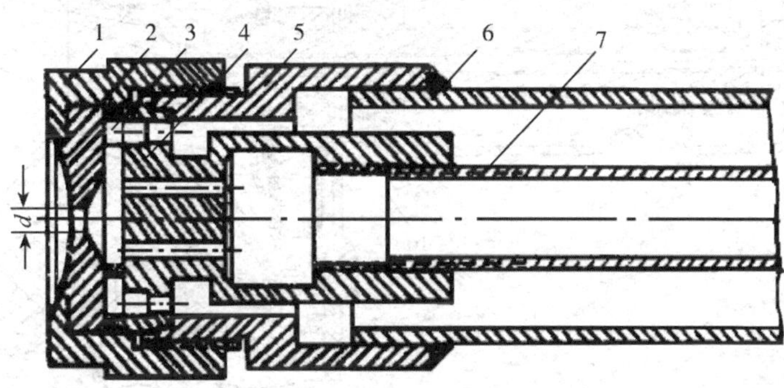

图 7-6 回流压力式喷油器

1— 喷嘴螺母;2—雾化片;3—旋流片;4—分油嘴;5—喷嘴座;6—进油管;7—回油管

(二)整体式燃烧器的解体

(1)这种燃烧器采用双喷油嘴,由两个电磁阀控制。燃油自油柜经粗过滤器流至齿轮泵,然后以 18~22 kPa 的油压流经电加热器,加热后分两路送至一号和二号喷油嘴。

(2)拆下一号和二号喷油嘴,依次取出过滤器。

(3)拆下分流块。

(4)拆下调压器。

(三)旋杯式燃烧器的解体

(1)旋杯式燃烧器(如图 7-7 所示)的主要结构是高速电动机 6、旋杯 1 和雾化风机

5。压力为 0.7~1.5 kPa 的燃油沿着空心传动轴 9 中的中央供油管 2 流至旋杯 1 中。由于旋杯 1 的高速旋转，内壁形成均匀的油膜，到了边缘被甩出，遇上从旋杯外面的缝隙吹来的雾化风，油膜被粉碎并雾化。

(2)拆卸顺序为：

①松开旋杯罩上的锁紧螺丝，用专用扳手拧下旋杯罩。

②在皮带轮端用扳手等工具固定住转轴，用内六角扳手松开另一端轴上旋杯的锁紧螺母。

③用液压拉马拉出旋杯。

④松开进油管的连接法兰，移去雾化风机旋杯侧的挡板，旋出固定螺栓后，取下燃油分配器。

⑤松开雾化风机壳体上的连接螺栓，取下其盖板和连在一起的雾化风引导器，最后用液压拉马拉下雾化风机叶轮。

⑥拆卸之后应彻底清洁，仔细检查各零部件，尤其是旋杯的变形及残缺，按照结果确定是修理还是更换。

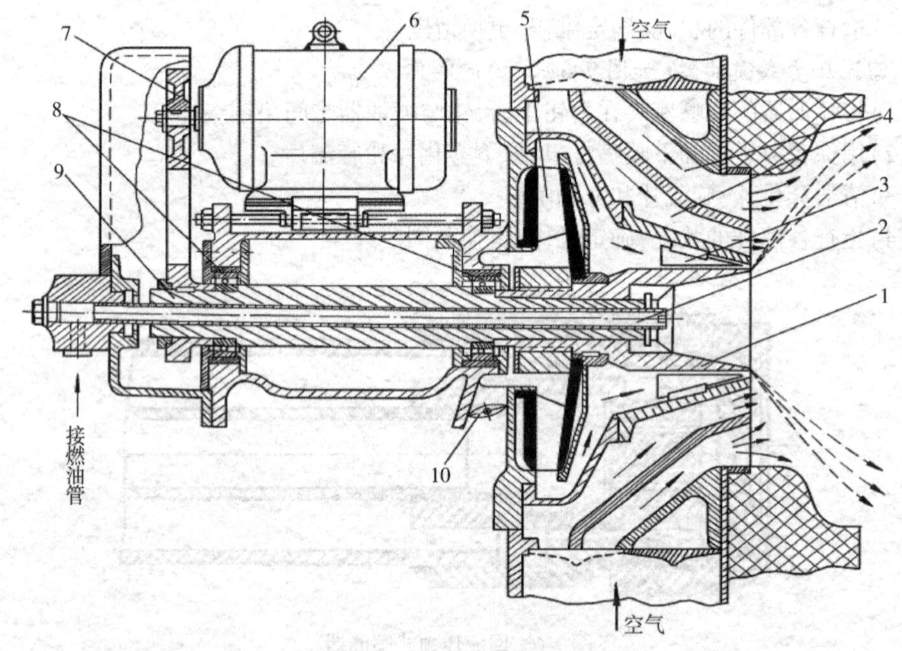

图 7-7 旋杯式燃烧器

1—旋杯；2—中央供油管；3—一次风风道；4—二次风风道；5—雾化风机；6—高速电动机；7—皮带传动轮；8—前后滚动轴承；9—空心传动轴；10—调风闸门

四、雾化片的清洁与研磨

(1)喷油嘴的关键零件是雾化片，要清洁雾化片的密封面并确保密封良好、清洁雾化孔。

如发现有结炭应及时清洁，清洁的要求如下：

①先用柴油浸泡，使结炭变软后再清洗。

②切勿用金属刃具硬剔,应使用竹片或木片清除结炭,以防将表面刻出伤痕,影响雾化质量。

(2)对于带切向槽的雾化片,如果切向槽的深度因冲蚀而增大,应更换雾化片。若一时无备件,可临时用研磨的方法使之减小,以便恢复原有的通流面积。研磨步骤如下:

①准备好研磨平台及研磨砂。

②先用粗研磨砂,后用细研磨砂。

③研磨过程中注意加一些滑油。

④研磨按"∞"字形进行。

⑤检查研磨效果。

五、点火电极位置的调整

(1)点火电极是两根直径约为 2 mm 的铬镁金属丝,外边是耐高压电的绝缘瓷套管。

(2)点火电极顶端与放电区的距离及放电区与燃烧器端部的距离均需做调整试验,根据燃烧器雾化质量的优劣、雾化锥的大小及燃油品种的差异而定。

(3)通常点火电极顶端间距为 3.5~4 mm。

(4)点火电极顶端发火部分伸至喷油嘴前方稍偏一些,点火器顶端离喷油器 2~4 mm。防止喷油器将油喷到点火电极导致结炭;同时防止点火电极与喷油嘴或挡风罩之间放电,电火花跳到喷油嘴或挡风罩上。

六、燃烧器的组装

(一)压力式燃烧器的组装

1.压力式喷油器的组装

压力式喷油器的组装如下:

(1)清洁各个部件。

(2)将喷油器的筒身夹在台钳上,台钳与喷油器之间垫铜垫片。

(3)装复过滤器,拧紧帽盖。

(4)拧上喷嘴体。

(5)将雾化片放置到位,拧紧喷嘴螺母。

(6)测试喷油器的雾化效果。

2.回油压力式喷油器的组装

回油压力式喷油器的组装如下:

(1)清洁各个部件。

(2)将喷油器的喷嘴座夹在台钳上,台钳与喷油器之间垫铜垫片。

(3)依次将分油嘴、旋流片和雾化片放置到位,拧紧喷嘴螺母。

(4)测试喷油器的雾化效果。

（二）整体式燃烧器的组装

整体式燃烧器的组装如下：

(1)安装调压器。

(2)安装分流块。

(3)放置取出过滤器。

(4)安装一号和二号喷油嘴。

(5)调节电极之间的距离、电极与喷油嘴的距离。

(6)测试安装结果。

（三）旋杯式燃烧器的组装

旋杯式燃烧器的组装如下：

(1)清洁各个部件。

(2)安装雾化风机叶轮,安装盖板和连在一起的雾化风引导器,紧固雾化风机壳体上的连接螺栓。

(3)安装燃油分配器,拧紧固定螺栓。装复雾化风机旋杯侧的挡板,安装进油管的连接法兰。

(4)放置旋杯。固定住转轴,用内六角扳手拧紧旋杯的锁紧螺母。

(5)用专用扳手拧上旋杯罩,拧紧旋杯罩上的锁紧螺丝。

(6)调节电极之间的距离、电极与喷油嘴的距离。

(7)测试安装结果。

(8)注意事项：

①注意关闭相关油阀。

②注意燃油的燃爆、火灾。

③清洁雾化片时切勿用金属刃具硬刷,应使用竹片或木片清除结炭。

④电极之间的距离、电极与喷油嘴的距离要调节适当。

项目八

制冷压缩机的拆装与检修

一、安全注意事项

（一）人身安全

(1)穿戴好工作服、安全帽、手套等劳保用品;操作过程中,应注意安全,避免被旋转部件夹手、碰伤;学员必须在教师的指导下操作,严禁擅自操作。

(2)注意设备周围的环境,避免身体磕碰,注意泄放设备内的残压、冷剂、滑油。

（二）设备安全

(1)避免对设备部件的磕碰和损坏,防止对地面的污染;分组存放不能互换的零件。

(2)拆解设备时用马克笔做好相关标记;保护好部件的接触面,拆下后部件的接触面需向上放置;不允许猛打乱敲,防止损坏零件和工具。

二、基础知识

（一）活塞式制冷压缩机结构

如图 8-1 所示为 8FS10 型开启式压缩机,该机缸径为 100 mm,每两缸配成一列,四列气缸布置成扇形,相邻两列气缸的中心线夹角为 45°。压缩机的机体由上、下两层隔板分成三个腔,其中上层为排气腔、下层为曲轴箱、中间为吸气腔。在下隔板最低处开有回油均压孔,使吸气腔与曲轴箱相通。

（二）主要部件的作用

回油均压孔的作用:使经活塞环漏入曲轴箱的制冷剂能被吸气腔抽走;让吸气腔从系统中带回的滑油流回曲轴箱;必要时能用压缩机本身抽空曲轴箱,以回收其中的冷剂或抽除其中的空气。

假盖的作用:当压缩机气缸内吸进较多的液体制冷剂或滑油产生液击时,假盖组件即会被顶起,不会使缸内压力因过高而损坏零件。

卸载机构为油压启阀式能量调节机构,可使压缩机根据热负荷的大小,将部分或全部气缸的吸气阀片强制顶起,相应地以 8 缸、6 缸或 4 缸投入工作,实现吸气压力高则压缩机逐级加载、吸气压力低则压缩机逐级卸载。

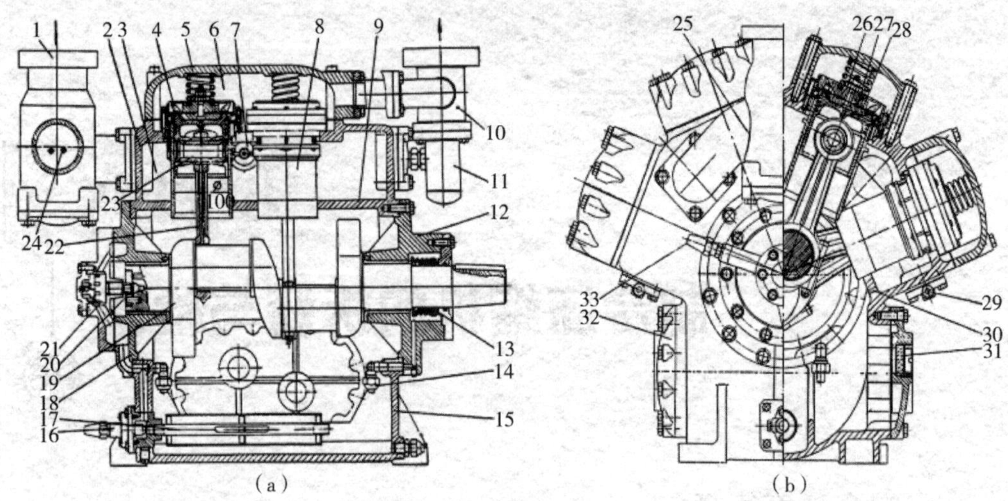

图 8-1　8FS10 型开启式压缩机

1—吸气接管；2—气缸体；3—吸气腔；4—缸头气阀组件；5—气缸盖；6—排气腔；7—能量调节机构；8—气缸套；9—下隔板；10—排气集管；11—安全阀；12—轴承座；13—轴封；14—滑油管；15—曲轴箱；16—滑油三通阀；17—吸入滤油器；18—轴承座；19—曲轴；20—油泵传动机构；21—油泵；22—连杆；23—活塞销；24—吸气滤网；25—吸气集管；26—假盖弹簧；27—活塞；28—假盖；29—卸载油缸；30—回油均压孔；31—视油镜；32—曲轴箱侧盖；33—油压调节阀

任务一　制冷压缩机的解体

一、工具选用与准备工作

1.主要使用的工具、量具和材料

主要使用的工具、量具和材料：梅花扳手、插口扳手、螺丝刀、手锤、铜棒、液压拉马、力矩扳手、外径千分尺、内径百分表、抹布、做法兰垫片的相应材料及工具、垫片胶、机械轴封等。

2.准备工作

(1)技术准备：熟悉管系图，查看制冷压缩机说明书，查看整备相关备件(尤其是根据故障现象判断可能损坏的零部件)。

(2)现场布置：地面铺好橡胶垫或牛皮纸，将工具、量具等摆放整齐。

(3)设备准备：压缩机转至机旁控制，使设备停止运转，切断电源，悬挂“禁止合闸”工作牌；关闭压缩机的吸、排气阀，如有必要，拆除电机和相关管路；放掉机壳内的液体；泄放机壳内压力；用油性记号笔或钢字码等工具在机壳上各部件配合处标上号码和接缝记号，以保证装配。

二、压缩机的解体

1.压缩机缸盖的拆卸

(1)在缸盖与缸体之间做好标记。

(2)按照由两边向中间,对称、分次(2~3 次)、逐步松开缸盖螺母。

(3)将拆下的螺母或螺栓整齐、有序地放到胶皮垫板上。

(4)小心地拆下缸盖,将缸盖的密封面朝上放在胶皮垫板上。

2.气阀、缸套的拆卸(如图 8-2 所示)

(1)取下假盖弹簧。

(2)取出假盖与排气阀组件。

(3)拆卸固定缸套、气阀的 6 个内六角螺钉,包括 3 个长内六角螺钉和 3 个短内六角螺钉。长内六角螺钉的作用是将气阀、缸套固定于机体上;短内六角螺钉的作用是将气阀固定于缸套上。注意,长、短螺钉为交叉布置。

(4)小心地取出假盖导圈、吸气阀片限位器,注意 6 个吸气阀弹簧,以防其脱落。

(5)取出吸气阀片。

(6)在缸套与机体之间做好标记。使用两个专用螺栓拧入内六角螺钉的螺孔内,均匀上紧顶出缸套。取出缸套、缸套垫片。

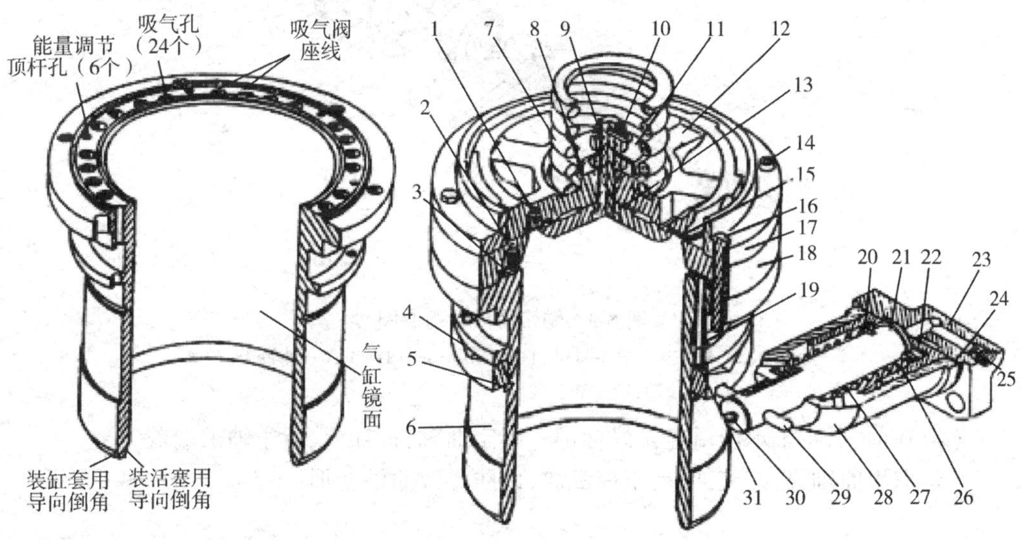

图 8-2 8FS10 型压缩机的气阀和缸套组件

1—排气阀弹簧;2—吸气阀弹簧;3—吸气阀片;4—转环;5—卡环;6—缸套;7—假盖弹簧;8、24—垫片;9—阀座螺栓;10—开口销;11—铁皮套圈;12—假盖(排气阀片限位器);13—排气阀座芯;14—内六角螺钉;15—排气阀片;16—螺栓(与机体固定);17—假盖导圈;18—吸气阀片限位器;19—顶杆弹簧;20—挡圈;21—卸载活塞杆;22—调整垫片;23—卸载油缸盖;25—油管接孔;26—卸载活塞;27—弹簧;28—卸载油缸;29—横销;30—制动螺钉;31—启阀顶杆

3.能量调节机构的拆卸

(1)拆卸液压油缸的油管。

(2)拆卸能量调节机构的卸载油缸端。

(3)取出能量调节机构的卸载油缸及卸载活塞杆。

4.活塞的拆卸

(1)打开曲轴箱道门。

(2)在连杆大端轴承座做好标记。

(3)拔掉开口锁,松开连杆大端螺母,取出连杆大端轴承盖,取下螺栓。

(4)在活塞顶部拧上吊环,吊出活塞与连杆。

(5)拆卸活塞销卡环,用铜棒轻轻敲出活塞销,拆下连杆。

(6)将连杆大端轴瓦、连杆大端轴承盖和螺栓按原样扣合在一起,整齐、有序地放到胶皮垫板上。

5.轴封、轴带滑油泵及曲轴的拆卸

(1)拆下制冷压缩机飞轮。

(2)拆卸轴封压盖,小心地将轴封装置从主轴飞轮端拆出。

(3)拆卸轴带滑油泵(如图 8-3 所示),拆掉曲轴箱内的过滤器、三通阀和油管等润滑系统。油泵的零部件较多、较小,应注意存放。

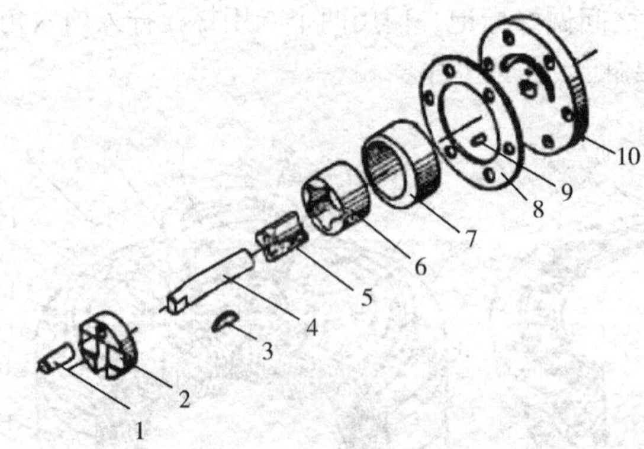

图 8-3 轴带滑油泵组装图

1—定位销;2—传动块;3—半月键;4—油泵轴;5—内转子;6—外转子;7—泵壳;8—垫片;9—定位销;10—泵盖

(4)在前、后主轴承压端盖做好标记。固定曲轴,拆卸前、后主轴承端盖。

(5)取出曲轴,放在支架上,不许乱放,以防导致曲轴变形。

任务二 制冷压缩机的检修

一、连杆大、小端轴瓦的检查

1.外表检查

先将轴瓦擦拭干净,检查有无划伤、划痕、合金剥落/磨损情况,外表是否光滑、无磨损。可以一只手拿连杆,另一只手拿活塞,通过推拉就可以判断活塞销与连杆小端轴瓦之间的间隙是否过大,这种凭感觉来定性的鉴别方法显然精度不高。

2.平行度检查

连杆小端轴瓦与曲柄销中心线的平行度检查是在专门校正好的装置上进行的,利用千分表测量活塞销的倾斜度(曲柄销在最低、最高位置各测一次),可通过测得的差值来判断两个中心线的平行度。如果倾斜度过大,说明连杆弯曲,需要换新。

二、连杆大端轴瓦与曲柄销间隙的测量

1.压铅丝法

(1)选取直径合适的软铅丝,软铅丝直径不宜超过余隙高度的 2 倍。

(2)测量过程:

①松开大端螺栓,取下连杆大端轴承盖。

②截取 2 段长度能包住轴颈为 150°~160°的软铅丝,将其用牛油平行粘于下轴瓦油槽的两侧。

③装复连杆大端轴承盖,对称、交替、分次、均匀地上紧螺栓,最好用扭力扳手上至说明书要求的紧度。

④松开螺栓,重新取下轴承盖,取出压好的软铅丝。

⑤取下并清洁软铅丝片。均匀选出测量点,用外径千分尺测量每段软铅丝被挤压后最厚处的厚度,记录结果并计算平均值。

(3)结论与调整:

根据计算结果,按照说明书的要求(参考表 8-1),得出零件使用或维修结论。

表 8-1 制冷压缩机各配合间隙参考值 单位:mm

型号		2F10	8FS10	8FS7
活塞与气缸的间隙	上部	0.4~0.5	0.4~0.5	0.14~0.2
	下部	0.18~0.25	0.18~0.25	
活塞环及刮油环搭口间隙		0.4~0.6	0.4~0.6	0.2~0.35
活塞环的天地间隙		0.025~0.06	0.025~0.06	0.03~0.06
活塞顶部余隙		0.5~0.75	1.0~1.5	0.5~0.15
连杆大端轴承与曲柄销径向间隙		0.05~0.07	0.06~0.12	0.075~0.12
连杆小端轴承与活塞销径向间隙		0.01~0.03	0.02~0.04	0.015~0.03
吸气阀片升程		1.2±0.2	2.0±0.2	1.1~1.15
排气阀片升程		1.5±0.2	1.5±0.2	1.1~1.15

2.差值法

(1)测量过程

①装复连杆大端轴承盖及轴瓦,对称、交替、分次、均匀地上紧螺栓,最好用扭力扳手上至说明书要求的紧度。

②用千分表直接测量大端轴瓦的内径与曲柄销的外径。

③两次测量值的差值即为连杆大端轴瓦与曲柄销的间隙。

(2)结论与调整

根据计算结果,按照说明书的要求(见表 8-1),得出零件使用和维修结论。

三、活塞销的检查与测量

1.拆卸

测量活塞销轴时,应该将活塞销轴从活塞中脱开,即用尖嘴钳子取出销轴两端嵌入活塞内的卡环,然后用黄铜棒垫在活塞销上,用榔头敲击铜棒另一端(轻轻地敲打),就可以将销轴从活塞中脱开。

2.圆度与圆柱度的测量

用外径千分尺测量销轴的圆度和圆柱度,当圆柱度超过直径公差的一半、活塞销轴磨损超过标准尺寸 0.15 mm 时,应更换活塞销轴,若无备件更换,可把原销轴旋转 90°后再装入销孔中。制冷压缩机在正常工作时,活塞销轴上、下两个面受力最大,磨损量也最严重,而左、右两个侧面受力小,磨损量也轻,把销轴转动 90°后再装入销孔内,还可继续使用一段时间。

3.活塞销轴和连杆小端轴瓦的径向间隙的测量

当活塞销轴和连杆小端轴瓦的径向间隙超过 $0.001D$ 时(D 为销轴直径)时,应更换连杆小端轴瓦。

4.垂直度的测量

当活塞销孔轴线对活塞轴线的不垂直度,在长度 100 mm 上大于 0.2 mm 时,应进行检修或换新。

四、主轴的检查与测量

1.外表检查

先将主轴擦拭干净,检查有无划伤、划痕、合金剥落/磨损等情况,外表是否光滑、无磨损。用目测法来鉴定零件磨损、损坏及变形情况。

2.平行度检查

曲柄销中心线与主轴颈中心线(轴线)的平行度检查是在车床上进行的。将主轴颈放在车床上校正平行度,以主轴颈为基准面,将两块 V 形铁放在平台上,把曲轴的轴颈两端校正平行放好,用千分表来检查曲柄销。每个曲柄销测两个截面,每个截面测两个互相垂直方向的数据,检查出曲柄销与主轴颈不平行度。在 100 mm 长度上应不大于 0.02 mm,当超出 0.02 mm 时应进行修理。

3.圆度与圆柱度的测量

(1)测量

为严格检查曲轴轴颈状态,测试轴颈的直径及圆度和圆柱度一般不超过 0.05 mm。为检查主轴颈和曲柄销的椭圆度和锥度,测量主轴颈磨损情况,应利用外径千分尺。测量的位置应是距轴肩或离轴承边缘 10 mm 处。每一挡主轴颈或曲柄销均要在两个位置上测出两组数据。

(2)结论

①一般来说,曲柄销和主轴颈的圆度与圆柱度不得大于二级精度直径公差的一半,否则应检修。

②主轴颈表面相对轴线的跳动量大于 0.03 mm 时,就应该修理。

③与标准尺寸相比,曲柄销的磨损超过 0.025~0.03 mm 时,应检修或更换。

④若最大修理尺寸为 0.05 mm,此时应更换连杆大端轴瓦。

4.主轴承间隙的测量

(1)测量方法

用差值法进行测量。

(2)测量过程

①将主轴瓦和主轴颈清洁干净。

②用千分表直接测量主轴瓦的内径与主轴的外径。

③两次测量值的差值即为主轴承间隙。

④可以多测几组数据,取最大值。

(3)结论与调整

根据计算结果,按照说明书的要求(参考表 8-1),得出零件使用和维修结论。

五、轴封装置的检查

1.外表检查

检查动环、静环密封面的状况,应无划痕、凹槽、磨损,必要时进行研磨或换新,还要检查密封橡胶圈的老化程度。

2.机械式轴封的检修

(1)机械式轴封不可能一滴不漏,但泄漏量应小于 10 mL/h。

(2)密封腔的工作温度应低于 80 ℃,否则应采取一定的冷却措施,以免引起动、静环之间的咬死或橡胶圈过早老化等现象。

(3)动、静环密封面的光洁度很高,加之采用金属陶瓷材料制成,故在拆装及检修过程中均应严格防止敲击或划伤。

(4)动环的两端面均研磨抛光,并可调换使用。如两面均磨伤,可重新研磨抛光后再用,也可以送厂修复。

(5)轴封换油,可卸下轴封室上下的接头,连接灌油。

(6)动、静环密封面平行度偏差超过 0.015~0.02 mm 时,应检修或换新。

(7)橡胶圈老化、变形、丧失弹性和密封能力时,应换新。

(8)轴封弹簧的弹性需符合要求,损坏、变软时,应换新。

3.动环、静环磨损后的研磨与装复

(1)将研磨板用煤油擦净,把配制好的研磨剂调均匀,并倒少许在研磨板上,用脱脂棉涂匀。

(2)将动环轻放在研磨板上,两手用力、均匀地推动,并在研磨板上做“∞”字形的往复运动。

(3)在研磨时,不要始终在研磨板的某一方位移动,避免造成研磨板的局部磨损,影响研磨质量。

(4)轴封装复时,需要干净、对中良好。

六、能量调节机构的检查

(1)检查能量调节机构的传动部分,包括传动杆、支点、轴承等部件,查看它们的传动件铰接处有无松动、传动是否灵活、有无卡死和动作不灵活等现象,若有,则应加油活络,直到灵活为止。

(2)检查能量调节机构的控制油路,确保干净、无泄漏。

(3)正确装配能量调节机构,尤其要注意各部件之间的相互位置,驱动轴的凸环分别对应两只气缸,并卡在推环的缺口中,不能装错。

七、滑油泵及系统的检查

(1)检查、清洗滑油泵及系统中的滑油过滤器,确保过滤器干净、无破损。

(2)检查滑油压力调节阀的密封情况。如果滑油压力调节阀因磨损而不能满足油压调节,应予修理或换新。

(3)利用内径千分尺测量齿轴油泵的径向间隙,用压铅丝法检查油泵端面轴向间隙。若间隙过大无法修理,则予以换新。

八、活塞与气缸的检查

1.活塞与气缸的外表检查

(1)活塞外表面光滑,无拉毛、划痕等。

(2)缸套内表面镜面光滑,无拉毛、划痕等。缸套顶面的吸气阀座密封良好,如果密封不良,则应进行研磨。多次研磨会造成吸气阀座的阀线高度降低,如果阀线高度已低于0.5 mm,则应换新缸套。

2.活塞与气缸配合间隙的测量

(1)盘车将活塞转至与气缸顶部齐平,利用厚薄规(塞尺)测量活塞与气缸配合之间的间隙,选取前、后、左、右四个点测量。将所测的数值记入表8-2中。

(2)再盘车将活塞转至气缸的中间部位和下部。在每个部分测量前、后、左、右四个点,记录所测的数值。

表 8-2 圆度和圆柱度

误差:
单位:mm

	前后(X)	左右(Y)	$\lvert X-Y \rvert /2$	圆度误差
1				
2				
3				
$(X_{max}-X_{min})/2$ 或$(Y_{max}-Y_{min})/2$				
圆柱度误差				

结论:

(3)取最大值。按照说明书的要求(参考表8-1),得出零件使用和维修结论。

3.活塞、气缸圆度和圆柱度的测量

(1)所用测量工具为内径千分尺或外径千分尺。

(2)活塞从缸中取出,先将活塞、缸套表面清洁擦拭干净,查看活塞和缸套表面有无严重的机械损伤,如裂纹、环槽严重损坏、活塞裙部单侧磨损严重等情况,若有,则需要换新。

(3)活塞、气缸圆度和圆柱度的测量同样在上、中、下三个部位进行,每个部位在前、后、左、右四个点进行测量。把测量的数值记入表8-2之中。

(4)根据计算结果,取最大值。按照说明书的要求(参考表8-1),得出零件使用和维修结论。

4.活塞磨损量和缸套厚度的测量

(1)综合活塞的测量结果与活塞的标准尺寸,计算活塞的磨损量;当最大磨损量在0.3~0.5 mm时应更换活塞。

(2)综合缸套的测量结果与气缸标准尺寸,计算缸套的磨损量,如果超过说明书规定的极限间隙,则应更换缸套。一般当气缸磨损量达到缸径的1/200时,予以修理;当气缸磨损量超过厚度的1/8时,则必须换新。

(3)活塞与气缸间隙超过0.5~0.6 mm时也应进行修理,当活塞最大磨损量在0.3~0.5 mm时应更换活塞。

九、活塞环的检查

(1)活塞环与环槽的轴向间隙的测量:

将活塞环放回环槽内,用厚薄规测量,测量时应沿圆周方向分三处进行,其间隙应为0.01~0.02 mm。若间隙过小,则应把环放置在平台上用研磨砂研磨,直至达到要求为止;若间隙超过0.15 mm,则应换新环。

(2)活塞环搭口间隙的测量:

①把活塞环一道道地取出,取出活塞环的方法是利用专用工具,把环的搭口间隙撑大,直至环的内径大于活塞的外径时,慢慢地将环从活塞顶部方向移出,先取第一道环,再取第二道环。

②将活塞环放入气缸中,放平,利用厚薄规测量其搭口间隙的大小。运行中的活塞环搭口间隙应在D×4/100 mm范围之内,其中D为气缸缸径(mm)。若所测搭口间隙值与利用该公式换算所得值相近,那是比较合适的。若搭口间隙过小,则可用锉刀锉少许,使搭口间隙增大(修正时,要求开口两端平正,不能修成喇叭口形);若搭口间隙过大,会使漏气量增大,活塞环搭口间隙超过1 mm的使用极限或者镀铬层剥落时,如有备件,则应换新。

(3)活塞环与缸壁之间的贴合情况,可用光照法检查。活塞环与环槽的配合情况,可通过测取其天地间隙来判断。若活塞环表面与气缸表面的接触面积少于周长的2/3,其他不接触部分与气缸间隙大于0.03 mm,则应换新。表8-1给出压缩机的主要间隙参考值,可供参考。

(4)活塞环的径向厚度的测量:

用游标卡尺测取环的厚度。若环的磨损量超过标准值,应予换新;若活塞环经磨损后,其重量减小 10%或失去弹力,应予换新。

十、余隙高度的测量与调整

1.用压铅丝法测量

选取直径合适的软铅丝,软铅丝直径不宜超过余隙高度的 2 倍。

2.测量过程

(1)截取 2~3 条铅丝,用牛油将软铅丝平行粘到活塞顶面上。

(2)装上缸盖,对称、交替、分次、均匀地拧动缸盖锁紧螺母;所有螺母均紧到预紧力为止。

(3)手动盘车一周。

(4)对称、均匀地拧下缸盖螺母,取下缸盖。

(5)取下并清洁软铅丝片。用外径千分尺测量每段软铅丝被挤压后最薄处的厚度,并做好记录。

3.结论与调整

根据测量记录,取最小值即为余隙高度。根据说明书的要求(见表 8-1),可通过增减缸盖垫片(或气阀)厚度来调整余隙高度。

十一、气阀的检查

(一)阀片

1.外表检查

将吸、排气阀片拆下后,看是否有破裂现象。查看阀片表面光洁度,确认无被敲打的痕迹和轻微划伤,尤其不允许翘曲,再检查阀片磨损情况。阀片的内、外径应当同心,其同轴度不超过 0.25 mm。

2.研磨

如表面有划痕,应用 1200 号细凡尔砂加滑油放置于平板上,手按住阀片按“∞”字形运动轨迹进行研磨,直到划痕消失为止。当研磨过的阀片放在平板上检验时,阀片的整个表面应与平板紧密贴合。若阀片的磨损量比标准尺寸小 0.15 mm,应予以换新。

3.密封性检查

检查阀座的严密性,可将气阀装复后,利用煤油做渗漏试验。

(二)阀座

1.外表检查

要求阀板上的阀座表面与阀片一样光洁、平整。

2.研磨修复

每次更换阀片均应同时对阀座进行研磨,如果划痕较深,可以先在磨床上进行磨削,然后多次研磨,使阀座圈变低、阀窝加深、气缸的余隙发生变化,因此应上车床修正阀座,上磨床磨平阀板,使阀板平面与阀座在同一平面上,然后对阀座进行研磨(既可以整板研磨,也可以局部研磨)。

3.密封性检查

检查阀座的严密性,可在气阀装复后,利用煤油做渗漏试验。

(三)气阀弹簧

(1)取出弹簧后应检查弹簧座内有无折断的弹簧钢丝碎片。新弹簧应逆时针旋入座内,各弹簧顶面应水平,弹簧应垂直。

(2)气阀弹簧在自由状态下,不应成弯曲形(即中部的弹簧圈向外膨胀),弹簧的钢丝不应有裂纹、磨损或擦伤。

(3)把弹簧底座放在水平面上,弹簧的轴线应与水平面垂直,它的垂直度偏差应符合规定要求。

(4)同一弹簧螺距值的差数应符合相关规定的要求。

(四)气阀升程

1.测量

如图 8-4 所示,用游标卡尺测量升程限位器上阀片槽的深度 H,再测量阀片的厚度,两者之差即为气阀升程。

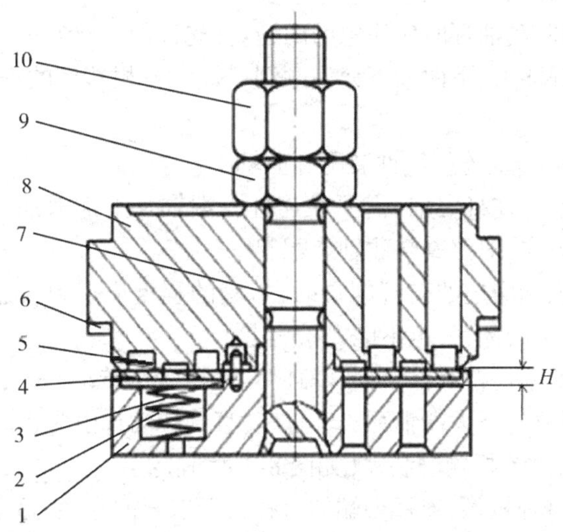

图 8-4 气阀结构图

1—升程限位器;2—弹簧;3—定位销;4、5—阀片;6—垫圈;7—螺栓;8—阀座;9、10—螺母

2.调整

调整升程限位器上阀片槽的深度 H 或相关阀片的厚度,对气阀升程进行调整,同时应符合相关规定的要求(参考表 8-1)。

任务三 制冷压缩机的装复

(1)做好各部件的清洁工作。

(2)将曲轴箱中的滑油过滤器装上。

(3)将曲轴放入机体内,临时固定曲轴,防止损伤轴面。

(4)注意油孔位置并加点润滑油,调整主轴;装前、后主轴承及前、后主轴承端盖。上紧轴承端盖螺母之前,对准记号油孔、加油、转动曲轴,看是否转动自如。

(5)轴封的装配。在前、后主轴承及前、后主轴承端盖装好后,再将轴封装到前主轴承盖,参照轴封的装配。

(6)装轴带滑油泵(如图 8-3 所示):

①在后主轴承端盖的油泵内腔里装入定位销、传动块。将半月键、油泵轴、内转子、外转子组装在一起,一同放入油泵内腔。观察曲轴带动的十字销是否与油泵的轴连接在一起。若位置正确,再装垫片、定位销和泵盖,并用螺栓上紧。注意:在上紧泵盖螺栓时应随时转动曲轴,以防有卡死现象。如果油泵轴不动,则重新装配,并注意油泵吸、排油方向是否与滑油管系吸、排油方向一致。

②装复相关的油管。

(7)活塞、连杆组件的装配:

①在装配活塞销时,要注意装配方法,不允许硬敲、硬砸。必要时,对活塞进行加热,对活塞销进行冷却,然后组装。

②在装配压缩环、刮油环时应注意的问题:首先,环与环槽一一对应,在环与缸套上涂少量滑油;其次,环的上、下两面不允许颠倒;最后,各相邻环的搭口要交错,一般交错180°或 120°。

(8)将组装好的活塞、连杆组件装配到曲轴上:

①在装配每个活塞连杆之前,需要在连杆大端轴瓦上加滑油。活塞连杆组按照顺序和连杆大端标记方向,对照着与曲轴装配起来。

②在上紧连杆大端两边的连杆螺母时,上紧的程度应一致。连杆螺栓的预紧力要符合说明书的要求,不能太紧,也不能太松。

③每装上一组活塞连杆组件,再装好缸套后,要盘车转动一下,看转动是否灵活,如有卡阻现象,则应调节连杆大端轴瓦与轴承座,直到转动自由为止。

(9)缸套与能量调节机构的装复(如图 8-2 所示):

①对于 8FS10 这种机型,连杆大端的直径大于缸套的直径,这给装配工作带来了一定的困难,活塞连杆组件只能从缸套下边抽出,因此在装配时先将活塞连杆组件装配到曲轴上,然后装配缸套。

②换新或退火缸套垫片,将缸套垫片放到合适的位置。

③在装配缸套时,活塞连杆组件已装配在曲轴上,装配时比较麻烦,因此要有耐心,不能急躁。尤其有能量调节的缸套还有转环,装起来更费事。装配缸套的时候,注意将卸载活塞杆的横销放到转环下表面的卡槽中,一旦发现卸载活塞杆的横销没有卡在两个缸套转环的卡槽中,应取出来重新安装。

④注意活塞环的位置,相邻活塞环要交错放置。

⑤按照标记将缸套放置到位,特别注意内六角螺钉孔的对正。

(10)装配气阀(如图 8-4 所示):

①将吸气阀片放到阀座上,放正位置。

②用牛油将气阀弹簧粘到吸气阀片限位器的弹簧孔中,对正放好吸气阀片限位器。

③对正放好假盖导圈及假盖排气阀组件,注意螺孔的位置。

④按照原先的标记,上紧六个内六角螺钉(三长三短),不能乱放。将吸气阀及缸套固定到机体上。

⑤放上假盖弹簧。

(11)装复气缸盖、曲轴箱两边道门盖板:

上紧气缸盖曲轴箱两边道门盖板时,要按照螺栓的上紧原则,从中间向两边,对称、交替、分次上紧,预紧力要符合说明书的要求。

(12)整机装配完毕后,加油盘车,通电检查运转状况,装配结束。

项目九

液压泵的拆装与检修

一、安全注意事项

（一）人身安全

（1）穿戴好工作服、安全帽、手套等劳保用品；操作过程中，应注意安全，避免被旋转部件夹手、碰伤；学员必须在教师的指导下操作，严禁擅自操作。

（2）管内可能存在高压、高温、有腐蚀性及有毒性的流体，拆装前应根据管系图停用相关设备，关闭待拆部位前后的截止阀，并注意泄放管内流体，以防外溢伤人。

（二）设备安全

（1）避免对设备部件的磕碰和损坏，防止对地面的污染；分组存放不能互换的零件。

（2）注意保护管路及仪表，不允许猛打乱敲，防止损坏零件和工具。

二、基础知识

（一）斜盘式轴向柱塞泵主体部分结构

如图 9-1 所示，传动轴通过花键与缸体连接，在缸体上按轴线方向均匀分布 7 个油缸，各缸中均装有柱塞，柱塞的端部与滑履铰接，滑履靠定心弹簧通过内套 7、钢球 A 和回程盘抵压在斜盘上，定心弹簧的另一端则通过柱塞将缸体紧压在配油盘上。斜盘以其耳轴支承在变量机构壳体上，配油盘则用定位销固定在泵体上。

当缸体带动柱塞、滑履和回程盘回转时，如斜盘处于倾斜位置，柱塞就会在油缸中做往复运动，通过泵体中的两条油路和配油盘上的两个配油口分别进行吸排。如果泵的吸入压力较小，那么吸入冲程中要靠定心弹簧的张力，通过回程盘和滑履将柱塞从油缸中拉出。

泵的内部泄漏主要发生在：配油盘与缸体之间，柱塞与缸体之间，滑履与斜盘之间，滑履与柱塞的球头之间，以及传动轴与轴封之间。漏出的油液除润滑轴承外，其余则从泵体上部的泄油口 B 用泄油管引回油箱，带走泵功率损失所产生的热量。

（二）伺服变量机构及其工作原理

这种泵采用液压伺服变量机构控制泵的流量和流向。泵的吸排腔在泵壳中均通过

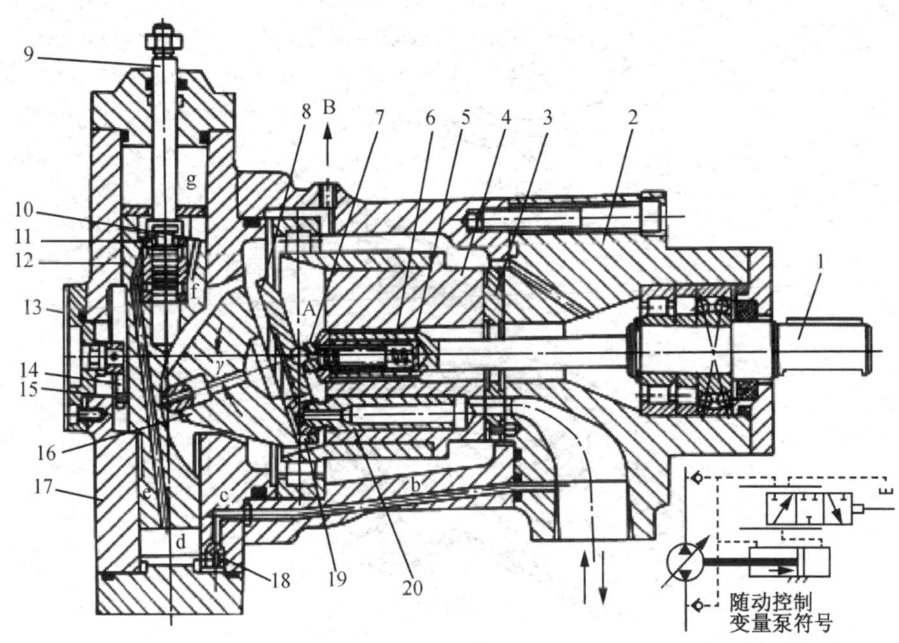

图 9-1 CY14-1 型斜盘式轴向柱塞泵

1—传动轴；2—泵体；3—配油盘；4—缸体；5—柱塞；6—定心弹簧；7—内套；8—回程盘；9—拉杆；10—伺服滑阀；11—伺服滑阀套；12—差动活塞；13—刻度盘；14—拨叉；15—销；16—斜盘；17—变量机构壳体；18—单向阀；19—滑履；20—柱塞；A—钢球；B—泄油口

各自的油路 b、c 及单向阀，与差动活塞下方的油腔 d 相通，工作时由泵的排出腔向油腔 d 供送压力油。如经拉杆拉动伺服滑阀，使其向上移动某一距离，将油孔 f 开启，差动活塞上方油腔 g 中的油液就会泄入泵体，于是，差动活塞在油腔 d 油压的作用下向上移动，直到油孔 f 重新被滑阀遮蔽时为止。这样利用差动活塞的上移，通过斜盘背面的销轴就会带动斜盘，使其绕自己的耳轴偏转，改变倾角 γ，从而实现流量和流向的改变。如拉动拉杆使滑阀下移某一距离，则孔 e 开启，油腔 d 中的压力油便会进入油腔 g，使 d、g 两腔油压相等，但因差动活塞的上部端面大于下部端面，所以活塞在上述油压差的作用下就会下移，直到孔 e 重新被滑阀遮蔽为止。

当变量机构（如图 9-2 所示）是由轴向柱塞泵自身供给控制油时，因无压力油可供，泵在中位运转时要使差动活塞离开中位，需靠拉杆直接拉动。需要换向的变量泵的控制用油一般都由辅泵供给。

（三）配油盘的结构

配油盘的作用是保证准确、合理地对泵进行配油，防止发生困油现象，同时承受柱塞、缸体对它产生的轴向力，保证与缸体间的动密封和与泵体（进出油道）间的静密封。

图 9-3 示出配油盘的结构。配油盘上的两个弧形配油口分别与泵体上的两个吸、排油腔相通。盘上靠外面的环槽以外部分是辅助支承面，不起密封作用，但可增加缸体和配油盘的接触面积，减轻磨损。

为了避免柱塞在转过吸、排配油口之间的封油区时将两个配油口连通，配油盘上封油区的封油角 α 必须大于油缸配油孔的包角 β。在油缸配油孔越过封油区时，该油缸的容积随缸体转动仍会变化，从而产生困油现象。同时，在油缸配油孔离开封油区时，

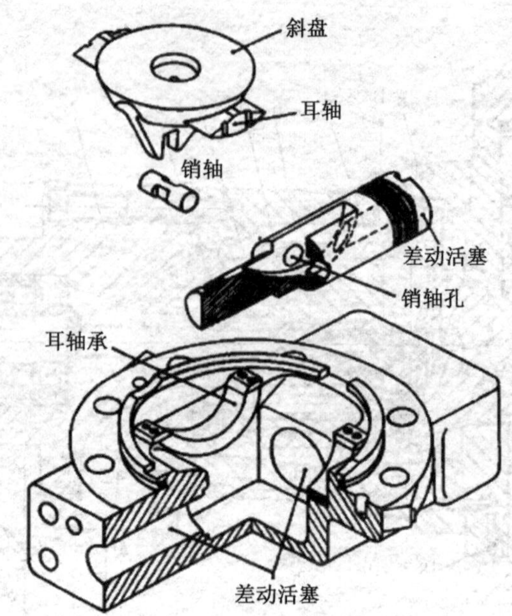

图 9-2　CY14-1 型泵的伺服变量机构

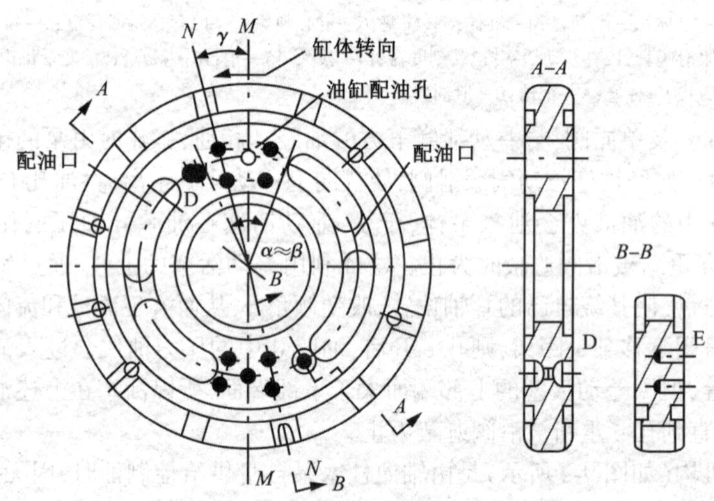

图 9-3　CY14-1 型泵的配油盘

则又会因突然接通排油口或吸油口而造成油压突变，发生液压冲击，产生很大的噪声。为了消除上述弊端，CY14-1 型泵的配油盘采用了非对称负重叠型结构。负重叠型是指在配油盘上钻有阻尼孔 D，该孔与配油盘相应的配油口相距很近，靠漏油与该配油口间接相通。这样，封油角 α 与油缸配油孔的包角 β 之差为 $-1°\sim0°$。由于采用了这种结构，当油缸的配油孔即将与吸(排)油口断开时，就已开始通过阻尼孔 D 间接沟通另一配油口，这样既可消除困油现象，又可使油缸中的油液经阻尼孔逐渐与另一配油口相通，压力变化比较平缓，从而避免了液压冲击，对容积效率的影响也不大。非对称型配油盘是指配油盘的中线 $N–N$ 相对于斜盘中线 $M–M$ 朝缸体旋转方向偏转了一个 γ 角，以保证当缸体配油孔处在对称于斜盘中线 $M–M$ 的中间位置时，刚刚和一个配油窗口脱开，就能和另一个配油窗口的阻尼孔重叠 0°~1°。这样既避免了液压冲击,又能消除困油现象。由于这种泵采用了非对称型配油盘,只能按规定方向单向运转。为了保证配油盘安装位置正确,在它与泵体之间设有定位销(见图 9-3)。

此外,在配油盘的封油区还设有若干个盲孔 E,它们可起到存油润滑的作用,以减轻磨损。

配油盘与缸体间的密封与静压支承:在配油盘的配油窗口及其两侧的环形密封面上,存在着横截面呈梯形分布的油液压力。只要密封面的宽度选择适当,缸体压紧配油盘的油压力就可比撑开力稍大一些(大 6%~10%),实现静压支承,从而既保证密封又减轻磨损。静力平衡元件包括柱塞、滑履、缸体和配油盘。

任务一 液压泵的解体

一、工具选用与准备工作

1.主要使用的工具、量具和材料

主要使用的工具、量具和材料:梅花扳手、插口扳手、螺丝刀、手锤、铜棒、液压拉马、外径千分尺、内径百分表、抹布、做垫片的相应材料及工具、垫片胶、轴封等。

2.准备工作

(1)技术准备:熟悉管系图,查看液压泵说明书,查看相关备件(尤其是根据故障现象判断可能已损坏的零部件)。

(2)现场布置:地面铺好纸垫或牛皮纸等垫料,将工具、量具等摆放整齐。

(3)设备准备:泵转至现场控制,使设备停止运转,切断电源,悬挂“禁止启动”工作牌;关闭液压泵的进、出口阀,如有必要,拆除电机和相关管路;放掉泵壳内的液体;如果轴承部件由液体滑油润滑,应将润滑油放掉;用油性记号笔或钢字码等工具在泵壳上各部件配合处标上号码和接缝记号,以保证装配。

二、液压泵的解体

(1)拆卸联轴器的锁紧螺母,用液压拉马将联轴器拆下,取下固定联轴器的键。

(2)拆除壳体上相关的贯穿压紧螺栓及定位销。

(3)拆卸油泵端盖螺栓,拆卸时,注意拆卸原则、顺序,做好必要的记号。在拆卸最后一个螺栓时,注意端盖的固定,防止其坠落。

(4)轻轻取下端盖,注意防止倾斜盘和钢球的滑落。

(5)取缸体与柱塞之前,在每个柱塞和相对应的小油缸之间做好标记。每组柱塞、小油缸不能互换,每组柱塞和小油缸之间的密封是依靠间隙密封的,密封间隙非常小。

(6)做好标记后,一只手扶住回程盘,另一只手将滑履和柱塞从小油缸中拉出,再取下回程盘,拿出钢球。注意不要受损柱塞的密封面,不要让小钢球掉落。

(7)取出内套、定心弹簧、外套。

(8)将专用螺栓拧到缸体上,将缸体拉出泵壳。

(9)小心地取出配油盘,查看定位销的状况。

(10)拆卸轴封、泵轴及泵轴轴承:

①拆卸轴封压盖及轴封。

②抽出轴承和轴总成。

③拆解轴和轴承。

(11)拆卸缸体轴承。

(12)变量泵伺服变量机构的拆卸:

①取下倾斜盘和销轴。

②先做记号,再拆卸变量机构两边的端盖。

③拆卸拉杆及伺服滑阀。

④拆下斜盘倾角指示器。

⑤从差动油缸的小端将差动活塞推向大端,用铜棒轻轻敲出差动活塞。

⑥拆卸控制活塞小端的两个单向阀。

(13)拆卸完毕。

任务二 液压泵的检修

一、柱塞及油缸密封面的检查

1.柱塞

柱塞是一种承受的径向力分布不均匀、运动速度很快的零件,也是极易磨损的零件。柱塞外表面应同镜面一般光滑、明亮,无刮痕、刮伤、凹槽、腐蚀等现象。磨损后的柱塞会成腰鼓形,且不易修复,一般都予以换新。

2.油缸

油缸内表面同镜面一般光滑、明亮,无刮痕、刮伤、凹槽、腐蚀等现象。

二、柱塞及油缸圆度、圆柱度的测量及配合间隙计算

1.测量部位及方法

将柱塞及油缸的轴向分成三等份,分别用外径及内径千分尺测出它们的不同部位相应的直径尺寸。同时,在某一部位测得读数后,将千分尺在油缸、柱塞的测量处转换180°,再测量一次,将所得数据填入如表 9-1 所示的自制表格中,根据每个柱塞与对应油缸的直径,计算圆度误差、圆柱度误差及配合间隙。

表 9-1 圆度和圆柱度

误差：
单位：mm

	前后（X）	左右（Y）	$\lvert X-Y \rvert /2$	圆度误差
1				
2				
3				
$(X_{max}-X_{min})/2$ 或 $(Y_{max}-Y_{min})/2$				
圆柱度误差				

2.测量数据的分析及处理

一般来说，以磨损最轻和配合间隙最小为最佳，当转速小于 1 500 r/min、排压大于 20 MPa 时，一般取柱塞与油缸的间隙为 0.02～0.03 mm；当转速提高或排出压力降至 10 MPa 以下时，一般取它们的间隙为 0.015～0.035 mm。若实测间隙过大，超过 0.05 mm，就要根据整套柱塞泵的大小和说明书的有关规定进行统一考虑，若不能修复，建议更换备件、重新加工或根据实际情况予以报废处理。

三、缸体密封面的检查

缸体的易磨损部位是其与柱塞配合的缸体内壁和与配油盘接触的内端面。如发现端面磨损痕迹较重，则应在精度较高的平面磨床上进行精磨处理。

四、配油盘的检查

配油盘端面磨损后，可在二级精度的平板上用 M10 氧化铝研磨，然后在煤油或轻柴油中洗净，再抛光。修复后的配油盘与缸体接触的端面粗糙度应达到 0.2，零件表面的平面度误差应在 0.005 mm 以内，两端面的平行度误差不大于 0.01 mm。

五、倾斜盘的检查

与滑履相接触的平面为易磨损面，如有磨损，应在平板上研磨修复。其表面粗糙度不低于 0.2，平面度误差应控制在 0.005 mm 以内。

任务三 液压泵的装复

（1）做好各部件的清洁工作，对需要涂润滑油的部件表面涂抹润滑油。

（2）组装伺服变量机构：

①装供油的两个单向阀。

②装伺服差动活塞。

③装斜盘倾角指示器。

④装滑阀、拉杆及拉杆盖。

⑤按标记,装倾斜盘及销轴。

(3)装复缸体轴承。

(4)装复泵轴、泵轴轴承及轴封:

①将轴承装复到泵轴上,参照轴承的装配。

②将轴承、泵轴组件装复到泵壳上。

③装轴封及轴封压盖,参照轴封的装配。

(5)装配油盘,注意定位销的位置。

(6)装入缸体。

(7)依次装入外套、定心弹簧、内套。

(8)按照标记,将回程盘和柱塞装复到相对应的小油缸中,柱塞装复之前涂抹润滑油。注意钢球的装配位置(如图 9-1 所示)。

(9)装复垫片、密封圈,装复油泵端盖,即伺服变量机构组件,注意螺栓的上紧原则。

(10)装复联轴器及相关油管。

(11)整机装复完毕后,加油盘车,用手盘车有卡阻感,表示装配正确。

项目十

液压马达的拆装与检修

一、安全注意事项

（一）人身安全

(1)穿戴好工作服、安全帽、手套等劳保用品;操作过程中,应注意安全,避免被旋转部件夹手、碰伤;学员必须在教师的指导下操作,严禁擅自操作。

(2)拆装前根据管系图停用相关设备,关闭液压马达前后的截止阀,并注意泄放管内流体,以防外溢伤人。

（二）设备安全

(1)避免对设备部件的磕碰和损坏,防止对地面的污染;分组存放不能互换的零件。

(2)注意保护管路及仪表,不允许猛打乱敲,防止损坏零件和工具。

二、基础知识

（一）液压马达的应用

液压马达是液压系统的执行元件,在船上主要用于液压起货机、锚机和绞缆机中。应用于船舶的液压马达主要有齿轮式液压马达、活塞连杆式液压马达、静力平衡式液压马达、内曲线式液压马达和叶片式液压马达等。

（二）活塞连杆式液压马达的结构

图 10-1 所示为活塞连杆式液压马达,它是一种应用较早的径向柱塞式液压马达,亦称斯达发(Staffa)液压马达。图中,五只油缸按径向均匀分布在圆周上,构成星形壳体 6。各油缸都装有活塞 3。活塞 3 与连轩的小端铰接,而连杆大端以自己的凹形圆柱面紧贴在与输出轴 2 制成一体的偏心轮外缘上,并用一对导环 10 和挡圈 11 压紧,使其不与偏心轮脱离。输出轴的一端通过十字形滑块联轴器 13 与配油轴 12 相连。在配油轴的内部钻有两组油路,其中,油路 c、d 在截面 $A-A$ 处可经配油轴外周的环道始终与配油壳上的 A1 孔相通,而通道 e、f 在截面 $B-B$ 处始终与 B1 孔相通。此外,这两组油路在截面 $C-C$ 处还分别与互相隔开的 A2 和 B2 腔相连。因此,随着配油轴的转动,两油腔 A2 和 B2 即可通过壳体上的通道,与各油缸轮流相通,实现了液压马达的连续运转。

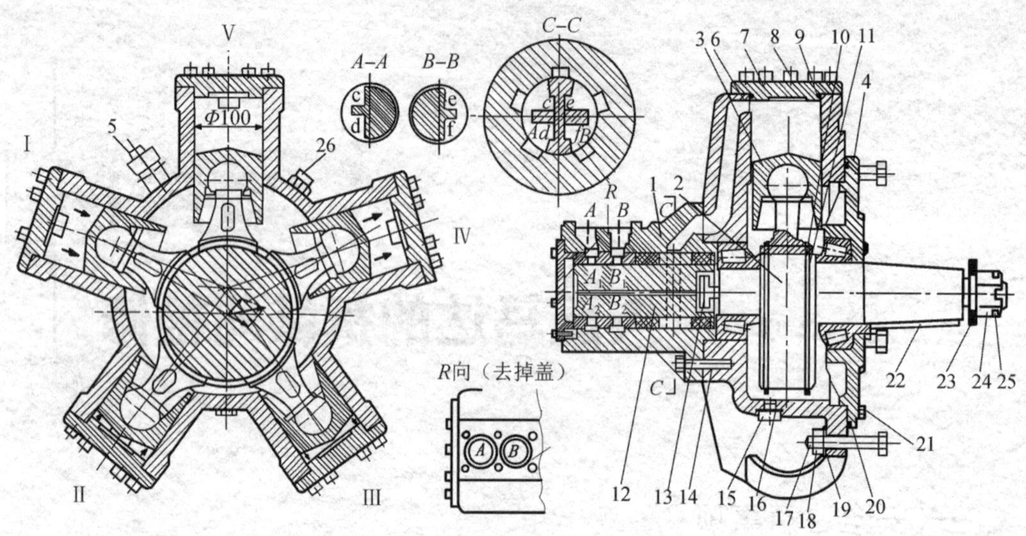

图 10-1 活塞连杆式液压马达

1—配油壳;2—输出轴;3—活塞;4—端盖;5—安全阀;6—星形壳体;7—缸盖;8、14、17、21—螺栓;9—密封圈;10—导环;11—挡圈;12—配油轴;13—十字形滑块联轴器;15—丝堵;16、19、23—垫圈;18、24—螺母;20—密封圈;22—键;25—开口销;26—泄油管

任务一 液压马达的解体

一、工具选用与准备工作

1.主要使用的工具和材料

主要使用的工具和材料有:梅花扳手、插口扳手、螺丝刀、手锤、铜棒、气动刷子、抹布、做法兰垫片的相应材料及工具、垫片胶等,此外,还有用于清洗的柴油、系统油及油桶,用于摆放部件的干净丝绸布。拆卸马达时,不允许戴手套,以免污染液压油,注意自身及设备的安全。

2.准备工作

(1)技术准备:熟悉管系图,查看相关管路备件,尤其是O形密封圈。

(2)现场布置:地面铺好纸垫或牛皮纸等垫料,将工具、量具等摆放整齐。

(3)设备准备:设备转至现场控制,使设备停止运转,切断电源,悬挂“禁止启动”工作牌;关闭液压马达前、后截止阀,卸下泄油口螺塞,泄放马达壳体内的油液;用油性记号笔或钢字码等工具在壳体上各部件配合处标上号码和接缝记号,以保证装配。

二、液压马达的拆卸

以活塞连杆式液压马达为例,解体步骤如下:

(1)拆下液压马达的进、排油接管。

(2)脱开输出轴与滚筒(或其他装置)的连接。

(3)拆下其他接管,如泄油管 26 等。

(4)拆下配油壳 1。

(5)取出十字形滑块联轴器 13。

(6)拆下配油轴端盖并取出配油轴 12。

(7)输出轴朝上置于垫木上,拆下输出轴侧端盖 4 和缸盖 7。

(8)取出偏心轮上侧挡圈 11 和导环 10。

(9)抽出偏心输出轴 2。

(10)取出各缸活塞 3 及连杆,取出偏心轮下侧挡圈 11 和导环 10。

任务二 液压马达的检修

(1)液压马达解体后,先对各个部件进行清洁、分类,对于已坏损部件要进行专门修理或换新。

(2)活塞与缸体的检修及测量。

(3)配有轴与配油壳的检修与测量。

(4)连杆大端与小端的检修与测量。

(5)偏心轮与轴瓦的检修与测量等。

具体测量方法见项目六。

任务三 液压马达的装复

在安装前应对拆除的部件进行系统油清洗,将压缩空气吹净,安装时涂上系统油,按照“后拆卸的先安装”的顺序进行安装。安装时注意记号,“对号入座”,完毕后,不得有剩余的部件,且要进行盘车检查。步骤如下:

(1)将活塞 3 及连杆装于各油缸,注意做标记。

(2)将偏心轮下侧挡圈 11 和导环 10 安好。

(3)调好位置装入偏心输出轴 2。

(4)安好偏心轮上侧挡圈 11 和导环 10。

(5)装好端盖 4 和缸盖 7。

(6)装好十字形滑块联轴器 13、配油轴 12、端盖 4 及配油壳 1。

(7)装好输出轴滚筒(或其他装置)。

(8)接好各油管。

(9)盘车检查安装情况是否正常。

项目十一

液压阀的拆装与检修

一、安全注意事项

(一)人身安全

(1)穿戴好工作服、安全帽、手套、防护眼镜、防护鞋等劳保用品;操作过程中,应注意安全,避免被旋转部件夹手、碰伤;学员必须在教师的指导下操作,严禁擅自操作。

(2)管内可能存在高压液压油,拆装前根据管系图停用相关设备,关闭待拆部位前后的截止阀,并注意泄放管内流体,以防外溢伤人。

(二)设备安全

(1)避免对设备部件的磕碰和损坏,防止对地面的污染;分组存放不能互换的零件。

(2)注意保护管路及仪表,不允许猛打乱敲,防止损坏零件和工具。

(3)学员必须仔细阅读安全操作规则、训练指导书,明确其结构原理、操作方法及工艺要求等,明确拆装目的,制定拆装方案。学员必须在指导教师的指导、监督下拆装液压阀,并严格按照指导书的拆装程序进行,严禁私自拆装各阀。

二、基础知识

(一)方向控制阀

(1)单向阀——只允许油液单向流动,普通单向阀的开启压力为0.035~0.05 MPa,弹簧一般都做得较软,单向阀有时作为背压阀用,还可与细过滤器等附件并联,起到旁通保护作用。

(2)液控单向阀——液控单向阀除能允许油单向流过外,还能在控制油压的作用下允许油反向流过。

(3)液压锁——布置在同一阀体中的双联液控单向阀,在A口或B口有压力油进入时,不仅能将该侧单向阀芯顶开,让油通过,而且可借控制活塞先使另一侧的卸荷阀芯开启,然后使单向阀芯开启,允许回油流过。当A口、B口皆无压力油进入时,两侧单向阀芯在弹簧的作用下皆关闭,可使油路锁闭。

(4)换向阀——利用阀芯相对于阀体的位移来改变阀中的油路沟通情况,以变换油液的流动方向。换向阀根据操纵阀芯动作方式的不同,可分为手动式、机动式、电磁式、液动式和电液式;根据阀芯工作位置的数目,可分为两位、三位;根据控制油路的多少,可分为二通、三通、四通和五通;等等。

(5)梭阀——实际是一种液控二位三通阀,它有两个压力油入口和一个出口。压力油只能由任一入口进入,推动阀芯关闭另一侧入口,使进油单独与出口沟通。

(二)压力控制阀

(1)溢流阀　　在系统油压超过调定值时泄放油液。它在系统中的功用主要有两个:一个是在系统正常工作时常闭,仅在油压超过调定值时开启,作为安全阀使用;另一个是在系统正常工作时常开,靠自动调节开度改变溢流量,以保持阀前油压基本稳定,即作为定压阀使用。溢流阀根据动作原理可分为直动型和先导型。

(2)电磁溢流阀——由先导型溢流阀和电磁换向阀组合而成,其电磁换向阀可以是二位二通、二位四通或三位四通。用电信号控制其中电磁换向阀,可使溢流阀主阀芯上腔油压通油箱或其他远控调压阀,即可迅速使溢流阀卸荷或改变其调定压力。

(3)卸荷溢流阀——由增加了控制活塞的先导溢流阀和单向阀组合而成,用于高、低压泵并联供油系统。卸荷溢流阀也可用于向蓄能器系统供油。

(4)减压阀——使流经阀的油液节流降压,并保持阀后压力基本稳定。定值减压阀使用得最普遍,故通常将其简称为减压阀。定值减压阀也有直动型和先导型之分,后者性能较好,最为常用。

(5)顺序阀——一种用油压信号控制油路接通或隔断的阀,常用来以油压信号自动控制执行元件的动作顺序,顺序阀有直动型(内部压力控制)和先导型(外部压力控制)。如使外控顺序阀的出口直通油箱,该阀就成为可用外加油压信号使系统卸荷的卸荷阀,这时泄油通过阀内通道引至出口(内泄)。

(三)流量控制阀

(1)节流阀——靠移动或转动阀芯的方法直接改变阀口的通流面积,从而改变流量的阀。节流阀装在定压液压源后面的油路中或定量液压源的分支油路上,便可以起到调节流量的作用。

(2)调速阀——由定差减压阀和节流阀串联而成。当负载变化时,定差减压阀的阀芯开度依节流阀前、后压差变动而自动地进行调节,使压差基本保持恒定,通过节流阀的流量也就可大体保持稳定。

(3)溢流节流阀——由定差溢流阀和节流阀并联而成,亦称旁通型调速阀。当负载变化时,定差溢流阀的阀芯开度依节流阀前、后压差变动而自动地进行调节,使压差基本保持恒定,通过节流阀的流量也就可大体保持稳定。

任务一 液压阀的解体

一、工具选用与准备工作

(一)主要使用的工具和材料

主要使用的工具和材料有:梅花扳手、插口扳手、螺丝刀、手锤、铜棒、气动刷子、抹布、做法兰垫片的相应材料及工具、垫片胶等,此外,还有用于清洗的柴油、系统油及油桶,用于摆放部件的干净丝绸布。拆装液压阀时,不允许戴手套,需注意自身及设备的安全。

(二)准备工作

(1)技术准备:熟悉管系图,查看相关管路备件,尤其是O形密封圈。先导式溢流阀结构如图11-1所示。

(2)现场布置:地面铺好纸垫或牛皮纸等垫料,将工具、量具等摆放整齐。

(3)设备准备:设备转至现场控制,使设备停止运转,切断电源,悬挂“禁止启动”工作牌;关闭液压阀前、后截止阀,卸下泄油口螺塞,泄放管路及阀体内的油液;用油性记号笔或钢字码等工具在壳体上各部件配合处标上号码和接缝记号,以保证装配。

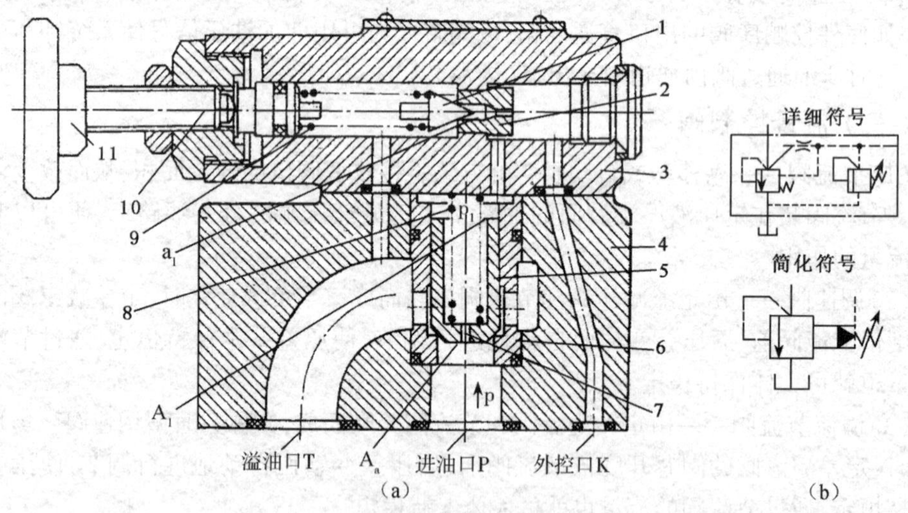

图 11-1 先导式溢流阀结构图

1—导阀;2—导阀座;3—阀盖;4—阀体;5—主阀芯;6—阀套;7—阻尼孔;8—主阀弹簧;9—调压弹簧;10—调压螺钉;11—调压手轮

二、阀的拆卸(先导式溢流阀装配图如图11-2所示)

(1)先将元件外表清洗干净,检查元件外表是否受到损坏。

(2)检查元件上的调节螺钉、手轮、锁紧螺母等是否完整无损。板式连接阀的底面应平整,其沟槽不应有飞边、毛刺、棱角,不许有磕碰凹痕。

(3)在拆开时,须将阀固定在工作台上。

(4)拆下导阀的固定螺丝,将导阀整体拆下。

(5)解体导阀相关元件。

(6)解体主阀相关元件。

(7)拆开后,仔细检查各零件的质量,对不符合使用要求的零件予以修复或更换,对不符合要求的密封件予以更换。(注:液压阀件部分孔道较小,勿用手指伸入,不易拔出。)

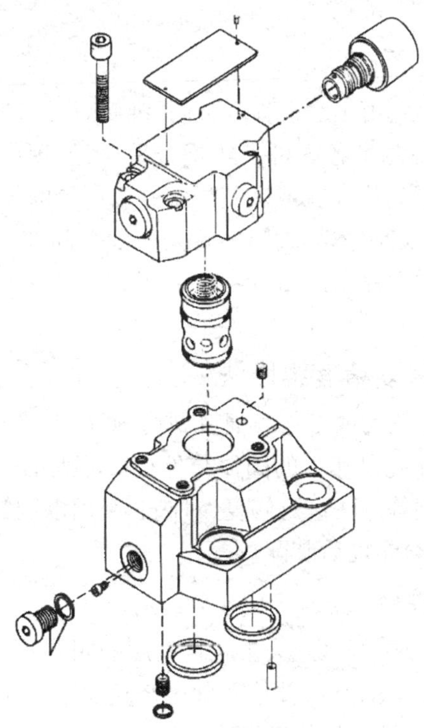

图 11-2 先导式溢流阀装配图

任务二 液压阀的检修

一、液压阀的清洗

(一)检查清理

检查清理是指对阀体及阀芯等零件进行检查,观察其污垢沉积情况,在对工作表面不造成损伤的基础上,利用毛刷、棉纱及非金属刮板将集中污垢清除。

(二)粗洗

粗洗是指将阀芯与阀体放置在清洗箱托盘上,并对其进行加热浸泡,在清洗槽底部通入压缩空气,利用气泡产生的搅拌作用将残存污物清洗掉。在条件允许的情况下可进行超声波清洗。

（三）精洗

精洗是指先以清洗液进行高压定位清洗，然后用热风干燥。在有条件的情况下，可选择专用清洗剂，在一些特殊场合也可以使用有机清洗剂（比如汽油及柴油等）进行精洗。

二、液压阀的维修

（一）选配修理法

液压阀使用一段时间后，由于磨损程度不同，维修时可将换下来的同一类型的多个液压阀全部拆卸清洗，检查测量各零件。经检查后，若发现阀体及阀芯均出现磨损情况，但是工作表面并无严重划伤存在或者其局部并未严重磨损，这时可选择间隙适当的阀体及阀芯重新进行装配；若阀体与阀门两者之间配合间隙与产品图纸中所规定间隙相比较而言有所增大，且增大程度在 20%～25%，此时应当采取一定的方法使阀芯尺寸增大，之后进行研配修复。

（二）修理尺寸与恢复精度维修法

如果阀芯、阀体磨损不均匀或工作表面有划伤，通过上述方法已经不能恢复液压阀的功能，则需对阀芯、阀体（孔尺寸小的阀体与外径尺寸大的阀芯）采取以下措施：对阀体孔采用铰削、磨削或研磨等方法进行修复，对阀芯采用电刷镀、磨削等方法进行修复，达到合理的形状精度和配合精度后装配。

（三）加工更换零件修复法

加工更换零件修复法是拆卸已经失去配合精度的阀芯，测量并画出零件图，检查阀体导向孔或阀座的磨损或损坏程度，并依此确定修复加工尺寸，然后依据此尺寸加工新的阀芯的方法。这种维修方法的维修精度高，可完全恢复原有的精度，适用面广。

三、先导式溢流阀的故障排除

（一）系统压力波动引起压力波动的主要原因

调节压力的螺钉由于振动而使锁紧螺母松动造成压力波动；液压油不清洁，有微小灰尘，使主阀芯滑动不灵活，在产生不规则的压力变化，有时还会将阀卡住；主阀芯滑动不畅造成阻尼孔时堵时通；主阀芯圆锥面与阀座的锥面接触不好，没有经过良好磨合；主阀芯的阻尼孔太大，没有起到阻尼作用；先导阀调整弹簧弯曲造成阀芯与锥阀座接触不好，磨损不均。

解决方法：定时清理油箱、管路，对进入油箱、管路系统的液压油进行过滤；如管路中已有过滤器，则应增加二次过滤元件或更换二次过滤元件的过滤精度；对阀类元件拆卸清洗，更换清洁的液压油；修配或更换不合格的零件；适当缩小阻尼孔径。

（二）系统压力完全加不上去的原因

(1)主阀芯阻尼孔被堵死，如装配前未将主阀芯清洗干净，油液过脏或装配时带入杂物;在装配时,装配精度差、阀间间隙调整不好、主阀芯在开启位置时卡住、装配质量差;主阀芯复位弹簧折断或弯曲,使主阀芯不能复位。

解决方法:拆开主阀清洗阻尼孔并重新装配;过滤或更换油液;拧紧阀盖紧固螺栓,更换折断的弹簧。

(2)导阀故障:调整弹簧折断或未装入;锥阀或钢球未装入;锥阀碎裂。

解决方法:更换破损件或补装零件,使先导阀恢复正常工作。

(3)远控口电磁阀未通电(常开型)或滑阀卡死。

解决方法:检查电源线路,查看电源是否接通,如果电源正常,则说明可能是滑阀卡死,应检修或更换失效零件。

(4)液压泵故障:液压泵连接键脱落或滚动;滑动表面间间隙过大;叶片泵的叶片在转子槽内卡死;叶片和转子方向装反;叶片中的弹簧受高频周期负载作用而疲劳变形或折断。

解决方法:更换或重新调整连接键,并修配键槽;修配滑动表面间间隙;拆卸清洗叶片泵;纠正错装方向;更换折断弹簧。

(5)进、出油口装反。

解决方法:调正。

(三)系统压力升不高的原因

(1)主阀芯锥面磨损或不圆,阀座锥面磨损或不圆;锥面处有脏物粘住;锥面与阀座由于机械加工误差导致的不同心;主阀芯与阀座配合不好,主阀芯有别劲或损坏,使阀芯与阀座配合不严密;主阀压盖处有泄漏,如密封垫损坏、装配不良、压盖螺钉有松动;等等。

解决方法:更换或修配溢流阀体或主阀芯及阀座;清洗溢流阀使之配合良好或更换不合格元件;拆卸主阀,调整阀芯,更换破损密封垫,消除泄漏,使密封良好。

(2)先导阀调整弹簧弯曲或太短、太软,致使锥阀与阀座结合处封闭性差,如锥阀与阀座磨损,锥阀接触面不圆、太宽、容易进入脏物,或被胶质粘住。

解决方法:更换不合格件或检修先导阀,使之达到使用要求。

(3)远控口电磁处于常闭位置时内漏严重;阀口处阀体与滑阀严重磨损;滑阀换向未达到正确位置,造成油封长度不足;远控口管路有泄漏。

解决方法:检修更换失效件,使之达到要求,检查管路,消除泄漏。

(四)压力突然升高的原因

(1)主阀芯零件工作不灵敏,在关闭状态时突然被卡死;加工的液压元件精度低、装配质量差、油液过脏。

(2)先导阀阀芯与阀座结合面粘住脱不开,造成系统不能实现正常卸荷;调整弹簧弯曲别劲;等等。

解决方法:清洗主阀阀体,修配或更换失效零件。

(五)压力突然下降的原因

(1)主阀芯阻尼孔突然被堵;主阀盖处密封垫突然破损;主阀芯工作不灵敏,在开启状态突然卡死,如零件加工精度低、装配质量差、油液过脏等。

(2)先导阀芯突然破裂;调整弹簧突然折断。

(3)远控油口的电磁阀突然断电使溢流阀卸荷;远控口管接头突然脱口或管子突然破裂。

解决方法:清洗液压阀类元件,如果是阀类元件被堵,则应过滤油液;更换破损元件,检修失效零件;检查消除电气故障。

任务三 液压阀的装复

(1)装配前,应将各零件清洗干净。

(2)清洗时,不准用棉丝等类的松散纤维。

(3)装配时各零件表面应涂一层液压油,各配合件应无卡紧现象,应运动自如。

(4)紧固螺栓拧紧力矩要均匀,并符合元件厂的规定,切忌用锤子敲打或硬扳。

(5)将导阀相关元件按照拆卸的反顺序组装。

(6)将主阀相关元件按照拆卸的反顺序组装。

(7)将主阀和导阀组装在一起。

(8)对组装好的阀进行检查与实验。

第二部分

船舶辅机操作与管理

项目十二

管路系统的操作与管理

一、安全注意事项

(一)人身安全

(1)穿戴好工作服、安全帽、手套等劳保用品;操作过程中,应注意安全,避免被旋转部件夹手、碰伤;学员必须在实训教师的指导下操作,严禁擅自操作。

(2)注意设备周围的环境,避免身体磕碰、摔倒,注意用电安全。

(二)设备安全

(1)启动前充分做好准备工作:清除旋转部件周围的异物;保证各泵良好的润滑,避免干摩擦;设备地脚螺栓和紧固螺栓紧固良好;防止对地面的污染。

(2)勿踩踏设备及相关管路,勿碰触、扯拽接线、电磁阀、继电器等电路。

(3)注意压载水装置紫外线单元的正确启停。

二、基础知识

(一)船舶管系的分类

船舶管路系统是指专门用来输送流体(液体或气体),完成一定任务的管路(管子及其附件的总称)、设备,以及检查、测控仪表的总称,简称管系。船舶管系按其功用不同可分为:

(1)为主推进装置、副机和锅炉等动力机械服务的管系,称为动力系统,包括燃油系统、滑油系统、冷却系统、压缩空气系统、排气系统等。

(2)为保证船舶航行安全,保障船员和旅客正常生活、工作和防污服务的管系,称为船舶系统,亦称通用系统,包括舱底水系统、压载水系统、消防系统、通风系统、供水系统、制冷与空调系统等。

(3)在专用船舶(如原油运输船、化学品运输船、液化气体运输船等)上,除上述两种系统外,还设置一些专用系统,常见的有液货装卸系统、洗舱系统、惰性气体保护系统以及液货加热系统等。

（二）管路布置

1.布置原则

(1)船舶管路应能保证其工作的可靠性,在营运期间能方便地操作和维修。

(2)管路应布置成直线,尽可能减少弯头,如需弯曲,曲率半径则应大些。在满足需要的情况下,配件的数量应尽量减少,布置的位置应便于检修。

(3)管路应加以固定,以避免因温度变化或船体变形而损坏。一般要求每隔 2~4 m 有一个支承架,防止管子移动或下垂。但这些支承架应不妨碍管路受热引起的膨胀。

(4)承受胀缩或其他应力的管子,应采取管子弯曲或膨胀接头等补偿措施。

(5)重要管路中的阀都应装上开关标志。

(6)根据管路所输送的工质及工作条件(温度、压力)而选用相应的接头垫片。

(7)在安装和修理管路及附件时,应做好管系内部的清洁工作。

2.管系布置的要求

(1)淡水管不得通过油舱,油管也不得通过淡水舱,如不可避免,则应在油密隧道或套管内通过。其他管子通过燃油舱时管壁应加厚,且不得有可拆接头。

(2)钢管应有防止锈蚀的保护措施,并在加工后施以保护涂层。

(3)应避免燃油舱柜的空气管、溢流管和测量管通过居住舱室,如有困难,则通过该类舱室的管子不得有可拆接头。

(4)油管及油柜应避免设在锅炉、烟道、蒸汽管、排气管及消音器的上方,如有困难,则应采取有效措施以防止油类洒落在上述管路或设备的热表面上。

(5)所有蒸汽管和温度较高的管路应包扎绝热材料,绝热层表面温度一般不应超过 60 ℃。可拆接头及阀件处的绝热材料应便于拆换。

（三）管路识别

为了便于管理人员识别各种管路所输送的工质和流向,防止误操作,在管子上涂有不同的颜色。一般情况下,燃油管路用棕色表示;滑油管路用黄色表示;海水管路用绿色表示;淡水管路用灰色表示;舱底水管路用黑色表示;压缩空气管路用浅蓝色表示;蒸汽管路用银色表示;消防管路用大红色表示;透气、测量和溢流管路则依其介质而定。但有的国家用于表示淡水管路、压缩空气管路的颜色与我国不同,故应以船上的标志说明为准。管路上还有用标志颜色表示的介质流向的箭头符号。

任务一 管路系统图的识读

一、基本符号

管路系统基本符号如表 12-1 所示。

表 12-1 管路系统基本符号

序号	名称	符号	序号	名称	符号
1	管子		7	弯头	
2	带流向指示的管子		8	三通	
3	阀件		9	四通	
4	器具(舱柜)		10	不相连交叉管	
5	指示和测量仪表		11	泵	
6	遥测指示和测量仪表		12	节流孔板	

二、舱底水系统识图

舱底水系统布置原理如图 12-1 所示。

(1)位于机舱前后的货舱和管隧及各隔离空舱的污水,都应各自从舱底水吸入口 1 经吸入支管分组汇集于各舱底水集合阀箱 2,然后经舱底水总管 3,通至舱底水泵 4 的吸入口。在通至各干货舱的管路上至少应设置两个截止止回阀。

(2)机舱是整个船舶的要害地区,且经常积水较多,所以应设有两个以上的机舱舱底水吸入口 5,并且至少要有一根吸入支管与舱底水泵直接相连,其余则经舱底水总管通至舱底水泵。

(3)舱底水泵应具有自吸能力。由于含油污水要经过油水分离器处理,为增强分离效果,通常在机舱中设一台排量较小的往复泵或单螺杆泵,作为日常抽除机舱污水之用。

(4)舱底水很脏,为防止舱底污物堵住吸入口,机器处所和轴隧内的每根舱底水吸入支管及直通舱底泵吸管(应急吸管除外)均应设置泥箱 6,以过滤舱底水。该泥箱应易于接近,并自污泥箱引一直管至污水井或污水沟,直管下端或应急舱底水吸入口不得设滤网箱。

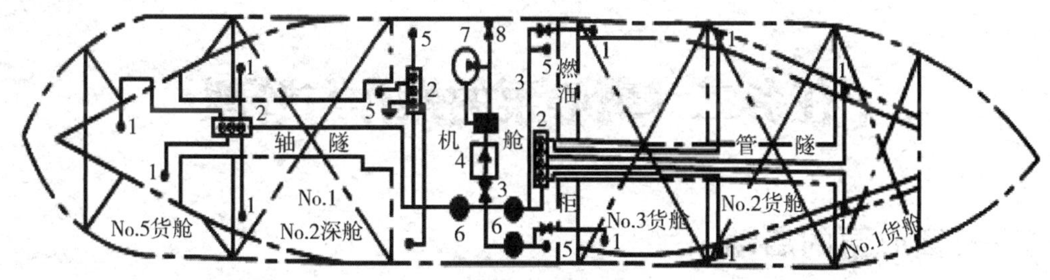

图 12-1 舱底水系统布置原理图

1、5—舱底水吸入口;2—舱底水集合阀箱;3—舱底水总管;4—舱底水泵;6—泥箱;7—油水分离器;8—舷外排出口

三、压载水系统识图

某船压载水系统布置如图 12-2 所示。该系统管路采用支管式布置。全船压载水舱

有首尖舱、尾尖舱、No.1～No.6 双层底舱、No.1～No.6 上部边舱,在机舱中设有两台大排量压载泵,并与通用泵相接,以作应急之用。有的船上压载水泵与消防泵互为备用。

1.压载水的注入

压载水泵自海水总管吸水,经阀箱、各舱支管进入各压载水舱,如海水自流注入各双层底舱。

2.压载水的排出

双层底舱的压载水可通过压载水泵、控制阀箱将各舱支管吸入的压载水排至两舷集水井,再排至舷外;上部边舱的压载水可通过自流或通过压载水泵排出。

3.压载水的调驳

为了达到船舶横向的平衡,可利用船上专门设置的平衡压载舱,或通过调驳阀箱进行各舱压载水的调驳。

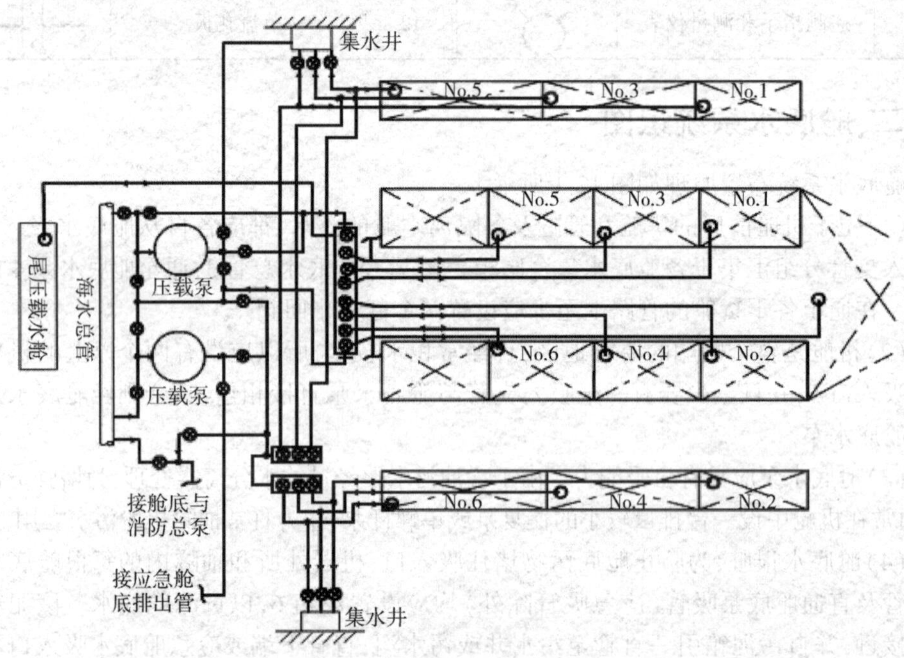

图 12-2　某船压载水系统布置示意图

任务二　离心泵的操作与管理

一、离心泵的启动

(一)启动前的准备

1.水管管系上阀的开关准备

打开离心泵进口管系的所有水阀,保持进口畅通;关闭离心泵出口截止阀;打开相关的引水阀(如果有)进行引水。

2.检查外表、仪表及自动化元件

确保系统无泄漏(漏水、漏油等);离心泵的各地脚螺栓、紧固螺栓等处于良好的紧固状态;检查联轴器的状态,确保连接对中良好;检查机器周围有无异常现象;检查轴承润滑,如果是油脂润滑,则保证油脂油适量,如果是液态滑油润滑,则保证油位在1/2~2/3处;检查盘根的密封情况;盘车,检查泵的转动情况,确保离心泵运转灵活;打开轴承及盘根的冷却水;检查各自动化元件、仪表的状态,损坏的要及时更换。

3.控制箱的准备

将控制面板上的控制旋钮置于关闭或手动位置;打开控制箱,检查内部电路是否正常,若无异常,则主电源合闸供电;消除报警及电路复位;检查电压是否正常,若无异常,则可开始操作。

(二)启动

(1)离心泵启动时必须是轻载启动,减少启动负荷对电网的冲击。

(2)如果有引水装置,先建立足够的真空度,再启动。如果海水泵的吸口比海平面低,也可以使用舷外海水引水。

(3)点动启动,查看运转情况,确保无卡阻、无异常噪声、转向正确(如不正确,立即改正)等。若正常,启动运行,关闭相关的引水阀。

(4)在水泵平稳运转后(电流表指示值稳定),打开水泵的出口阀,水泵开始正常运转。

(三)启动后的检查

(1)检查各运转参数,确保泵的吸口压力(吸口压力表的指针无剧烈波动)、泵的排出压力符合使用要求,运转电流正常等。

(2)确保系统无泄漏(漏水、漏油等)。

(3)确保离心泵的各地脚螺栓、紧固螺栓等处于良好的紧固状态。

(4)检查轴承,确保润滑良好、温度正常。

(5)检查盘根的密封情况。盘根轴封的密封达到标准(6~10滴/分钟)。

(6)查看、倾听设备,确保运转平稳、无异常噪声。

二、离心泵的停用

1.停用

(1)离心泵停用时必须停止卸载,减少停用时对电网的冲击。

(2)慢慢关闭出口阀门。避免停泵后出口管中的高压液体倒流入离心泵泵体内,使叶轮高速反转而造成事故,同时使离心泵卸载。

(3)按停泵按钮,切断电源。

(4)关闭泵的相关水阀。

(5)冬季停泵后,要从泵壳和管线中放掉存水及其他易冻结液体,或通入少量冷却水进行流通,防止冻裂泵壳。同时涂油脂,做好防腐工作。

2.停用后的检查

(1)确保系统无泄漏(漏水、漏油等)。

(2)离心泵的各地脚螺栓、紧固螺栓等处于良好的紧固状态。

(3)检查联轴器的状态,确保连接对中良好。

(4)检查轴承润滑。如果是油脂润滑,则保证油脂油适量;如果是液态滑油润滑,则保证油位在1/2~2/3处。

(5)检查盘根的密封情况。

(6)检查各自动化元件、仪表的状态,损坏的要及时更换。

(7)清洁、整理设备,确保设备处于良好的备用状态。

三、离心泵的管理

(1)注意不要使泵在出口阀关闭的状态下长时间(一般不超过3 min)运转,否则泵中液体循环温度升高。

(2)离心泵的流量用出口阀控制。切记,不能利用调节吸口阀的开度大小来调节流量,以防汽蚀。

(3)离心泵正常运转时,要不断检查泵出口压力、流量、电流等,不允许超过规定指标。

(4)轴承温度不应高于65 ℃,电机温度不应高于70 ℃。

(5)定期检查轴承及盘根的冷却水畅通情况。

(6)经常检查轴承的润滑情况,定期更换润滑油和润滑脂。如果是油脂润滑,则保证油脂油适量;如果是液态滑油润滑,则保证油位在1/2~2/3处。

(7)检查泵运转中有无杂音、振动及泄漏等异常现象。如果有异常,应查明原因,及时消除。

(8)检查轴封的密封情况。如泄漏严重或盘根老化,则及时更换盘根。

(9)定期检查离心泵各地脚螺栓、紧固螺栓的紧固状态,使其处于良好的紧固状态。

(10)要确保连接器的对中,定期进行检查、调整。

(11)离心泵长期停泵后,要把泵壳和管线中的存水放掉,进行防冻、防腐处理。

任务三 压载水系统的操作与管理

一、BOS压载水系统

压载水系统的功用是将压载水注入或排出压载水舱,以调整船舶的吃水和船体纵、横向的平稳,维持安全的稳心高度,减小船体变形,以免引起过大的弯曲力矩与剪切力,降低船体振动和改善空舱适航性等。

中远海盾COSCO Blue Ocean Shield(简称BOS)压载水管理系统组成如图12-3所示,采用物理过滤方式去除水体中直径在50 μm及以上的生物体,并通过紫外线照射杀灭水体中直径小于50 μm的生物体。在船舶注入压载水、卸载压载水和扫舱时,系统采用不同的工作方式,如压载模式、排载模式和扫舱模式。在压载模式下,过滤器和紫外反应器协调工作;在排载模式和扫舱模式下,只有紫外反应器参与排载水和扫舱水的处理。

BOS 系统由全自动反冲洗过滤单元(包含反冲洗气瓶)、紫外灭活系统(包含紫外电源柜)和集成控制系统三个部分构成:

(1)全自动反冲洗过滤单元包括过滤器、辅助气瓶,过滤器的功能是去除压载水中直径在 50 μm 以上的颗粒和浮游生物。过滤器去除大型浮游生物的同时,可以提升待处理压载水的透光率,提高后续紫外灭活的效率。利用压缩空气,全自动反冲洗过滤单元可以在 5~10 s 自动完成过滤器的再生,确保水处理的连续性。

(2)紫外灭活系统包括一个或多个并联的紫外反应器,以及与其配套的紫外电源柜,紫外灭活单元的功能是杀灭待处理压载水中的浮游生物和微生物,在完成生物灭活的同时,紫外线对水体的化学成分没有显著影响,是一种安全、高效、环保的水处理方法。

(3)集成控制系统包括一个系统控制箱、一系列传感器和执行器件集成控制系统(其职能包括人机界面职能、全自动的系统工作过程控制职能、手动控制职能、设备的故障记录和报警职能、设备运行状况记录职能)。在集成控制系统内,过滤器和紫外灭活系统以及 BOS 系统内的阀门实现了协调动作。

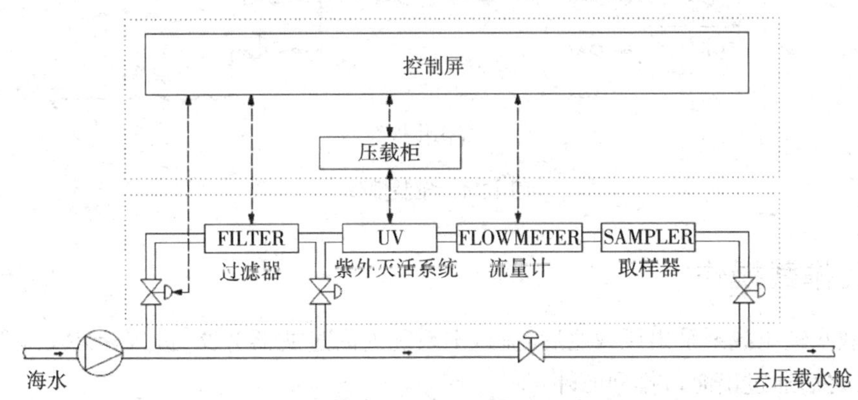

图 12-3 压载水管理系统组成图

二、压载操作

压载水从海底门由压载泵吸入后,流过过滤器和紫外反应器后,注入压载舱。

(1)确保压载水管理系统电源开启。

(2)初始状态时开启各阀门,包括打开海底门阀、泵前阀门、泵后阀门、排海阀,打开过滤器前、后截止阀,关闭过滤器的旁通阀(如图 12-4 所示的初始状态中粗线管路中的各阀)。

(3)启动压载水管理系统,压载泵的启动见任务二离心泵的操作与管理。

(4)当紫外灯管全部点亮且流量稳定后(约 5 min),打开压载阀,关闭排海阀,阀门切换为如图 12-4 所示的正常工作状态中粗线管路中的各阀。

(5)压载操作完成后,停止压载水管理系统,并关闭相关阀门。

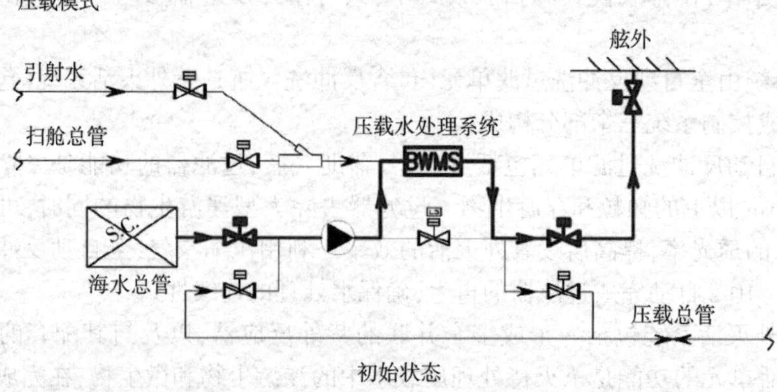

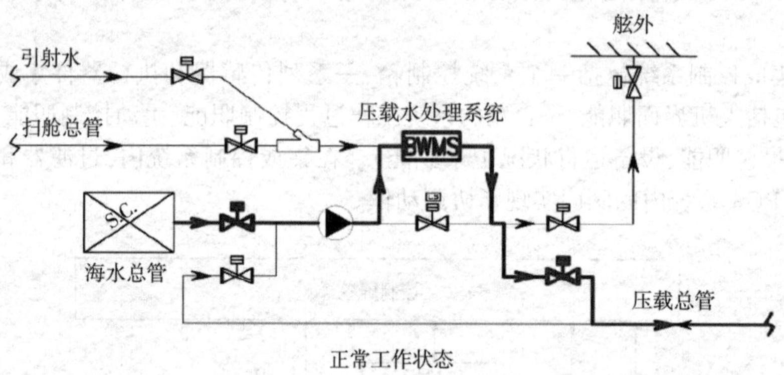

图 12-4　压载操作

三、排载操作

压载水经压载泵泵出压载舱后，流过本系统内的过滤器旁路，进入紫外反应器做灭活处理，之后通过出海口排到舷外。

(1)确保压载水管理系统电源开启。

(2)初始状态时开启各阀门，包括打开排载阀、泵前阀门、泵后阀门、压载阀，关闭过滤器前、后截止阀，打开过滤器的旁通阀(如图 12-5 所示的初始状态中粗线管路中的各阀)。

(3)启动压载水管理系统，压载泵的启动见任务二离心泵的操作与管理。

(4)在紫外灯管全部点亮且流量稳定后(约 5 min)，打开排海阀，关闭压载阀，阀门切换为如图 12-5 所示的正常工作状态中粗线管路中的各阀。

(5)压载操作完成后，停止压载水管理系统，并关闭相关阀门。

四、扫舱流程

原海水经粗过滤器过滤后与扫舱水经喷射泵混合，进入紫外反应器，经处理后排海，对应扫舱水处理模式下，紫外反应器经变频调节以匹配扫舱泵流量，达到节能的目的。

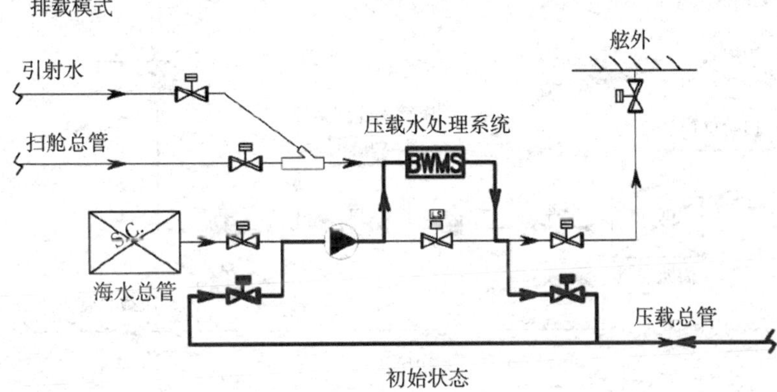

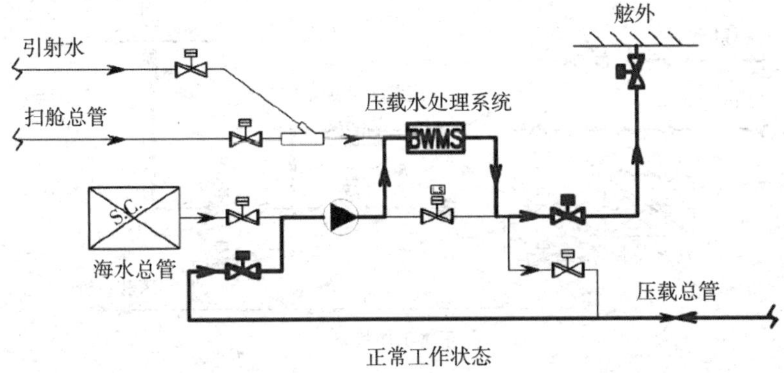

图 12-5 排载操作

(1)确保压载水管理系统电源开启。

(2)初始状态时开启各阀门,关闭过滤器前后截止阀,打开过滤器的旁通阀(如图12-6所示的初始状态中粗线管路中的各阀)。

(3)启动压载水管理系统,压载泵的启动见任务二离心泵的操作与管理。

(4)在紫外灯管全部点亮且流量稳定后(约5 min),阀门切换为如图12-6所示的正常工作状态中粗线管路中的各阀。

(5)压载操作完成后,停止压载水管理系统,并关闭相关阀门。

五、旁通模式

当压载水管理系统不能正常工作而需压载或排载时,或者船舶在紧急情况下,可以打开压载水管理系统旁通阀,启动海盾旁通模式,不经过压载水管理系统实现船舶的压排载,按照公约要求,船员需记录旁通事件。

六、应急情况系统操作

当系统出现紧急故障,造成系统停机时,系统旁通阀自动打开,同时系统的进、出口阀门自动关闭。

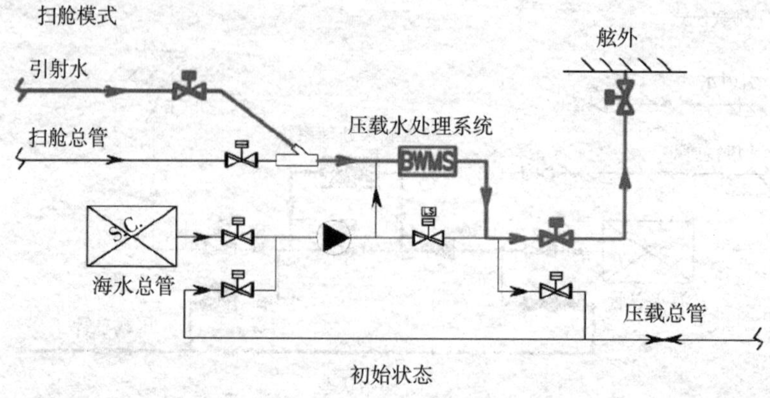

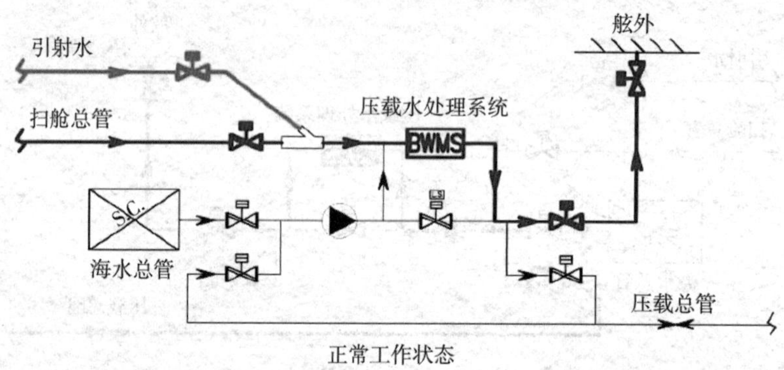

图 12-6　扫舱流程

七、设备管理的注意事项

(1)已加装海盾压载水管理系统的营运船在首次使用压载水管理系统前,需对所有压载舱及压载管路进行彻底清洁,避免压载舱及压载管路内积存的杂物损伤设备。

(2)在启动压载水管理系统进行作业前,按初始状态开启相关阀门,待灯管全部点亮且流量稳定后(约 5 min),切换相关阀门以进入正常工作状态。

(3)压载水处理系统刚启动时流量可能会很大并出现流量高报警的情况,建议启动压载水处理系统时先将压载泵的出口阀开到 25%~30%,等待系统流量稳定后再逐渐调整压载泵出口阀的开度。

(4)若长时间未使用压载水处理装置,再次启动前,需通过操作界面手动对系统的阀门进行几次开闭动作测试,再进行自动压排载流程。

(5)系统停止后需要等待 10 min 才能再次启动,灯管需要冷却,否则紫外灯管会无法点亮并报警停机。

(6)系统只能在自动模式下运行,手动模式下没有任何报警停机保护功能而且没有操作记录。除了对设备进行检修之外,禁止使用手动模式。

(7)正常的排污功能是过滤器能够正常工作的重要保障,因此启动压载水系统前务必保证压差计、排污泵、旋转电机及排污管路上各阀门都处于正常工作状态,过滤器接线盒的电源已经送电。

(8)每次压载或排载结束后,2 h 内必须使用淡水对过滤器进行保养,防止过滤器腐蚀与滤筒堵塞。

(9)过滤器在水质较差的港口使用后,在到达干净水域时需要再次运行设备 10 min 以上,清洁滤筒内部的脏污,然后进行淡水保养。

(10)拆卸或安装过滤器时,必须确保关闭压缩空气进口阀,释放过滤器内部的压力,关闭过滤器电源,并采用起吊设备吊起滤筒和较重的部件。

(11)系统运行时,如果 UVT(透光率)小于 50%,系统会报警。此时,需要检查紫外反应器套管是否结垢,可以打开紫外反应器观察孔或者拆卸光强传感器,观察套管情况。如果套管结垢,需要使用 CIP 清洗工具对紫外反应器进行清洗。

(12)拆卸维修紫外灯管、套管时,务必断电并等待灯管冷却后再拆卸。

任务四 舱底水系统的操作与管理

图 12-7 为某船尾机舱的舱底水管系布置图。机舱尾部设一污水井,首部左、右两侧各设一污水井,机舱舱底水应急吸口直接与中央冷却系统的主海水泵吸口相接。货舱舱底水由各支管汇集于机舱前端的阀箱上,因其一般不含油分,故可通过舱底水泵、总用泵、消防水泵中的任一台排出舷外。机舱舱底污水必须经过舱底油水分离器处理,达到防污公约排放标准方可排出舷外,也可将污水暂存在污水舱内,到港后用舱底水泵经甲板上标准排放接头驳至岸上或回收船处理。

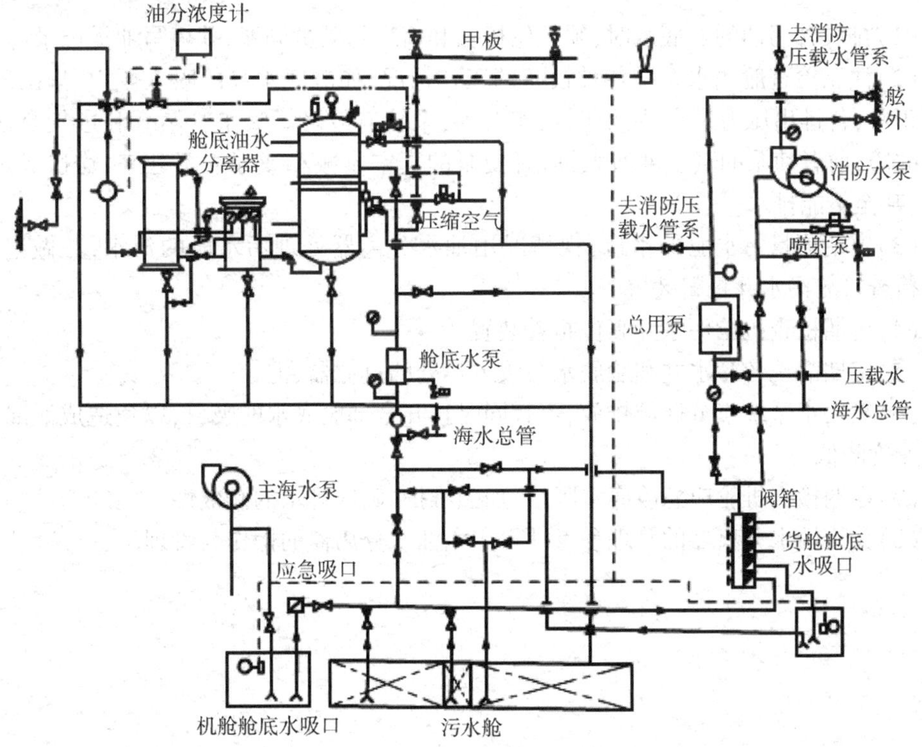

图 12-7 舱底水管系布置图

该船设有舱底油水分离器,其舱底水泵为单螺杆泵。当监测的油分超过排放标准时,出口管上的电磁气动三通阀自动关闭,将污水循环流回污水舱。分离出来的污油贮存于污油舱内,可由污油泵驳给焚烧炉污油柜进行焚烧,或到港后用污油泵输给港方接收设备。

为便于在停止运转之前冲洗油水分离器和将舱底水排出管路,以及满足油水分离器本身工作时的需要,舱底水泵的吸入口还接有海水吸入管路。污水井内均设有浮子式水位报警装置,用来监测全船舱底水水位。

一、舱底水系统的操作

(1)舱底水储存在舱底水柜中,根据污水存量决定是否排放。排放前,须与驾驶台的值班人员沟通,询问航行海域是否可以排放舱底水。经过允许才可以进行排放舱底水的操作。

(2)若舱底水中含污油,则开启或关闭相关的污水阀,通过油水分离器将含污油的舱底水排放到舷外海水,同时填写油类记录簿。

(3)通过油水分离器排放到舷外的海水,需启动污水泵,按照油水分离器的操作步骤进行,参考项目十六油水分离器的操作与管理。

(4)舱底水已经排空或船舶航行到不允许排污的海域前,应该及时停止排放舱底水。

二、舱底水系统的管理

(1)排放含污油的舱底水时,须经轮机长和值班驾驶员同意,并填写油类记录簿。

(2)注意检查舱底水系统各种设备的工作情况,如舱底水泵的吸入压力、排出压力是否正常,若排出压力过高,则说明操作有误,系统有故障。吸水管堵塞和进气是最常见的故障,前者使泵的真空度增大,后者使泵的真空度减小或建立不起来,均造成排水困难,甚至不能排水。

(3)定期测量污水舱的水位,视情况用油水分离器处理污水舱的污水,并做记录。定期检查机舱污水井报警装置。

(4)定期检查机舱污水井高位报警装置。

(5)定期清洗各污水井和舱底水泵吸入口处的过滤器、泥箱。

(6)舱底水系统应分区域排放,不宜同时打开全部舱底水的吸口,以免造成泄漏,使排放速度降低。

(7)定期检查机舱应急舱底水吸口,加强维护,确保排水的有效性。

(8)关于油水分离器的管理参考项目十六油水分离器的操作与管理。

任务五 消防水系统的操作与管理

一、船舶着火的种类

(1)普通火(甲类火)是指由木材、纸、布、煤炭等易燃固体物质引起的火灾,主要用水施救。

(2)油类火(乙类火)是指由油类、油气引起的火灾,有爆炸危险,可采用泡沫灭火,绝不可用水施救。泡沫较油轻,泡沫形成覆盖层使油与空气隔绝。

(3)电气火(丙类火)是指由电器等漏电、过载、短路等引起的火灾,施救时有触电危险。施救时应先切断电源,再用干粉、四氯化碳、二氧化碳等不导电介质灭火。

二、固定式消防系统的分类

国际公约和我国法规都规定,船舶应设置固定式消防系统。固定式消防系统主要分为四大类,即水消防系统、气体消防系统、泡沫消防系统和干粉消防系统。

三、水消防系统

水消防系统是所有船舶均必须设置的固定式消防系统,由消防泵、管路、消火栓、消防水带和水枪等组成。灭火时,消防泵从舷外抽取海水送至船上各甲板和舱室处的消火栓,再经消防水带由水枪喷射到船舶任何处所进行灭火。

水是不燃液体,是船上最常用的灭火剂。利用强大的水流或水雾冲击火区,使燃烧物急剧降温,并利用水受热产生大量的水蒸气来稀释火区的氧浓度进行灭火。扑灭可燃固体物质火灾,可采用直流水枪,通过冲刷、冷却作用来灭火;扑灭可燃液体物质火灾,可采用喷雾水枪,通过覆盖、冷却作用来灭火。

水消防系统应满足以下要求:

(1)所有消防泵应为独立机械系统,通常采用离心泵。符合消防要求的卫生水泵、压载水泵、通用泵等均可用作消防泵。各类船舶消防泵的配置应符合有关规定。

(2)消火栓或阀的布置和数量应满足船舶灭火要求的有关规定,其位置应便于船员使用。

(3)水消防系统的工作应可靠,其布置能满足消防泵向一舷或两舷同时供水。锚链冲洗水一般取自水消防系统,应设置隔离阀,以便灭火时切断锚链水的供给。

(4)应急消防泵应具有单独的海底门。

图 12-8 为某船全船消防水管路布置图。该船机舱中设有两台消防水泵(一台专用,另一台由通用泵兼作),消防水泵排出水经机舱消防水总管送至主甲板左右两侧的主干管,再送至驾驶甲板、救生艇甲板、桥楼甲板和各层甲板。应急消防水泵应设于机舱之外,其出口与机舱消防水总管相连,便于机舱失火时应急使用(当机舱消防泵有故障时)。

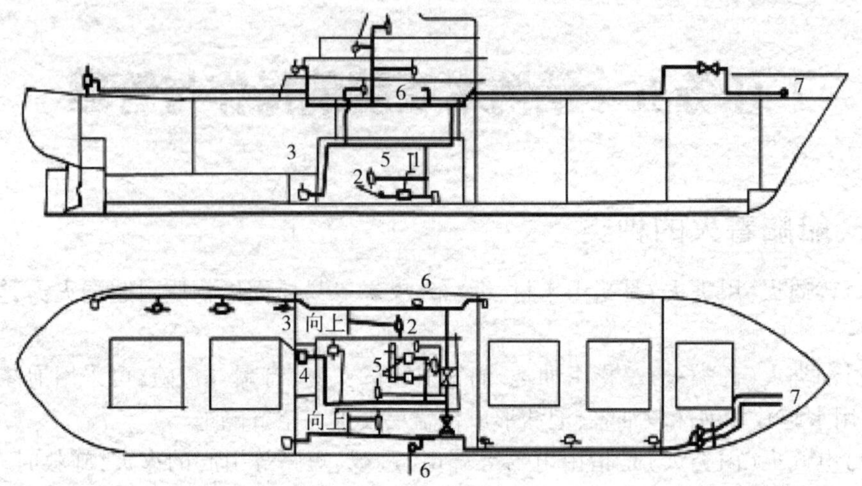

图 12-8　某船全船消防水管路布置图

1—消防水泵；2—机舱海水总管；3—应急消防水泵；4—应急消防水泵海底门；5—机舱消防水总管；6—国际通岸接头；7—锚链水喷嘴

四、消防水系统的操作步骤

(1)启动前确认周围无障碍物,并手动盘车检查有无卡阻。

(2)开足吸入阀,按下启动按钮,以免启动电流过大冲击主电网。

(3)慢开出口阀供水,运行中注意倾听泵有无杂音,并检查盘根处温度(冷却水量足,不会过烫)。

(4)关出口阀,轻载停车。

(5)具体关于消防泵的管理参见任务二离心泵的操作与管理。

项目十三

燃油锅炉的操作与管理

一、安全注意事项

（一）人身安全

(1)每位学员必须熟悉安全事项;穿戴好工作服、安全帽、手套等劳保用品;操作过程中,应注意安全,避免被旋转部件夹手、碰伤;学员必须在实训教师的指导下操作,严禁擅自操作。

(2)每次实训前任课教师必须先结合训练内容进行安全教育;操作人员必须按规定取得压力容器使用合格证书,穿戴安全防护用品。

（二）设备安全

(1)启动前充分做好准备工作:清除旋转部件周围的异物;保证良好的润滑与冷却;设备地脚螺栓和紧固螺栓紧固良好;防止对地面的污染。

(2)点火、停炉,要注意充分预扫风、后扫风,防止锅炉爆炸。

二、基础知识

（一）OVSB-10 型立式烟管燃油辅锅炉

图 13-1 所示为 OVSB-10 型立式烟管燃油辅锅炉,产生的蒸汽为饱和蒸汽。辅锅炉产生的蒸汽主要用来加热燃油、滑油、暖缸水及供船员生活使用。油船需要大量的蒸汽来加热货油和油舱清洗用水,以及驱动货油泵和甲板机械。本锅炉设有自动控制,锅炉设有多项安全保护装置,使锅炉能在无人照管的情况下安全、可靠地运行。

本锅炉的炉体结构由筒体和炉胆及烟管组成,炉胆安装在筒体内下部;烟管安装在炉胆上部,连接炉胆和筒体的上管板;筒体和炉胆及烟管的下半部分之间为锅炉的储水空间,烟管的上半部分与筒体之间形成储气空间。在筒体上部设有人孔,便于炉体内部的施工及维护检修。筒体下部左右对称地设置 2~4 个手孔,便于清理底部污物。本锅炉炉体结构紧凑合理、所占机舱空间小,便于集中操作和控制。锅炉在船上的安装位置尽量使锅炉水位表沿船中方向布局,减少因船舶摇摆对水位指示和控制的影响。

本锅炉采用两台单级旋涡泵作为锅炉给水泵,筒体上装有两只给水截止阀和两只给水截止止回阀,并在给水管道上配备给水压力表和给水安全阀。

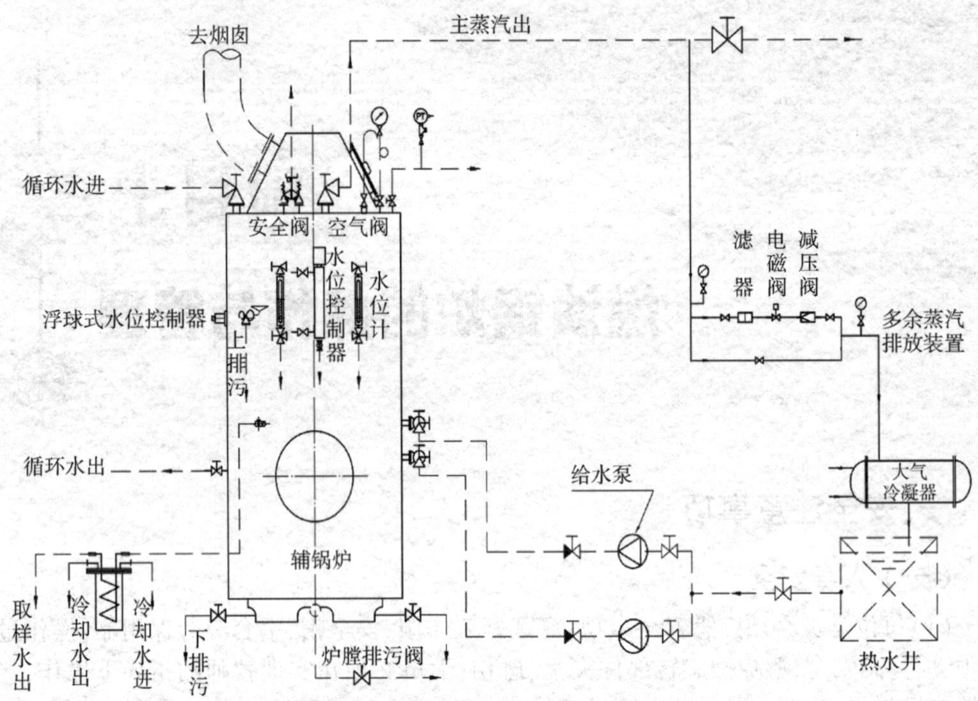

图 13-1 OVSB-10 型立式烟管燃油辅锅炉

（二）锅炉自动控制与主要参数

1.自动控制

(1)点火时序控制。

(2)压力控制:多位控制。

(3)水位控制:双位控制。

(4)安全保护及报警:高水位、低水位、过低水位、火焰故障、风机失压、气压过高、马达过载、铰链未合。

2.电源

3~380 V;50 Hz。

3.基本参数

锅炉型式:立式烟管燃油辅锅炉; 锅炉型号:OVSB-10;

蒸发量:1 000 kg/h; 设计压力: 0.9 MPa;

工作压力:0.7 MPa; 受热面积:23.1 m^2;

燃油种类:轻/重柴油; 设计热效率:≥ 83%;

燃油耗量:74 kg/h; 燃烧器型式:机械压力式。

4.压力控制

安全阀开启:(0.80±0.01)MPa; 压力高报警、停炉:0.75 MPa;

燃烧停止:0.72 MPa; 大火转小火:0.70 MPa;

小火转大火:0.63 MPa; 燃烧启动:0.59 MPa。

5.水位控制及安全保护设定值

+80 mm——高水位,声光报警;

+40 mm——水泵停;

0 mm——水位基准线;

-40 mm——水泵开;

-70 mm——低水位,声光报警(备用泵开);

-100 mm——过低水位,声光报警,停炉。

任务一 辅锅炉点火前的准备工作

一、锅炉本体及其附件的检查

检查并关闭水位计冲洗阀,开启通汽阀和通水阀;确认低水位传感器给水调节装置是否处于正常工作位置;打开给水阀;关闭上排污阀、下排污阀、取样阀、炉膛排污阀;关闭主停汽阀,关紧后再回转1/4~1/2圈,以防受热后阀卡死无法打开;打开空气阀、炉顶各接压力表、连接各继电器的相关阀;检查安全阀的状态是否良好。

二、给水系统的检查

1.热水井

热水井补水,检查热水井的水位、水温、水质;检查表面有无漂浮物、油污。

2.供水管路的检查

打开热水井的出口阀;打开供水泵的进、出口阀,确认锅炉给水阀是否打开;用投药桶投药,并检查投药泵状态。

3.给水泵

转动方向正确;无泄漏;无卡阻;确保轴承润滑良好;清除旋转部件周围的异物。

三、燃油系统的检查

(1)日用油柜的检查:检查油柜的油位、油温、油质;放残。

(2)供油管路的阀及过滤器的检查:打开轻、重油日用油柜的出口阀;轻重油转换阀置于轻油位;打开供油泵的进、出口阀,打开燃油速闭阀;打开进锅炉的燃油阀。供油管系应无任何泄漏。

(3)供油泵的检查:转动方向正确;无泄漏,无卡阻;确保轴承润滑良好;清除旋转部件周围的异物。

(4)检查燃烧器,防止燃油点火时的冷爆。当锅炉内充满油气和油雾时,如果突然点火会引起剧烈爆炸,轻者会使人惊慌或因喷出火焰而将人烧伤,重者会引起人身和设备安全事故,所以在锅炉喷油点火前要做到以下几点:

①打开燃烧器道门,检查燃烧器是否漏油,检查锅炉炉膛,确认无任何燃油泄漏。

②检查燃烧器的点火电极安装位置的正确性，一旦点火电极因位置不准而不产生火花或因短路火花位置不对而使燃油不着火，当喷进油量较多时就有可能发生冷爆。

③检查火焰感受器，擦拭火焰感受器玻璃片，以免其因脏污而无法有效感受火焰。

四、电气方面的检查

(1)将控制面板上的控制旋钮置于关闭或手动位置。

(2)打开控制箱，检查内部电路是否正常，如无异常，则主电源合闸供电。

(3)消除报警及电路复位。

(4)检查电压是否正常，如无异常，则可开始操作。

五、锅炉上水

(1)分别点动启动两台给水泵，检查水泵的运转情况，如无异常，则分别启动两台给水泵向锅炉供水，检查各给水管路。

(2)操纵水泵启动旋钮至“启动”，启动水泵，使锅炉水位上升至水位计较高水位处(烟管锅炉上升至最高水位，可以通过下排污分多次将部分炉水放掉，有利于使炉温均匀；水管锅炉上升至最低水位，可以防止点火后由于水膨胀而满水报警)。

六、检查水泵运转情况

分别点动启动两台给水泵，检查水泵运转情况，如无异常，则分别启动两台燃油泵向锅炉供油，并检查各给油管路、油压和油温。

七、检查风机运转情况

在油泵运转时，点动启动风机，检查其运转情况。

任务二 辅锅炉的点火与升汽

(1)确认准备工作已完成，燃烧模式选轻油，手动启动油泵，并复位消除各报警，启动风机扫风约 5 min。

(2)点火控制旋钮旋至“点火”位置停 3~4 s，转至“小火”。

(3)烧烧停停，每燃烧 0.5~1 min，停烧 10~15 min，直至空气阀冒白烟。检查水位表内水位位置，若水位受热膨胀过高，则可通过下排污阀分次排放到正常水位。

(4)当空气阀有蒸汽出来后关闭。

(5)在升汽过程中，在压力表有一定压力后，应多次冲洗水位计，使水位计也逐渐升温，以防水位计因温差大而破裂。当压力达到工作压力的一半时，加固锅炉本体表面拆过的元件。

(6)当压力达到额定工作压力的下限后，应进行一次上排污和强开安全阀。

(7)把主汽管上的泄水阀打开，将残水放出，再慢慢打开停汽阀供汽，暖管后关闭管路泄水阀正常供汽。

(8)正常供汽后,待重油达到合适的温度后,转为重油自动燃烧。

(9)为保证锅炉安全运行,操作人员应经常观察气压、水位的波动和燃烧正常与否。

(10)一旦锅炉发生异常,应立即停炉检查,消除故障后方可投入运行。

任务三 辅锅炉的运行管理

(1)检查锅炉道门等处有无漏汽、漏水现象。

(2)运行中注意:水位、气压、油压等参数是否正确。正常工作时水位应在水位计中不停地波动。

(3)根据火焰和排烟的颜色判断燃烧情况,如表 13-1 所示。

表 13-1 火焰和排烟的颜色及燃烧情况

火焰	排烟的颜色	燃烧情况
橙黄色	淡灰色	正常
暗红色	浓黑色	空气不足
白炽色	白色	空气太多
银白色	白色(白云状烟雾)	炉水漏入
有黑色条纹	—	油头有结焦

(4)检查给水阀、上部排污阀、下部排污阀、水位表及水柱放泄旋塞后的管路,如果是冷的,则表示这些阀没有泄漏现象。

(5)检查凝水观察柜是否有油。

(6)定期清洗燃油日用柜并经常排放油柜底部的水分和杂质。

(7)定期冲洗水位计。在正常情况下,每四小时至少冲洗水位计一次,此外,在运行中发现水位计中水位不动,应及时进行冲洗。操作步骤如表 13-2 所示。

表 13-2 水位计的冲洗

<table>
<tr><th>顺序</th><th>结果</th><th>处理</th></tr>
<tr><td>第一步:开冲洗阀,关通水阀,冲洗后关闭通汽阀</td><td>听见汽流声甚大,表明汽路畅通</td><td rowspan="2">如不畅通,可连续开关通汽阀或通水阀几次,利用冲击力把污物冲走。如冲洗无效,可以打开通汽管或通水管顶端水塞,用铜丝来通</td></tr>
<tr><td>第二步:开通水阀,冲洗后关闭</td><td>听见水流声甚大,表明水流畅通</td></tr>
<tr><td>第三步:关冲洗阀,慢慢开启通水阀予以“叫水”</td><td>(1)此时通汽阀关闭,所以如水位高于通水管,则炉水一直升至水位计顶部;
(2)如无水出现,则炉水已位于通水管以下,锅炉已处于失水状态</td><td>(1)表明情况正常,可继续进行第四步操作;
(2)如明确知道,在前几分钟水位仍处于正常位置,则可加大给水量,迅速恢复正常水位,如失水时间不清楚,则应立即停炉,停止供汽</td></tr>
</table>

续表

顺序	结果	处理
第四步:开通汽阀	(1)水位下降至水位计中段,表明情况正常; (2)如水位下降至水位计玻璃以下,表明炉中水少,但水位仍在通水管以上; (3)如水位仍在顶部,不下降,表明锅炉已处于满水状态	(1)投入工作; (2)加大给水量,迅速恢复正常水位; (3)先暂停供汽,并开启排污阀放水,使水位恢复正常

注意:通汽阀和通水阀同时关闭的时间要尽量短,以防周围空气使玻璃冷却,在随后通入汽水时,玻璃因骤然变热而破裂。换新玻璃管以后,也应稍开一点汽,让玻璃管预热一下,再开大通汽阀和通水阀。

(8)定期进行排污

①上排污操作

排污时机:炉水碱度高、含盐量高,有浮渣、油污,发生汽水共腾,冷炉点火升汽供汽前,需长期停炉。在停炉以后,应进行上排污,上排污通常在投药前进行,表面排污可在锅炉工作时进行,每天排污的水量和次数视水质化验结果而定。

排污方法:排污时,将水加至最高水位,先开排污阀、通海阀,后开调节阀排污;停止排污时,先关调节阀,后关排污阀和通海阀,最后重新上水至高位。

排污量:排污量为水位计高度的1/3~1/2。排污时间不能过长,一般阀门全开时间不超过30 s,并可重复进行。

②下排污操作

排污时机:通常投药几小时后进行,为了排除炉内泥渣等沉积物和盐分,应定期进行下排污,每天至少一次。

排污方法:通常停炉后再进行下排污操作。排污时,将水加至最高水位,先开排污阀、通海阀,后开调节阀排污,停止排污时,先关调节阀,后关排污阀和通海阀,最后重新上水至高位。

排污量:排污量为水位计高度的1/3~1/2。排污时间不能过长,一般阀门全开时间不超过30 s,并可重复进行。

(9)定期进行炉水化验

为了查明锅炉的水质情况,通常要进行下列几项化验:碱度的化验、硬度的化验、盐度的化验、透明度或浊度的化验、pH值的化验等。蒸发量大、工作压力大的锅炉,应每天化验一次;蒸发量小、工作压力较小的辅助锅炉,可2~3天化验一次。进行一次性投药的船舶,应在投药后4 h取样。取炉水水样应通过冷却器,取样时应使用干净的、可以减少炉水蒸发的器皿,以免影响水样的浓度。取样前,用炉水洗涤取样器皿2~3遍。取样时,应先将取样阀开放2~3 min,排出管路中的残水后,再正式取样。取出水样后,应迅速装入玻璃瓶中,盖上瓶塞,冷却至30~40 ℃即可化验。

锅内水处理的任务是通过加药剂的方法使炉水的钙盐、镁盐类形成泥渣,再通过排污的方法把它们排除,防止结垢,并使炉水保持足够的碱性(pH值为10~12),防止发生腐蚀。如果碱度高、盐度高,可通过上排污放掉部分炉水,进行稀释。

(10)安全阀每月强开一次,以防卡阻。拉动安全阀手动开启装置必须在锅炉内压力在 0.5 MPa 以上时进行,以防杂物垫在阀座上,导致安全阀泄漏。

任务四 辅锅炉的停火操作

一、停用步骤

(1)重油换轻油后燃烧 15 min 以上,旋钮转至“扫风”进行后扫风,然后旋至“停止”位。

(2)手动水泵继续供水至高水位,并进行上排污。

(3)上排污后再使锅炉水位提升至水位计高度的 3/4 处,让锅炉自然冷却。

(4)当锅炉气压降到 0 时,打开空气阀。

(5)当炉水温度下降至 50 ℃以下时,可放空炉水。

(6)停炉后,对锅炉各系统进行全面的检查。

二、停用后保养

(1)停炉 1~2 天:水位保持在水位计中部。

(2)停炉 5~6 天:满热水保养,即将水加满,保持炉水温度在 100 ℃以上。

(3)停炉不超过 30 天:满碱水保养,彻底排除锅炉中的空气,使炉水保持合适的碱度。

在停炉后将炉水放掉,然后往锅内加碱水,其含量为每吨炉水加碳酸钠 10 kg、磷酸三钠 5 kg。为了除氧,先将炉水加到正常工作水位,打开锅炉空气阀,随后点火升汽,使水中氧加热后经空气阀逸出,然后关闭此阀,待锅炉冷却后即将炉水泵满。在给水时要打开空气阀,直到水从空气阀溢出为止,完成后立即关闭锅炉所有阀件进行保养。

(4)停炉超过 30 天:干保养,即保持炉内干燥。

在停炉后将炉水放掉,打开上、下部人孔和手孔盖,用压缩空气将锅筒内部吹干或用微火将锅炉烤干,按照每立方米锅炉容积 2 kg 无水氯化钙的用量准备足够的无水氯化钙并用纱布包成几包,通过下部手孔处放入锅炉内以吸收锅内潮气,然后紧闭锅炉手孔盖和各阀件防止空气漏入。本方法要定期对药剂的吸潮情况进行检查,若有潮解,则应予以更换。开始时每月更换一次,以后可隔 3 个月更换一次。在锅炉启用前,干燥剂应全部取出,切勿忘记。无水氯化钙和硅胶等不可直接放在锅炉内,要用器皿盛放,以防吸潮后腐蚀系统。

项目十四

活塞式空压机的操作与管理

一、安全注意事项

（一）人身安全

（1）每位学员熟悉安全事项；穿戴好工作服、安全帽、手套等劳保用品；操作过程中，应注意安全，避免被旋转部件夹手、碰伤；学员必须在实训教师的指导下操作，严禁擅自操作。

（2）每次实训前任课教师必须先结合训练内容进行安全教育；操作人员必须按规定取得压力容器使用合格证书，穿戴安全防护用品。

（3）空压机系统为高压系统，操作时避免空气外泄伤人。

（二）设备安全

（1）启动前充分做好准备工作：清除旋转部件周围的异物；保证良好的润滑与冷却；设备地脚螺栓和紧固螺栓紧固良好；防止对地面的污染。

（2）勿踩踏设备及相关管路，勿碰触、扯拽接线、电磁阀、继电器等电路。

二、基础知识

（一）HC-65A 型空压机

压缩空气对船舶来说主要用于主柴油机的启动、换向和发电柴油机的启动，同时也为其他需要压缩空气的辅助机械设备（如压力水柜、汽笛、离心泵自吸装置等）和气动工具供气，是一种使用安全、用管道输送方便的动力源。一般船舶设有 2 个以上有足够容积的压缩空气瓶，设有 2~3 台排出压力为 3 MPa 左右的双级活塞式空压机向空气瓶供气。主空气瓶最大工作压力多为 3 MPa 左右（柴油机启动空气压力一般不低于 1.5 MPa），而其他需要较低压力空气的场所由主空气瓶经减压阀供气。此外，通常还设有 1 台应急空压机。

HC-65A 型空压机如图 14-1 所示，系立式、水冷、二级压缩的压缩机，具有结构紧凑、重量小、体积小的优点。该机型在设计时考虑了在特殊工作条件下能可靠地工作，采用水冷却并充分注意各级的压力均衡和压缩机冷却的完善，以保证压缩机运转平稳，减少了维修费用。

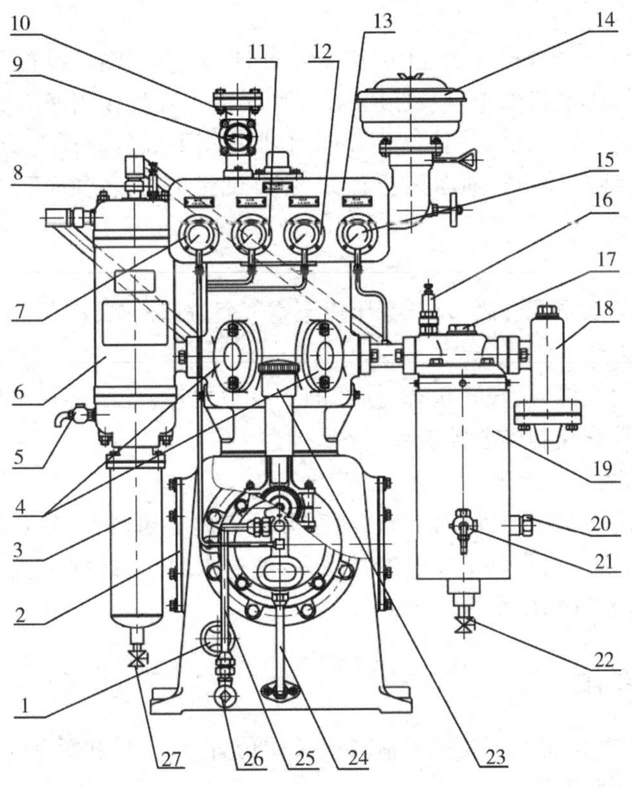

图 14-1 HC-65A 型空压机

1—液位镜;2—侧盖;3—油水分离器;4—二级吸、排阀;5、21—泄水阀;6—级间冷却器;7—油压表;8——级安全阀;9—冷却水观察镜;10—冷却水出口;11—水压表;12——级排压表;13—仪表盘;14—空气滤清器;15—二级排压表;16—二级安全阀;17—止回阀;18—输出管座;19—级后冷却器;20—防腐锌棒; 22、27—泄放阀;23—透气口;24—滑油进油管;25—滑油旁通管;26—放油旋塞

(二)基本参数

压缩机型号:HC-65A;	气缸数:1;
一级缸径:152.40 mm;	二级缸径:133.35 mm;
行程:127.0 mm;	额定压力:3.0 MPa;
冷却水量:1~1.4 m^3/h;	曲轴箱容量:8~9 L。

任务一 活塞式空压机的启动

一、启动前的准备

1.机械方面的检查

检查机器周围有无异常现象,有无障碍物;检查地脚螺栓是否足够紧固,检查各部分螺栓和螺母紧固的情况;用手盘动飞轮,检查转动是否灵活,检查联轴器同轴度是否良好。

2.液位的检查

检查曲轴箱油量是否符合规定(达到油标的 H 线)。加油口设置在压缩机后部,并装有呼吸器盖。因加油口兼作呼吸器用,在工作时由于呼吸作用而不能加油,所以必须在压缩机停机时加油。加油直到油位达到装于曲轴箱下部的油标上的 H 线,油面必须保持在 H 线和 L 线之间。若油面高于 H 线,则耗油量增加;若油面低于 L 线,则可能因缺油而发生咬死。

3.阀位的检查

完全打开冷却水系统各阀,打开空压机至空气瓶进口的各阀门。

4.各仪表的检查

检查各自动化元件、仪表的状态,损坏的要及时更换,控制屏送电前各按钮应在停止位;合上电源,检查控制屏上各参数。

5.冷却水的供给

在泵房打开冷却水泵的进、出口阀;盘车并检查离心泵的润滑情况;检查冷却水过滤器的脏堵情况;引水后启动空压机冷却水泵;透过水观察器检查冷却水流动情况是否正常,通过水压表检查水压是否合适。

二、启动操作

(1)把位于吸气位置的节流阀手柄转至关闭位置,使空压机处于无负载状态(自动运转时不需要这项操作)。

(2)点动启动空压机,检查压缩机旋转方向是否正确、运转是否灵活、运转声音是否异常。

(3)手动启动压缩机,启动后立即观察油压力表的读数,检查是否建立起油压。

(4)完成启动后把节流阀手柄转回吸气位置,并连续在排气压力为零的状况下运转 3 min。

三、空压机的启动

将空压机控制开关转至自动运行位置,空压机自动启停或自动卸载启动。

1.自动启停

空压机通过压力开关、电磁阀和其他电器的动作自动实现开车和停车。压力开关由空气瓶内气压控制而动作,发出信号并作用于电动机。当空气瓶压力上升到规定上限值时,压力开关触头断开使电动机停止;反之,当空气瓶压力下降到规定下限值时,压力开关触头闭合又使电动机启动。

2.自动卸载启动

时间继电器控制电磁卸荷阀在一定时间间隔内保持打开状态,压缩机排出的空气通过电磁阀释放到大气中,实现无负载启动,时间继电器推荐延时范围为 5~10 s。

四、启动后的检查

检查设备运转声音有无异常;检查外观,确认有无元件损坏、跑、冒、滴、漏现象;检查各仪表读数情况。

任务二 活塞式空压机的运行管理

一、日常管理

(1)检查有无异常声响、异常气味(较重的油味或烧焦、烧煳味)。

(2)检查管道是否泄漏。

(3)及时补充滑油,保持曲轴箱油位合适。

(4)随时放掉储气罐中的残油、残水。

(5)运转期间仔细检查每个轴承、滑动部件、气缸等部位,检查有无异常温度升高和杂音,注意电流表读数。

(6)在自动启停时,检查压力开关和电磁阀动作是否正常。

(7)观察每一个压力表,检查气压、水压和油压是否正常。

压力表标准压力:一级排气 0.5~0.65 MPa;二级排气 2.5~3 MPa;油压 0.10~0.35 MPa;水压 0.02~0.2 MPa。

(8)注意冷却水出口的观察镜中水的流动情况,有无气泡。

(9)注意电流表度数值,注意轴承部分、气缸部分、气缸头的温度和排气温度,当气阀泄漏时,气缸头的温度和排气温度将升高。

(10)定期试验安全阀,使其保持良好状态。

二、日常维护

(1)及时更换空气过滤器。

(2)及时检修一级、二级气阀:气阀是压缩机的“心脏”,不论何时都要小心维护保养,及时更换;通过阀的温度是否正常、有无异常温升,判断该阀的工作状态。

(3)曲柄箱滑油的油温一般不超过 70 ℃,油质变差要及时更换滑油:如果滑油发白,说明有水乳化现象;如果滑油发黑,说明被氧化等;如果有刺鼻性的气味,说明发生变质;用手捻摸,如果发涩,说明发生变质;用手捻摸,如果有颗粒,说明发生污染等。

(4)冷却水系统:及时清洗冷却水系统过滤器,清洗空压机冷却水腔。

任务三 活塞式空压机的停用

一、停机

(1)使空压机处于空载状态。把位于吸气位置的节流阀手柄转至关闭位置,使压缩机处于无负载状态(自动运转时不需要进行此项操作)。

(2)按下停止按钮开关,使压缩机停车。

(3)打开各级吹除阀(即级间和级后手动卸载阀)进行吹洗(自动启停时,停机不需要进行此项操作)。

(4)放掉储气罐的余水,然后关闭放残阀、储气罐进气阀。

(5)使冷却水泵停止运转,关闭相关阀门。

(6)切断电源。

二、停机后的检查与维护

(1)检查外观,确认有无元件损坏、跑、冒、滴、漏现象。

(2)检查地脚螺栓是否足够紧固,检查各部分螺栓和螺母的紧固情况;用手盘动飞轮,检查转动是否灵活,检查联轴器同轴度是否良好。

(3)检查各自动化元件、仪表的状态,损坏的要及时更换。

(4)根据船舶 PMS 进行维护保养。

项目十五

液压系统的操作与管理

一、安全注意事项

（一）人身安全

（1）穿戴好工作服、安全帽、手套等劳保用品；操作过程中，应注意安全，避免被旋转部件夹手、碰伤；学员必须在实训教师的指导下操作，严禁擅自操作。

（2）注意设备周围的环境，避免身体磕碰、摔倒，注意用电安全。

（二）设备安全

（1）启动前充分做好准备工作：清除旋转部件周围的异物；注意检查油箱液位、相关运动部件涂润滑脂；设备地脚螺栓和紧固螺栓紧固良好；防止对地面的污染。

（2）勿踩踏设备及相关管路，勿碰触、扯拽接线、电磁阀、继电器等电路。

二、基础知识

（一）完整液压系统的组成

完整液压系统通常由以下五个主要部分组成：

（1）动力装置：供给液压系统压力油，把机械能转换成液压能的装置，最常见的形式是液压泵。

（2）执行装置：把液压能转换成机械能的装置。其形式有做直线运动的液压缸、做回转运动的液压马达，它们又称为液压系统的执行元件。

（3）控制调节装置：对系统中的压力、流量或流向进行控制或调节的装置，如溢流阀、节流阀、换向阀、调速阀等。

（4）辅助装置：除上述三部分之外的其他装置，如油箱、滤油器、油管等。它们是保证系统正常工作必不可少的一部分。

（5）工作介质：传递能量的流体，即液压油等。

（二）船舶起货机应满足的要求

船舶起货机应满足的要求包括：

（1）能在额定的起货速度下，吊起额定负荷。

(2)能按操作者的要求方便、灵活地起落货物。

(3)在任何时刻都能根据需要停止,并把持货重。

(4)能依据负载的不同,在较广的范围内调节运行速度,并具有良好的加速性和减速性。

(5)装置的各部件及设备要经久耐用;装卸作业效率要高。

任务一 液压系统的识图

(1)如图 15-1 所示,正确认识和判断所提供液压图中的液压符号,根据液压符号识别部件名称。

(2)熟悉液压系统中的液压部件(如图中动力元件、控制元件、辅助元件、执行元件)的功用。各部件的作用:平衡阀 4 的作用是在货物下降时起限速作用;换向节流阀 3 的作用是换向、调速、制动;单向定量泵 1 的作用是为系统提供动力;安全阀 2、制动阀 5 的作用是提供安全保护;单向节流阀 8 的作用是立刻松闸,延时抱闸,以减轻刹车摩擦带的磨损;制动器 7 的作用是弹簧抱闸,防止货物下坠,可起到失压保护作用。

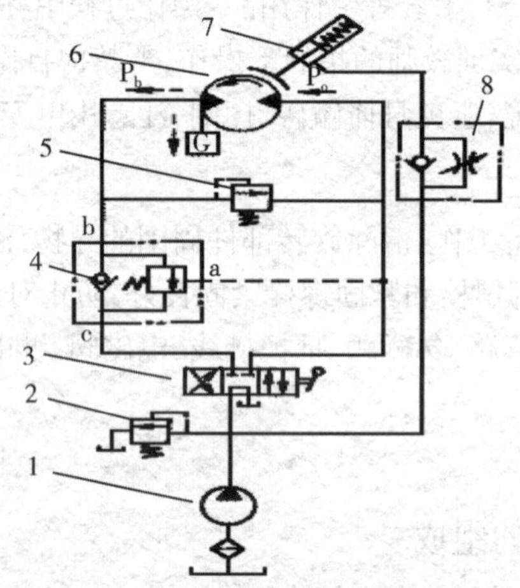

图 15-1 某液压系统图

1—单向定量泵;2—安全阀;3—换向节流阀;4—平衡阀;5—制动阀;
6—液压马达;7—制动器;8—单向节流阀

任务二 液压甲板机械的启动与停用

一、液压甲板机械的启动

1.启动前的准备

(1)液压管系上阀的开关准备:从油箱开始,沿着液压油的流动方向检查、操作各液压阀的开关状态。如相关的泵阀、缸阀及辅助油路的各液压阀开关正确,使各阀门保持在所要求的位置上。

(2)检查主油箱和辅助油箱的油位、油温、油质。液压油油位保持在 2/3 左右,不足时应适当补油。油温在-10 ℃以下时,不允许启动,需要加热;油温在 0~10 ℃时,空载运转,油温升高到 10 ℃再正常运转;油温在 10 ℃以上时,允许正常启动。

(3)检查各连接处的连接紧固件是否松动,向各摩擦部位注油。

(4)检查液压系统各阀件及管接头等有无泄漏,如有泄漏,应及时消除泄漏;检查仪表与自动化元件,确保仪表与自动化元件处于良好状态,若损坏,应及时更换。

(5)检查液压系统的紧固件和地脚螺栓是否处于良好的紧固状态。

(6)清除液压系统的旋转部件周围的异物。

(7)冷却水系统的准备:开启液压系统的冷却水泵(或冷却风机、风门)的进口阀,关闭冷却水泵的出口阀,打开冷凝器的进、出口阀及旁通阀。确保冷却水泵处于良好的备用状态,或风门开启。

(8)将液压设备操作台上的机组选择开关、控制方式的选择开关置于合适的位置。操纵部位选择开关置于“LOCAL”位,操纵手柄置于“0”位。

(9)打开控制箱,检查内部电路是否正常,若正常,主电源合闸供电。

(10)消除报警及电路复位;检查电压是否正常,若正常,可开始启动操作。

2.启动

(1)先启动辅油泵。点动启动,检查转向是否正确、无异常。正常启动运转。

(2)启动主油泵。点动启动,检查转向是否正确、无异常。正常启动运转。

(3)手动操作液压设备运转,试验液压设备状态。

3.启动后的检查

(1)检查运行参数(包括液压油压力、液压油温度及运转电流等),确保符合设备运转要求。

(2)检查自动化元件,确保自动化元件(包括油压压力继电器、低油位浮子开关等)处于良好的运转状态。

(3)油箱油位保持在 2/3 左右,不足时应适当补油。

(4)检查液压设备系统有无泄漏,如有泄漏,应及时消除泄漏。

(5)检查液压设备的紧固件和地脚螺栓是否处于良好的紧固状态。

(6)倾听设备运转声音:如果设备运转声音异常,则停机检修;如果设备运转声音正常,则表示启动成功。

二、液压甲板机械的停用

1.停用顺序

(1)将液压设备的负荷卸载。

(2)将操作台上的操纵手柄置于“STOP”位,操纵部位选择开关置于“LOCAL”位。

(3)停主油泵,停辅助油泵。

(4)切断装置的电源。

(5)关闭油路、冷却水管路上相关的截止阀。

2.停用后的检查

(1)油箱油位保持在 2/3 左右,不足时应适当补油。

(2)检查液压设备有无泄漏,如有泄漏,应及时消除泄漏。

(3)检查仪表与自动化元件,确保仪表与自动化元件处于良好状态,若损坏,应及时更换。

(4)检查液压设备的紧固件和地脚螺栓是否处于良好的紧固状态。

(5)清洁整理,确保设备处于良好的备用状态。

任务三 液压系统的日常管理

一、液压油的管理

1.油位

工作油箱中油位应经常保持在油位计显示范围的 2/3 左右。如油位升高,可能是油中进入过多空气或油冷却器漏水;如油位降低过快,则表明有漏油处,应查明修复,然后经过滤器向油箱补油。

2.油温

工作时最合适的油温是 30~50 ℃,油温高于 50 ℃时,应将油冷却器投入使用。

3.油质

(1)液压油的颜色:氧化后变黑,乳化后发白,混入空气后液压油变浑浊。

(2)液压油的气味:如果有刺鼻性气味,则说明油变质。

(3)将液压油滴到滤纸上,如果扩散均匀,则表示液压油油质良好。

(4)将液压油滴到炽热的铁上,如果发出“哧哧”声,则说明液压油中混入水等杂质。

二、运行参数的管理

(1)油压:在主油路中,主泵排出油压应不高于说明书标定的最大工作油压,而主泵吸入侧的油压应不低于由补油条件(闭式系统)或吸油条件(开式系统)所确定的正常数值。辅油路中各处油压应符合设计要求。油压表阀平时应保持关闭,只在检查时打开,以减少损坏的可能性。

(2)运转电流:运转电流要符合说明书的要求。

(3)液压设备的额定负荷。

三、液压油管路及机械部件的管理

(1)液压泵:泵轴与电动机应用弹性联轴器直接相连,轴线同心度误差不得超过 0.1 mm;泵内各轴承和润滑面得以充分润滑;地脚螺栓紧固良好。

(2)过滤器:在舵机运行中应经常注意过滤器前、后压差,及时清洗或更换滤芯(依其种类而定)。

(3)润滑:油缸柱塞等滑动表面应保持清洁,并浇涂适量工作油。若液压设备长期停用,则应涂润滑脂。

(4)泄漏:定期检查油箱、油缸、阀件、油管及接头等处,确保其不漏油。柱塞和活塞杆表面应敷有一层薄油,但不滴油。若滴油,先压紧油缸填料压盖,若上紧压盖无效,则应在合适的时候换新密封圈。

(5)噪声:如有异常声响,应立即查明原因,设法处理。

(6)释放气体:液压油中混入气体,工作时会出现有噪声和执行机构迟滞等现象,在液压设备运转时可从高压侧放气阀放出气体。

(7)机械过热:泵和电机等不应有过热现象。轴承部位的温度一般比油温高 10~20 ℃。

(8)联轴器:在舵机启动时可先盘动泵的联轴器,以确认泵无卡阻。工作泵联轴器下如发现橡皮碎末,则表明对中不良导致橡皮圈破碎,此时必须停泵校正,并换新橡皮圈。

(9)阀和固定螺母:在舵机使用过程中应检查各放气阀、旁通阀和截止阀,以及各固定、连接螺母,防止其因振动而离开正确位置或松动。

任务四 液压甲板机械的操作与调整

一、检查运转系统参数

(1)油位:工作油箱中油位应经常保持在油位计显示范围的 2/3 左右。

(2)油温:工作时最合适的油温是 30~50 ℃。油温在-10 ℃以下时,不允许启动,需要加热;油温在 0~10 ℃时,空载运转,待油温升高到 10 ℃再正常运转;油温在 10 ℃以上时,允许正常启动。

(3)油压:在主油路中,主泵排出油压应不高于说明书标定的最大工作油压。

(4)运转电流:运转电流应符合说明书的要求。

(5)液压设备的额定负荷。

二、系统参数的调整

(1)压力的调整:

①安全溢流阀设定压力的调整。通过改变溢流阀的设定弹簧的预紧力进行调整。设定压力不能过高,应符合负荷说明书的要求,不能使设备超负荷运行。

②制动溢流阀设定压力的调整。通过改变溢流阀的设定弹簧的预紧力进行调整。

(2)速度的调整:通过调节节流阀或调速阀的开度大小,调整执行机构的上升速度。

(3)刹闸延时时间或松闸延时时间和刹车片间隙的调整:通过调节单向节流阀的开度来调节刹闸延时时间或松闸延时时间;通过改变刹车片与轮毂之间的距离来对刹车片间隙进行调整。

(4)运行油温调整:一般通过调节冷却水的水量或风机的风量进行调整。油温要合适。油温太低,不可立即运转,要预热之后才可以启动;油温太高,液压油容易氧化变质,要把冷却器投入使用,对液压油进行冷却。

项目十六

油水分离器的操作与管理

一、安全注意事项

（一）人身安全

(1)穿戴好工作服、安全帽、手套等劳保用品；操作过程中，应注意安全，避免被旋转部件夹手、碰伤；学员必须在实训教师的指导下操作，严禁擅自操作。

(2)注意设备周围的环境，避免身体磕碰、摔倒，注意用电安全。

（二）设备安全

(1)启动前充分做好准备工作：清除旋转部件周围的异物；保证污油泵（单螺杆泵）具有良好的润滑；设备地脚螺栓和紧固螺栓紧固良好；防止对地面的污染。

(2)勿踩踏设备及相关管路，勿碰触、扯拽接线、电磁阀、继电器等电路。

二、基础知识

（一）BOSS 25 T/107 油水分离器的分离原理

如图 16-1 舱底水分离系统和图 16-2 油水分离器结构所示，该油水分离器本体由聚合分离桶和吸附分离桶组成，系统通过聚合分离桶（内有亲油介质聚丙烯）去除各种游离油，通过吸附分离桶散装介质（一般为有机黏土）去除各种乳化液，并采用不同的过滤方案去除颗粒杂质。

含油污水由污水泵（单螺杆泵）供给，经过污水进口过滤器，进入聚合分离桶中心底部，流速降低，然后进入聚合分离桶的内圈和外圈。经过亲油介质（聚丙烯）时，介质表面吸引小油滴，直至聚合成大的油滴，大油滴在重力作用下与水分离上升至水的表面，最终被排至污油柜。当污水最后进入吸附分离桶流经散装介质时，残余油滴和乳化液被吸附。

（二）排油与检测

聚合分离桶顶部的液位传感器监测其中的水/油位，油/水分界面下降到设定值时，系统会从“泵和水排放”模式切换到“补水及排油”模式（控制箱上有指示灯），螺杆泵停止运转，排舷外阀和回舱阀关闭，补水阀打开，向聚合分离桶补水使水位受压上升，油和

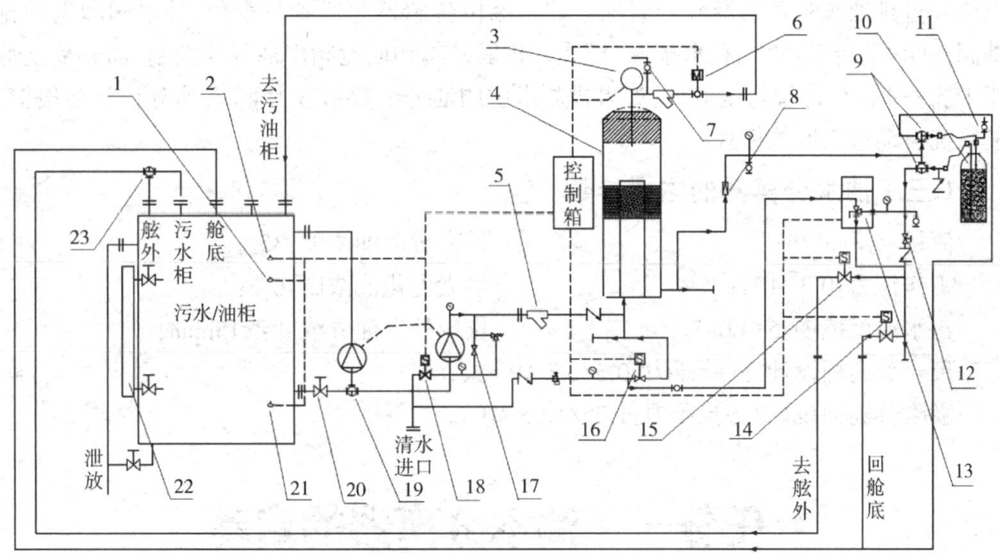

图 16-1 舱底水分离系统

1—高位开关；2—高高位报警；3—液位传感器；4—聚合分离桶；5—污水进口过滤器；6—电动排油阀；7、11—放气阀；8—流量计；9—反冲洗阀；10—吸附分离桶；12—流量控制阀；13—油分计；14—回舱阀；15—排舷外阀；16、18—补水阀；17—旁通阀；19—泵选择阀；20—污水进口隔离阀；21—低位开关；22—液位计；23—舷外/再循环三通阀

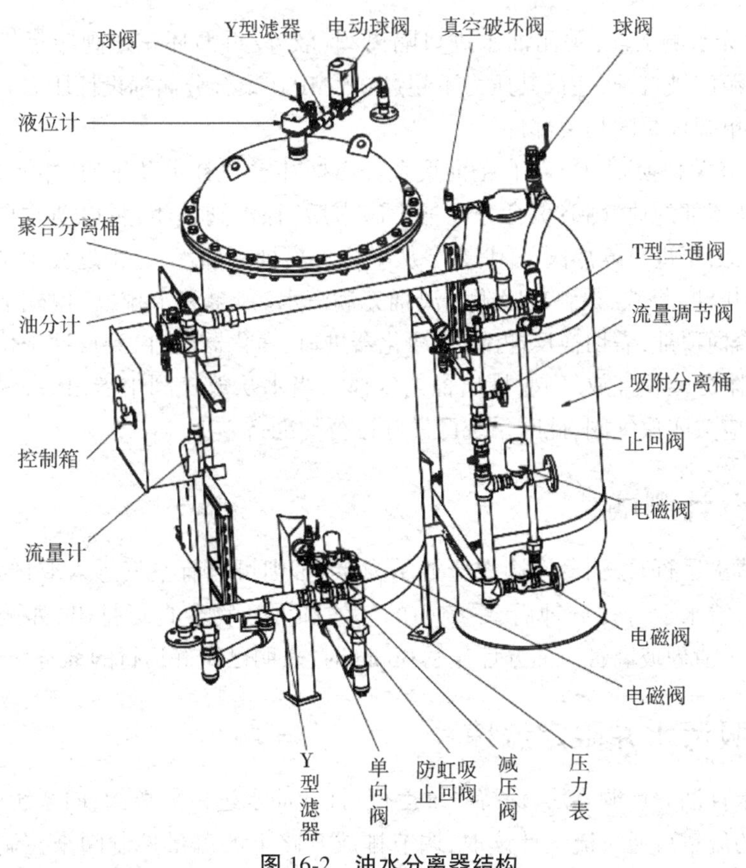

图 16-2 油水分离器结构

气体经过排油阀被排出聚合分离桶。如果液位传感器感应到高水位,补水阀和电动排油阀关闭,重新开始“泵和水排放”模式。排舷外阀和回舱阀由油分计控制,油分浓度低于 15ppm 时,允许排水至舷外;如果排放水中的油分浓度超过 15ppm,油分计就会报警,使系统自动进入回舱模式。

(三)油水分离器的主要参数

流量:5.7 m^3/h;
最大游离油浓度:35%;
工作压力:0.3 MPa;
最大乳化液浓度:6%;
污水温度范围:5~60 ℃;
排舷外水油分浓度:<15ppm;
聚合分离桶设计/试验压力:0.5/0.7 MPa;
吸附分离桶设计/试验压力:1.05/1.05 MPa。

任务一 油水分离器的启动

排放含油舱底水时,需经轮机长和值班驾驶员同意,并填写油类记录簿。

一、初次启动系统补水

(1)首次充水测试前,关闭油水进口隔离阀,舷外/再循环三通阀转至排舷外阀位置;确认清水源已被打开,建议其压力不超过 0.5 MPa(聚合分离桶设计压力);打开流量控制阀;检查单螺杆泵的相关部件。

(2)系统开关切换到“ON”,自动向聚合分离桶补水,“补水及排油”指示灯会亮,打开聚合分离桶顶部的放气阀;聚合分离桶充满水后,补水阀关闭,泵启动并自动向吸附分离桶充水。由于进口隔离阀关闭,泵会从聚合分离桶中抽水,这个过程中系统会数次进入“补水及排油”模式,最终使吸附分离桶充满清水。“泵和水排放”模式下气体会被困在吸附分离桶顶部,需切换反冲洗阀(净化器进口、净化器出口)到反冲洗位置一段时间,打开桶吸附分离顶部放气阀,排出桶内气体。当水从放气阀中溢出时,说明整个系统已充满水,应关闭放气阀,此时系统已做好运行的准备。

二、油分计测试

系统用清水运行时,油分计读数应显示为零,否则可能有空气进入取样管线,或水中有浑浊物。清水运行几分钟后,系统中的气体和浑浊物会自行排出,如测量单元脏污,需要用刷子清理玻璃管。油分计显示 0ppm 时,表明已做好运行的准备。

三、抽吸污水并限定流速

系统满水且油分计调零后,保持系统运行,打开油水进口隔离阀,向系统中抽吸油、水。分离器的流量可通过流量计读取,调节排放管路上的流量控制阀来控制进入分离器的流量。通常,流速一经设定,在运行过程中不需要再调节。

四、核实螺杆泵吸高

通过进口管路的真空压力表上的读数，检查吸高。当真空度>6 m时，系统就很难获得设计流速。观察真空压力表压力，真空度增大表示过滤器已经被堵塞。

五、模拟报警条件及核实阀门动作

(1)可以通过模拟报警条件来验证油分计是否正常运转。在油分计控制面板上，按住返回箭头4 s，就可以模拟超过15ppm时出现的情形：排舷外阀关闭，回舱阀打开。观察分离器上的压力表，可以检查电磁阀是否有效；排舷外时会有背压，而回舱时没有压力。

(2)油分计报警检测：用刷子将测量单元中所有的水推出，启动分离器时，油分计中的空气会触发报警，短时间显示超过设定值，表明读数超过15ppm的报警有效。

(3)液位传感器控制有效性检查：系统运行时打开放气阀，系统进入"补水及排油"模式，表明液位传感器控制有效。

六、正常运转

完成所有测试后，水流经过吸附分离桶稳定运行，系统可正常运转。将系统开关旋转到"ON"，取样水流入油分计，监测出口水流，并根据需要自动在排舷外和回舱间切换，系统进入自动运转界面，无须操作人员操作。

任务二 油水分离器的运行管理

一、系统检查

1.外观检查

检查系统有无跑、冒、滴、漏现象；油水分离器的各地脚螺栓、紧固螺栓等是否紧固；自动化元件、仪表及接线是否损坏。

2.参数检查

检查系统压力，可通过螺杆泵旁通阀调节，压力在0.3 MPa；检查流量表读数，可通过流量调节阀调节流量，流量不超过5.7 m^3/h；油水温度在5~60 ℃；查看油分计读数及控制面板上的各参数。

3.螺杆泵检查

定期检查污水泵的润滑情况、轴封密封情况，以及地脚螺栓、紧固件的紧固状态，及时维护保养。

二、反冲洗操作

系统自带手动三通反冲洗阀组件，方便操作人员随时反冲洗吸附分离桶。

1.反冲洗频率

反冲洗频率由吸附分离桶进、出口压力表测得的压差决定；严禁长时间运转而不进行反冲洗，如果泥沙嵌入有机黏土介质太深，则无法被冲出；建议每天或每次处理后都进行反冲洗。

2.反冲洗方法

切换阀门位置到反冲洗模式并运行 5 min 左右，反冲洗结束后恢复正常工作位，如图 16-3 所示。

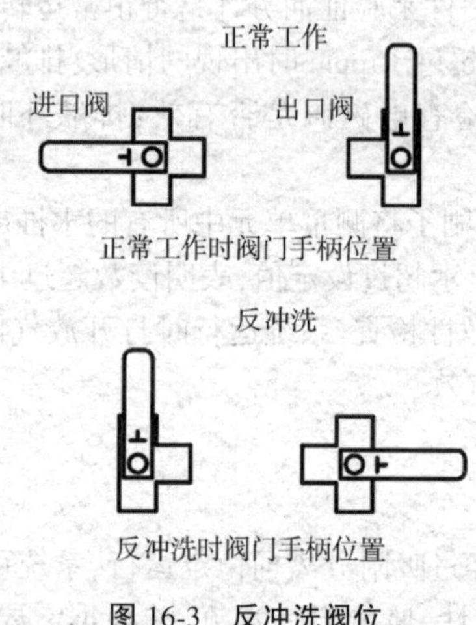

图 16-3　反冲洗阀位

三、油分计的清洗

1.本系统油分计检测原理

油分计采用光折射技术，通常有 3 个角度不同的光源，测量单元能测出从烃类物体上反射后折射的光，通过折射光的量准确测定烃类含量水平。

2.油分计的清洗

油分计在清洗过程中需要电源控制三通电磁阀执行其功能，因而清洗时不要断开电源开关，只需将系统控制箱面板上的三位选择开关旋转到“OFF”位置，使油水分离器停止运转。油分计测量单元需使用专用刷子定期清理，刷洗后将顶部螺母拧紧，向玻璃管内冲洗清水，系统就可以重新启动了。若测量单元里覆盖有一层难以去除的污垢，可以用肥皂或醋等非磨料的清洁剂来清洗。

四、报警的测试

定期进行油分计报警（具体方法见任务一）、污水柜液位报警等报警测试。

五、介质的更换

1.聚合介质

正常情况下，聚合介质不需要清理，只需每 5~10 年更换一次。聚合介质在正常工作条件下不需要特别维护，但应避免被强酸或强碱损坏。

2.吸附分离桶介质

清理测量单元并反冲洗吸附分离桶介质后,若油分计读数仍超出 15ppm,则说明需要更换吸附分离桶介质。

六、清洗系统滤器

应及时清洗系统过滤器。

任务三 油水分离器的停用

一、日常停用

(1)自动停用:系统污水柜设有液位控制装置,分离器会根据液位控制上的高/低设定自动开启/停机,无须人工干涉。

(3)手动停用:只需将控制箱面板上的三位选择开关旋转到"OFF"位置;一旦系统停机,需关闭所有隔离阀(污水柜出口阀、系统舷外排出阀等)。

二、系统较长时间停用或设备维修时停用

(1)系统正常运行时,反冲洗吸附分离桶。

(2)补水和排油:

将系统设置在"泵和水排放"模式,关闭污水进口隔离阀,打开放气阀,顶部的液位被泵抽至液位传感器低位的同时,系统进入"补水及排油"模式,根据聚合分离桶的尺寸不同,通常需要 1~5 min。只要放气阀打开且进口关闭,设备会在"补水及排油"模式与"泵和水排放"模式间循环。循环三次排出尽可能多的油,使聚合分离桶中油分降低。

(3)用清水冲洗油分计。

(4)关闭系统舷外排出阀、系统电源。

(5)停用后的维护:检查系统是否有泄漏、是否有元件损坏;检查油水分离器的各地脚螺栓、紧固螺栓等是否紧固;检查污水泵的润滑情况、轴封密封情况,以及地脚螺栓、紧固件的紧固状态;及时清洗过滤器。

(6)分离器一直存水,如需对设备进行拆装,可打开分离桶顶部放气阀和底部泄放阀泄放存水。

项目十七

造水机的操作与管理

一、安全注意事项

（一）人身安全

(1)穿戴好工作服、安全帽、手套等劳保用品;操作过程中,应注意安全,避免被旋转部件夹手、碰伤;学员必须在实训教师的指导下操作,严禁擅自操作。

(2)注意设备周围的环境,避免身体磕碰、摔倒,尤其避免接触热水管路以防烫伤,注意用电安全。

（二）设备安全

(1)启动前充分做好准备工作:清除旋转部件周围的异物;设备地脚螺栓和紧固螺栓紧固良好;防止对地面的污染;泵启动时,保证壳体内满水,避免干转;电加热器避免干烧。

(2)勿踩踏设备及相关管路,勿碰触、扯拽接线、电磁阀、继电器等电路。

二、基础知识

（一）造水机原理

如图 17-1 所示,沸腾式海水淡化装置(造水机)主要由蒸发器和冷凝器组成,其中海水的加热、沸腾汽化都在蒸发器内进行,二次蒸汽的凝结则在冷凝器内完成。船用造水机所造淡水的含盐量一般设定为小于 10 mg/L,能够使用低温工质作为热源,以利用船舶动力装置的废热。例如,当真空度为93%时,对应的海水沸点仅为38.66 ℃,因此利用温度为60~65 ℃的主机缸套冷却水(新型船舶主机缸套水在85 ℃左右)作为加热工质,从而提高整个动力装置的经济性。

（二）FWG-5 造水机的主要结构

如图 17-2 所示,该造水机系统使用的是板式造水机,通过电加热器加热淡水来模拟主机缸套水。

（三）FWG-5 造水机的主要参数

造水量:2 t/d;　　　　盐度:10ppm;

最高海水温度:32 ℃;　　　　热水进口温度:75 ℃;

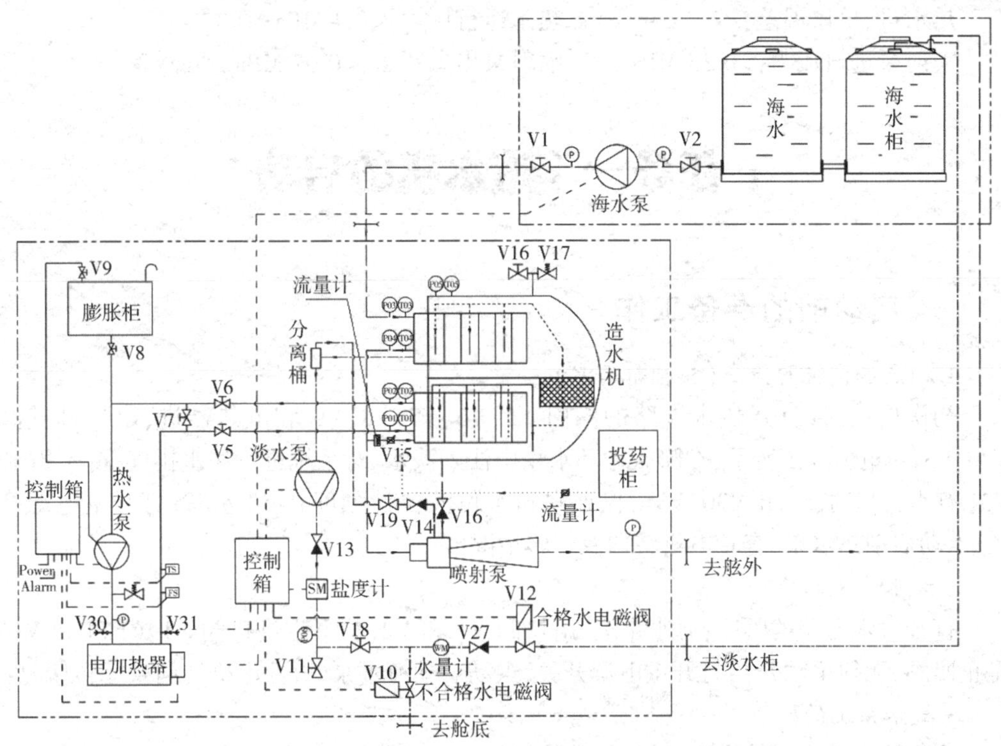

图 17-1 造水机系统图

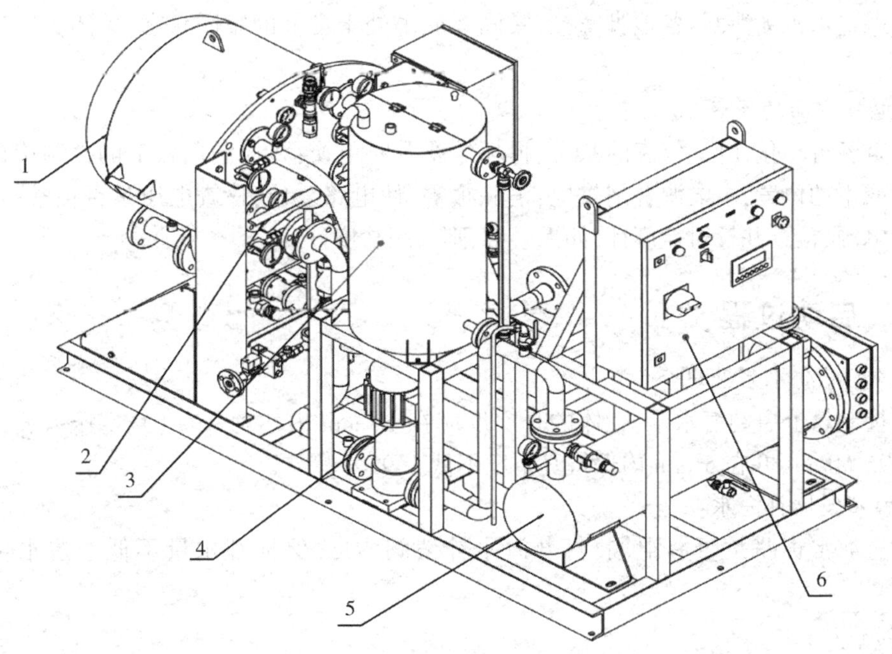

图 17-2 FWG-5 造水机系统外观图

1—板式造水机；2—蝶阀；3—膨胀水箱；4—热水泵；5—电加热器；6—控制箱

热水进、出口温差:<12 ℃;　　　热水运行压力:<0.4 MPa;
喷射泵进口压力:>0.35 MPa;　　喷射泵出口背压:<0.07 MPa。

任务一 造水机的启动

一、启动前的准备工作

1.加热水系统的检查(模拟缸套水)

初次启动时,打开热水管路的阀门 V5、V6、V7、V8、V9 和电热器进、出口排气阀 V30、V31,如图 17-1 所示;在膨胀循环水箱中注入淡水,对系统进行注水排气,待 V30 和 V31 有水排出时,关闭 V30、V31,保证水箱水位液位计刻度在 55 左右;打开主电源开关,点动启动热水泵,查看电机转向及运转情况。

2.海水系统的检查

打开海水管路的阀门:海水泵进、出口阀 V1 和 V2,抽真空进口阀 V19(V14 和 V16 是止回阀,无须手动开);打开主电源开关,点动启动海水泵,查看电机转向及运转情况。

3.凝水系统的检查

检查淡水输出管路是否通畅,相关的阀门是否正常打开(主要是打开 V19),检查淡水泵情况。

4.造水机本体的检查

确保造水机无泄漏,各地脚螺栓、紧固螺栓等处于良好的紧固状态,关闭真空破坏阀 V16。

5.电气方面的检查

检查各自动化元件、仪表的状态,损坏的要及时更换;将控制面板上的控制旋钮置于关闭或手动位置,主电源合闸供电;消除报警,使电路复位,检查电压是否正常;合上盐度计电源,检查并校对盐度计,如无异常,则关闭盐度计。

二、启动过程

(1)启动海水泵抽真空:

在控制箱上启动海水泵,腔体的真空度应在 10 min 内达到 95%(真空压力表读数为-0.095 MPa),并在 5 min 内保持真空度不低于 93%。

(2)蒸发器补海水:

检查海水管路是否有泄漏,打开海水补偿阀 V15,保证补水量不低于造水量的 3 倍。

(3)投药:

加造水机阻垢剂溶液并按比例稀释,加药流量计调节至 35 mL/min 左右。

(4)加热:

打开热水管路旁通阀 V7、补给阀 V8 和排气阀 V9(注:V9 阀开 1.5~2 圈即可,只要有出水),同时关闭蒸发器进、出口阀 V5、V6 。在控制箱上先启动系统运行开关旋钮,这时热水循环泵启动运行,再在操作屏上点击电加热器启动,系统开始运行加热。在系统水温接近 70 ℃时,慢慢打开进、出口阀 V5、V6,然后慢慢关小旁通阀 V7。

(5)排凝水:

同时观察汽水分离器视窗,有水流出时,启动淡水泵。系统正常运行时,开启盐度计,对产水进行监测控制。

(6)启动后检查系统和调整各参数(见任务二)。

任务二 造水机的运行管理

一、系统检查

1.外观检查

检查系统有无跑、冒、滴、漏现象;检查系统各地脚螺栓、紧固螺栓等是否紧固;检查自动化元件、仪表及接线是否损坏。

2.参数检查

检查海水各温度表及压力表读数;检查加热水温度及压力,热水膨胀柜水位;检查造水机真空表压力、流量表读数;检查投药装置运行情况;查看盐度计读数及控制面板上的各参数。

二、参数调整

为了获得质优量多的淡水,需做好下列各项工作:

(1)保持适当的给水倍率,维持适宜的盐水浓度和蒸发器水位

通常,给水倍率 μ 应控制在 3~4,并使蒸发器中的水位处于水位计高度的 1/2~2/3 处。如因真空度或加热水温变化致使造水量和水位发生变动,就需借阀 V15 来适当调节给水量。(水位过高,会使淡水的含盐量变高。给水倍率太小,则盐水浓度过大,会使淡水的质量变差,也会导致结垢增多;给水倍率太大,则盐水带走的热量增多,会使产水量减少。)

(2)调节淡水泵的流量,维持适当的凝水水位

装置运行时,应注意调节淡水泵出口阀的开度,以使淡水泵流量与造水量相适应。一般应将凝水水位维持在水位计高度的 1/3~1/2 处。(凝水水位太高,则冷凝器中被凝水淹没的管束就越多,冷凝能力下降;凝水水位太低,则凝水泵会因流注高度太低而产生气穴现象,甚至失吸。淡水泵不应在无水的情况下工作,否则轴封会因发热而损坏。)

(3)控制加热水流量,保持适宜的造水量

当蒸发压力一定时,装置的造水量就仅取决于加热水的流量及其温度。加热水流量的调节,可借加热水的旁通阀 V7 来进行。通常,加热水流经蒸发器后的温降为 6~9 ℃。(当热水进口温度降低时,为了保持造水量,就应适当加大热水的流量,但需注意

不要因此引起沸腾加剧而影响水质。)

(4)控制冷却海水的流量,维持适当而稳定的真空度

装置的蒸发温度保持在35~45 ℃(相应的真空度为94%~90%)。真空度可通过冷凝器的冷却水量来控制。

当船舶进入热带航区时,海水温度可达30~32 ℃或更高,这时因冷凝器的冷凝能力下降,真空泵的抽吸性能也会变差,从而引起真空度下降,对应的蒸发温度升高,结垢也将随之加剧。如果开大冷却水后真空度仍然较低,则需相应减少加热水的流量,降低淡水产量。

当海水温度较低时,蒸发温度也可能低于35 ℃,为了防止沸腾过于剧烈而影响水质,这时可减少冷却水流量或稍开真空破坏阀V16,使真空度保持在90%~94%。这时不宜加大水流量或加热使淡水产量超过设计值,造成盐水沸腾剧烈,使所产淡水含盐量过高。

三、检修维护

(1)盐度计清洗:盐度传感器每使用一个月左右需拆出清洁一次,以免电极脏污,使测量不准确。清洁时,盐度计应在热淡水中浸泡,勿用硬物刮刷,以免损坏电极表面的铂铑镀层。

(2)及时清洗蒸发器和冷凝器。

(3)每年应检查冷凝器和蒸发器中的防蚀锌板,当其耗蚀过半时应予以换新。

(4)漏气检验及堵漏:对各水泵和有关系统,要检查各结合处的严密性、填料函的密封性、轴的磨损及叶轮的情况等。

为了检查装置的密封性,可将蒸馏器通外界的各阀关闭,然后启用真空泵抽空,直至真空度达到93%时停止抽气,如在1 h内真空度下降量超过10%,则必须进行检漏。

通常,最易漏气的地方是淡水泵的轴封和有关各阀的阀杆填料箱处。泵运行时,可采用烛火法或线香法检漏,持烛火或线香沿各结合面慢慢移动,如发现火焰或香烟向内移动,即表明该处漏气。

对填料函的渗漏,可通过调整紧度或更换填料的方法来解决;对固定部件结合处的泄漏,可采用涂密封剂或油漆的办法来解决;对漏缝或漏孔,则可先充塞适当的填充物,再在表面涂油漆、沥青或环氧树脂。

任务三 造水机的停用

当船舶驶近港口或在离海岸不超过20 n mile的海域航行时,为了防止海水中的污物、病菌等污染淡水,应使装置停止工作。

一、停加热

打开旁通阀V7,关闭蒸发器进、出口阀V5、V6,在电加热器控制箱上关闭系统运行

开关旋钮,使热水循环泵和电加热器停止运行。

二、停凝水

使淡水泵停止运转,关闭盐度计,停止加药。

三、加强冷却后停海水

继续开启海水补偿阀 V15 且开至最大,同时慢慢打开位于主板顶部的球阀 V16,完全释放造水机腔体内的真空,以确保有足够流量的海水对蒸发器进行冷却和冲洗。保持海水泵运行 20~30 min,然后关闭海水补偿阀 V15,通过观察位于主板底部的视窗,待腔体内海水全部排出后,再关闭海水泵及主海水管路上的阀门。

四、关闭系统电源,对造水机进行停机后的检查与维护

检查造水机的各地脚螺栓、紧固螺栓等是否处于良好的紧固状态;检查设备泄漏情况,确认无泄漏;检查各泵的状态,确保处于良好的备用状态;检查各自动化元件、仪表的状态,若损坏,应及时更换。

项目十八

空调的操作与管理

一、安全注意事项

（一）人身安全

(1)穿戴好工作服、安全帽、手套等劳保用品;操作过程中,应注意安全,避免被旋转部件夹手、碰伤;学员必须在实训教师的指导下操作,严禁擅自操作。

(2)注意设备周围的环境,避免身体磕碰、摔倒,尤其避免接触压缩机排气管路、蒸汽管路,以防烫伤,注意用电安全。

（二）设备安全

(1)启动前充分做好准备工作:清除旋转部件周围的异物;设备地脚螺栓和紧固螺栓紧固良好;防止对地面的污染;泵启动时,保证壳体内满水,避免干转。

(2)勿踩踏设备及相关管路,勿碰触、扯拽接线、电磁阀、继电器等电路。

二、基础知识

（一）空调系统（如图 18-1 所示）

该系统制冷工况利用蒸发器(即空冷器)降温、除湿,取暖工况利用加热器加热,利用蒸汽加湿。

（二）空调的工况选择

(1)当气温低于 15 ℃时,空调应按取暖工况运行。空气的加热和加湿分别由空调系统中的空气加热器和加湿器来完成。气温在 0~5 ℃以上时一般不加湿。外界气温降低时,应适当增大加湿量。

(2)当气温高于 25 ℃时,空调应按降温工况运行。室温与外界气温的温差以不超过 6~10 ℃为宜,以免人员进、出舱室感觉骤冷、骤热,导致感冒。

(3)当气温在 15~25 ℃时,空调应按通风工况运行。全部采用外界新风,空调系统的回风门应完全关闭。加热、加湿和冷却系统均停用,风机宜在低速挡运行以减少电力消耗和降低噪声。

(4)保持合适的回风比(回风量与总风量之比)。在满足新鲜空气需要的前提下,

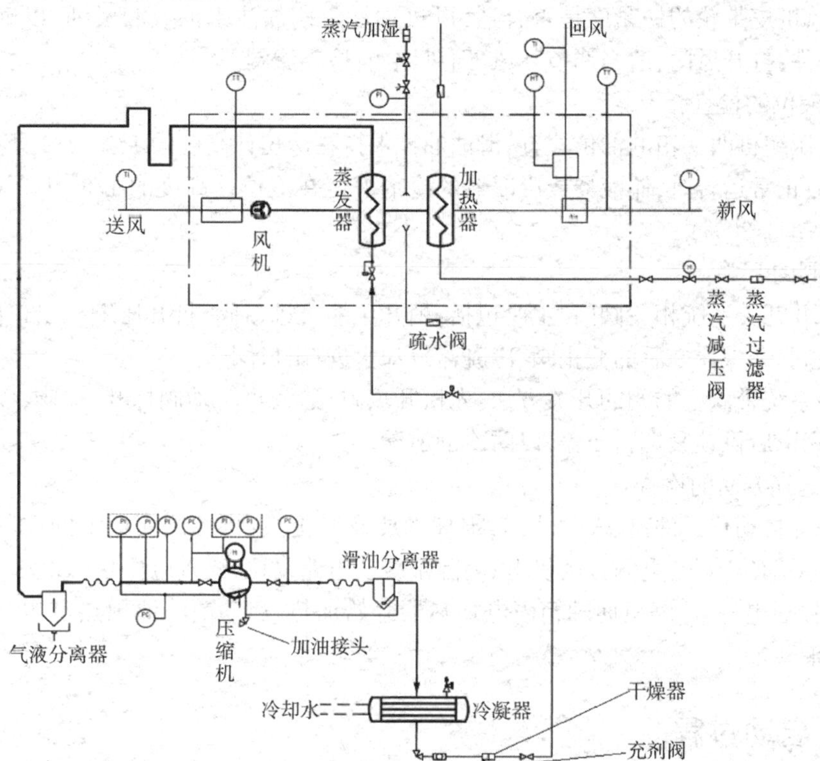

图 18-1 空调系统

采用较高的回风比,可减少能耗。用新风和回风风门开度来调节回风比。回风比一般在空调安装后初次调试时已经调定,并做有记号。下列情况可以改变回风比:春秋季单纯通风时可采用全新风;气候特别湿热或寒冷(超过空调的设计条件)时,适当增加回风比,以保持合适的湿度和温度;外界空气特别污浊时,暂时提高回风比,甚至可以在短时间内采用全回风。

(三)空调的主要参数

机组型号:DUCK UNIT-DU4530

耗功率:10 kW; 制冷量:30 kW; 能量调节:50%、100%;

冷剂:R407C; 蒸发温度:6 ℃; 加热蒸汽压力:0.4 MPa;

主电源:380 V; 控制电源:220 V; 冷却水:36 ℃。

任务一 空调降温工况的操作与运行管理

一、启动前的准备工作

(1)机械方面的检查:

清除空调系统的旋转部件周围的异物,如开式压缩机的转轴、风机的转轴等处;检查系统各地脚螺栓、紧固螺栓等是否紧固;盘车,对风机进行机械检查,检查转动是否灵活，检查风机皮带轮的松紧度是否合适，风机轴承定期加注牛油或润滑油，以确保良好的润滑条件；打开风门，适当调节新风、回风比例，检查滤网。

(2)液位的检查：

制冷压缩机曲柄箱的油位检查，滑油油位保持在液位计高度的1/2~2/3处，不足则适当补油；正常运转时，储液器或冷凝器的冷剂液位在液位计高度的1/3~1/2处(全部回收时不超过80%)。

(3)阀的开关：

检查并开关系统相关阀门，主要包括：稍开压缩机进口阀，打开压缩机出口阀、冷凝器的出液阀、干燥器之后的截止阀、冷凝器冷却水进/出口阀。

制冷系统带阀杆的阀的开关方法：先松开填料压盖，再转动阀杆开、关阀，以减少填料磨损，完毕后再锁紧填料压盖，以防冷剂泄漏。

(4)电气方面的检查：

检查各自动化元件、仪表的状态，损坏的要及时更换；将控制面板上的控制旋钮置于关闭或手动位置，主电源合闸供电；消除报警及电路复位，检查电压是否正常。

(5)接通电源，压缩机曲轴箱内电加热器开始加热，启动前将油预热至30 ℃左右，以防“奔油”。

二、启动过程

(1)开冷却水：接通冷却水，通过压力表和温度表查看冷凝器冷却水的水压和水温是否正常，通常水压为1~2 kg，水温在36 ℃以下(船舶低温淡水水温)。

(2)启动风机：点动启动风机，对风机进行检查，如无异常，则启动风机。

(3)启动制冷压缩机：多次点动启动制冷压缩机以防“奔油”，并检查其运行状态，如无异常，则将制冷压缩机置于自动位运行。逐渐开大压缩机吸入截止阀直至全开，开阀过程中如果听到液击声，应立即关小吸入截止阀，过一会再开大。

(4)检查设备：对系统进行机械、液位、电气等方面的全面检查，如无异常，则设备按制冷工况正常工作。

三、运行管理

1.外观检查

检查系统有无跑、冒、滴、漏现象；检查系统各地脚螺栓、紧固螺栓等是否紧固；检查自动化元件、仪表及接线是否损坏。

2.参数检查

检查各温度表、压力表读数是否合适。

3.日常维护

(1)在过滤器前、后通常设有U形玻璃管式风压计，以便测量过滤器前、后空气压差(流经过滤器的正常压降为2~10 mmH_2O)，应及时清洗或更换滤网；

(2)风机的滚动轴承每运转3个月左右加一次润滑脂，风机为皮带传动，应调节其松紧程度，防止打滑；

(3)关闭空调舱室门窗和其他有关的门窗,以防热空气侵入,导致空调的热负荷减小;

(4)保持承水盘泄水通畅,以免除湿产生的凝水在空调器内泛滥,被送风带入舱内。

四、日常操作

(1)通过充剂阀补充冷剂,压缩机为自动运行状态。

①确定冷剂的种类和数量。

②接管驱气:接充冷剂的软管,没有顶针的一端接冷剂钢瓶的出口,拧紧并接牢固;有顶针的一端与充剂阀入口虚接,留一点缝隙。稍开钢瓶出口阀,虚接端口有白气漏出时,立即拧紧该接头。

③阀的开关准备:关闭冷凝器或储液器冷剂的出液阀,打开干燥器的前、后截止阀,关闭干燥器的旁通阀(有的系统干燥器无旁通阀),其他的阀处于正常的运转位。

④开阀,充注并补充冷剂:如果钢瓶内没有管,钢瓶出口向下斜放或倒放在磅秤上;如果钢瓶内有管,钢瓶出口向上正放在磅秤上;打开钢瓶的出口阀,打开充剂阀,压缩机自动运行开始补充冷剂;在充冷剂过程中如发现低压管路结霜融化,吸入压力降低,干燥器、充剂接管和钢瓶结霜,稍过一会又融化,则说明钢瓶中冷剂已抽完,应另换一瓶。

⑤停止加冷剂:根据充入的冷剂的重量或从储液器液位计液位估计冷剂量,一旦充足(储液器或冷凝器的冷剂液位在液位计高度的 1/3~1/2 处,全部回收时不超过 80%),应关闭钢瓶的出口阀,阻止冷剂流出。

⑥回收软管内冷剂:当空调压缩机自动停止时,将空调压缩机置于手动位,手动启动空调压缩机,对系统进行充分的抽真空(为了更好地回收冷剂,也可以用热毛巾热敷充冷剂的软管)。钢瓶出口接管结霜,待结霜又消失后,即表明接管中液态冷剂已经收回,再将空调压缩机置于自动运转位,关闭充剂阀。

⑦经干燥器运转:打开出液阀,使制冷设备处于干燥运转中,充冷剂过程和充冷剂后的 8~12 h,应使冷剂干燥器(有的系统干燥器无旁通阀)循环,以吸除冷剂中混有的水分。

⑧正常运转:干燥运转一段时间后,关闭干燥器的进、出口截止阀,打开干燥器旁通阀,使设备恢复正常运转。

(2)制冷系统检漏,检漏时使设备处于正常运转状态。

主要泄漏部位:阀、管的接口;焊缝;密封面的接合处(垫片部位);盘根和轴封。

①油迹示漏

由于氟利昂与滑油互溶(只能检漏氟利昂与滑油互溶的系统),只要经常使装置各部分保持清洁,一旦出现油迹,就表明该处可能有泄漏。

②皂液检漏

A.查漏用的肥皂液,可用肥皂粉调制,可在其中加几滴甘油,使泡沫不易破裂,也可用适当稀释的洗发精或洗涤剂代替。

B.用毛刷将肥皂液涂到可能泄漏的部位,如果有气泡冒出,说明该部位泄漏,气泡越大、越多,说明泄漏越严重。

C.检漏时必须细心观察,这种方法不适用于温度低于 0 ℃的部位和温度太高的部位，对低压管路和细微的泄漏也不太适用。

③卤素检漏灯检漏

卤素检漏灯的工作原理：在空气中不含氟利昂时，检漏灯的火焰呈淡蓝色。当空气中含氯元素的氟利昂超过5%～10%时，氟利昂与炽热的铜接触，就会分解产生氯元素，并与铜发生化学反应，生成的化合物使火焰变色。随着空气中氯氟利昂浓度的增大，火焰的颜色将由浅蓝色变为浅绿色、深绿色、亮蓝色，甚至火焰熄灭。检漏过程如下：

A.加强被检测空间的通风：使泄漏的冷剂尽快散发出去，以防影响检测效果。

B.清洁、疏通检漏灯：清洁铜片或铜丝的污垢和氧化物；用通针把喷嘴孔口清通一下，保持喷嘴畅通，然后把防风罩拧上。

C.点灯并调节火焰高度：微开调节阀，将其点燃，通过控制调节阀的开度，调节火焰的高度，使火焰的外焰恰好处在铜片之下为宜。

D.进行探测，观察火焰颜色以判断是否泄漏：使用过程中，卤素检漏灯直立朝上，卤素检漏灯不能放到鼻子下方，防止中毒；将探测软管的入口放至可能泄漏部位的正下方，沿各检漏部位缓慢移动，火焰颜色为浅蓝时没有泄漏；当火焰颜色变为浅绿色、深绿色、亮蓝色，甚至火焰熄灭，则说明有泄漏，颜色越深说明泄漏越严重。

E.熄灯：检漏灯停用时，轻轻关闭调节阀，以使火焰熄灭为原则。不可将调节阀关得太紧，以防检漏灯冷却后收缩而使阀座和阀芯损坏。

④电子检漏仪检漏

电子检漏仪将铂金丝电极加热至800～900 ℃，引起氟利昂电离而产生电流，再测出电流强度大小，从而判断空气中氟利昂的浓度。这种检漏仪对卤素的检漏灵敏度很高(能查出每年0.3～0.5 g的微漏)，反应速度快，重量小，携带方便且安全。

A.加强被检测空间的通风：使泄漏的冷剂尽快散发出去，以防影响检测效果。

B.检查电子检漏仪的状态：保证电池电量充足、显示正常，适当调节电子检漏仪检漏的灵敏度，若泄漏轻微，则将灵敏度调高点，若泄漏严重，则将灵敏度调低点。

C.检漏过程：将探测管的入口放到可能泄漏部位的正下方，缓慢移动；当电子检漏仪的指示灯变为红色、报警声变得急促时，说明该部位发生泄漏。

D.关闭电子检漏仪。

(3)更换干燥剂。

①阀的开关准备：打开干燥器的出口截止阀(此时干燥器的进口截止阀处于关闭状态)，关闭干燥器的旁通阀，使其他阀处于正常的运转位。

②对干燥器抽真空后拆除：手动启动空调压缩机，对干燥器进行充分的抽真空(干燥器外表结霜时)，使压缩机停止运转，关闭干燥器出口截止阀，卸下干燥器。

③清洁填充：卸下螺母，拆开干燥器，将旧的干燥剂倒掉，用酒精、汽油等挥发性有机溶剂清洁干燥器内部及滤网，并用压缩空气吹干。将新的干燥剂填充到干燥器内，充满、压实。

④装复驱气：填充完毕后，将干燥器组装好，再装到原位，除虚接干燥器出口接口外，拧紧其他接口。然后稍开干燥器的进口截止阀，使冷凝器的冷剂进入干燥器，当虚接接口冒白气时，立即拧紧该接头。

⑤干燥运转：打开干燥器的进、出口截止阀，关闭干燥器的旁通阀，使空调处于干燥

运转中。

⑥正常运转：干燥运转一段时间后，关闭干燥器的进、出口截止阀，打开干燥器旁通阀，使空调恢复正常运转。

(4)补充冷冻机油，此时设备处于使用状态。

压缩机运行中加油：

①从轴带滑油泵吸入端的三通阀补充滑油。

A.确保所加滑油牌号与原来所用滑油牌号相同。

B.接管：使空调压缩机暂停运转，取一根软管，一端接在装放油阀的外接管上，另一端插在油桶内油的中间位置。

C.驱气加油：先将油阀转至"放油"位置，驱除接管内的空气，再将三通阀转至"充油"位置，恢复压缩机运转，油泵自行吸入。

D.停止加油：当曲轴箱油位达到 1/2~2/3 高度时，将三通阀转至"工作"位置。

E.使设备恢复正常运行。

②从压缩机曲轴箱加油接头(带针阀)补充滑油。

A.确保所加滑油牌号与原来所用滑油牌号相同。

B.接管驱气：停止压缩机运转，将油桶置于高于加油接头的位置；将软管没有顶针的一端插在油桶内油的中间部位；将有顶针的一端接加油接头，拧紧并接牢固。此时，针阀打开，用曲柄箱内的冷剂驱除软管中的空气。

C.补油：手动启动压缩机，关小压缩机进口截止阀，将曲轴箱抽至一定真空，在外界大气压力与曲柄箱内压力(真空状态)的共同作用下，将滑油压到曲柄箱内。

D.停止加油：当滑油开始流入曲柄箱时，注意观察滑油的油位，油位达到 1/2~2/3 时，立即将加油接头拧下来，停止加油。

E.恢复设备正常运行：打开压缩机进口截止阀，使空调恢复正常运行。

③压缩机停机加油：

从压缩机加油旋塞(加油孔)加油，此时需停机后加滑油，防止空气进入曲轴箱。

A.确保所加滑油牌号与原来所用滑油牌号相同。

B.回收压缩机曲柄箱内的冷剂：关闭吸气截止阀，手动运行压缩机，使曲轴箱内压力下降到零，然后停机。

C.加滑油：关闭排气截止阀，旋出加油孔旋塞，即可用漏斗迅速灌入润滑油。

D.恢复系统：旋紧加油孔旋塞，开启吸、排气截止阀，使空调恢复正常运行。

④利用压缩机吸入截止阀多用通道，此时需停机后加滑油，以防压缩机吸入滑油后液击。

A.确保所加滑油牌号与原来所用滑油牌号相同。

B.接管驱气：关闭压缩机吸入截止阀多用通道，接好加油接管，稍开多用通道即关，用机内冷剂驱除加油接管内的空气，立即用拇指封住接管的管口。

C.曲轴箱抽真空：关闭压缩机的吸入截止阀，多次点动启动压缩机，直至达到稳定的真空后停机。

D.加滑油：把加油接管管口置于油桶内油的中间部位，松开拇指，油即被吸入曲轴箱，一次加油量不够可重复进行。

E.停止加油:油位达到 1/2~2/3 时,立即开启吸气截止阀,关闭压缩机进口截止阀多用通道,停止加油。

F.恢复系统:拆去接管,系统恢复运行状态。

(5)释放不凝性气体。

系统运行中会产生一些不凝性气体,这些气体主要是外界漏入(拆装、操作不规范)的空气。这些气体的导热性能很差,将导致冷凝压力增大和排气温度升高,增加压缩机功率消耗,降低装置的制冷量,使润滑油容易变质,因此必须设法排除。

如果冷凝器的安装位置高于压缩机,通常是通过冷凝器上的放空气阀来放气的;如果冷凝器的安装位置低于压缩机,则可通过松开排气管路的压力表接头(或排出阀多用通道)来放气。特别注意,在压缩机运行时不得排放空气,因为排放空气时冷剂损失很大。释放不凝性气体的具体操作如下:

①关闭储液器的出液阀。

②启动压缩机,把系统中的冷剂连同不凝性气体一起压入冷凝器中,然后使压缩机停止。

③继续向冷凝器供冷却水,以使冷剂充分冷凝,直至冷凝器中的压力不再下降为止(1~2 h),这时不凝性气体聚集在上部。

④打开冷凝器顶部的放空气阀,让气体流出几秒钟即关,停一会重复这一操作。空气比冷剂轻,静置后聚集在容器顶部,分次操作可减轻扰动、减少冷剂损失。每次放空气后都要观察排出压力表,当冷凝器中的压力接近水温所对应的冷剂饱和压力时,应结束放空气的操作。如果压力降得太低,但降低后又渐渐回升,则表明放掉的是冷剂。

⑤恢复设备正常运行:打开出液阀,使空调恢复正常运行。

五、停机

空调的停用分为临时停用和长时间停用。

1.临时停用的步骤

(1)关闭出液阀。此时压缩机处于自动运转模式,在低压继电器的作用下,压缩机自动停止。将压缩机的控制方式转到手动位。

(2)关闭压缩机吸口截止阀。

(3)停水泵,关闭冷凝器的冷却水进、出口阀等相关的水阀。

(4)停风机。

(5)切断装置的电源。

2.长时间停用的步骤

(1)关闭出液阀。此时压缩机处于自动运转模式,在低压继电器的作用下,压缩机自动停止,启停几次后,手动停止压缩机运转。

(2)回收冷剂。将压缩机的控制方式转到手动位,手动启动压缩机,对系统内的冷剂进行回收。当压缩机的吸口压力表的指针接近 0 而又高于 0 时,停压缩机。

(3)关闭压缩机吸口截止阀。

(4)停水泵,关闭冷凝器的冷却水进口阀、出口阀等相关的水阀。

(5)半分钟后停风机。

(6)切断装置的电源。

(7)关闭冷凝器的进口截止阀,减少设备停用时冷剂的泄漏。

3.停用后的检查

(1)压缩机曲柄箱的油位检查,滑油的油位应保持在1/2~2/3,不足时应适当补油。储液器或冷凝器的冷剂液位在液位计高度的1/3~1/2处,全都回收时不超过80%。

(2)检查空调系统的紧固件和地脚螺栓是否处于良好的紧固状态。盘车,对风机进行机械检查,检查转动是否灵活、机皮带轮的松紧度是否合适,对风机轴承定期加注牛油或润滑油,以确保良好的润滑条件。

(3)检查仪表与自动化元件,确保仪表与自动化元件处于良好状态,如有损坏,应及时更换。

(4)清洁整理,确保设备处于良好的备用状态。

任务二 空调取暖工况的操作与运行管理

一、启动前的准备

1.机械方面的检查

清除风机旋转部件周围的异物;检查系统各地脚螺栓、紧固螺栓等是否紧固;盘车,对风机进行机械检查,检查转动是否灵活,检查风机皮带轮的松紧度是否合适,对风机轴承定期加注牛油或润滑油,以确保良好的润滑条件;打开风门,适当调节新风、回风比例,检查滤网。

2.加热蒸汽管路的检查

确保蒸汽管路密封良好,向凝水管路上的阻汽器注水,各蒸汽阀操作灵活、无泄漏。设定好各加热参数。

3.加湿蒸汽管路的检查

确保蒸汽管路密封良好,各蒸汽阀操作灵活、无泄漏。设定好各加湿参数。

4.电气方面的检查

检查各自动化元件、仪表的状态,损坏的要及时更换;将控制面板上的控制旋钮置于关闭或手动位置,主电源合闸供电;消除报警及电路复位,检查电压是否正常。

二、空调的启动

(1)开启加热器:缓慢开启加热器的进汽阀,使冷管有一个暖管泄水的过程,防止水击,几分钟后再开回水阀,确保阻汽器充满水。通过机械式蒸汽加热调节阀设定加热温度。

(2)启动风机:应先使加热器投入工作,再启动风机,以免外界冷空气直接吹入舱室。

(3)开启加湿器:打开加湿阀,使加湿器投入工作。在加热器开动后再开启加湿器,否则无法有效加湿。新风口处设有加湿温度控制开关，可设在 0～14 ℃。例如，设为 5 ℃：当外界环境气温高于或等于 5 ℃时，不加湿；当外界环境气温低于 5 ℃时，启动加湿。回风口和送风口设有湿度控制开关，回风口处的湿度开关可设置在 50%～70%，送风口处的湿度开关可设置在 70%～90%。例如，回风口设为 50%，送风口设为 70%：当送风口湿度高于 70%时停止加湿，当回风口湿度低于 50%时启动加湿，则可使舱室湿度维持在 50%～70%。通过加湿管路上的蒸汽减压阀调整蒸汽压力，建议调整为 0.1 MPa。

(4)空调开始自动运转。

三、运行管理

(1)外观检查：检查系统有无跑、冒、滴、漏现象；检查系统各地脚螺栓、紧固螺栓等是否紧固；检查自动化元件、仪表及接线是否损坏。

(2)参数检查：检查各温度表、压力表读数是否合适。

(3)在过滤器前、后通常设有 U 形玻璃管式风压计，以便测量过滤器前、后空气压差（流经过滤器的正常压降为 2～10 mmH_2O），应及时清洗或更换滤网。

(4)风机的滚动轴承每运转 3 个月左右加一次润滑脂，风机为皮带传动，应调节其松紧程度，防止打滑。

(5)关闭空调舱室门窗和其他有关的门窗，以防热空气侵入，导致空调的热负荷减小。

四、停机操作

(1)停止加湿：关闭加湿阀，使加湿器停止工作。

(2)停风机：关闭加湿阀，半分钟后再停风机，让风机将已经加湿的空气全部吹出风管，以免风管中出现凝水。

(3)停止加热：关闭加热器的进汽阀，关闭回水阀。

(4)切断装置的电源。

五、停用后的检查

(1)检查空调系统有无泄漏，如有泄漏，应及时消除泄漏。

(2)检查空调系统的紧固件和地脚螺栓是否处于良好的紧固状态；盘车，对风机进行机械检查，检查转动是否灵活，检查风机皮带轮的松紧度是否合适，对风机轴承定期加注牛油或润滑油，以确保良好的润滑条件。

(3)检查仪表与自动化元件，确保仪表与自动化元件处于良好状态，如有损坏，应及时更换。

(4)清洁整理，确保设备处于良好的备用状态。

项目十九

制冷装置的操作与管理

一、安全注意事项

（一）人身安全

每位学员熟悉安全事项；穿戴好工作服、安全帽、手套等劳保用品；操作过程中，应注意安全，避免被旋转部件夹手、碰伤；防止冻伤、窒息；学员必须在实训教师的指导下操作，严禁擅自操作。

（二）设备安全

启动前充分做好准备工作：清除旋转部件周围的异物；保证良好的润滑和冷却；设备地脚螺栓和紧固螺栓紧固良好；防止对地面的污染。

二、基础知识

（一）制冷系统

船舶氟利昂伙食冷库制冷装置如图 19-1 所示。该制冷装置采用安全环保的制冷剂 R407C，压缩冷凝机组选用“Carrier”的开启活塞式压缩机，电机和压缩机采用三角皮带传动，冷凝器采用淡水冷却。电气控制箱具有压缩机高压和低压保护、电机过载保护、风机与压缩机联锁等功能，用来保护和控制压缩机。其主要元件有断路器、接触器、中间继电器、按钮、指示灯、PLC、触摸屏等，采用常规继电器控制和 PLC 控制两种方式。

（二）主要参数

制冷剂：R407C；

高压正常工作压力：1.2~1.75 MPa；

高压断开值：1.8~1.85 MPa；

低压正常工作压力：0.1~0.25 MPa；

低压断开值：0.02 MPa；

低压接通值：0.12~0.15 MPa。

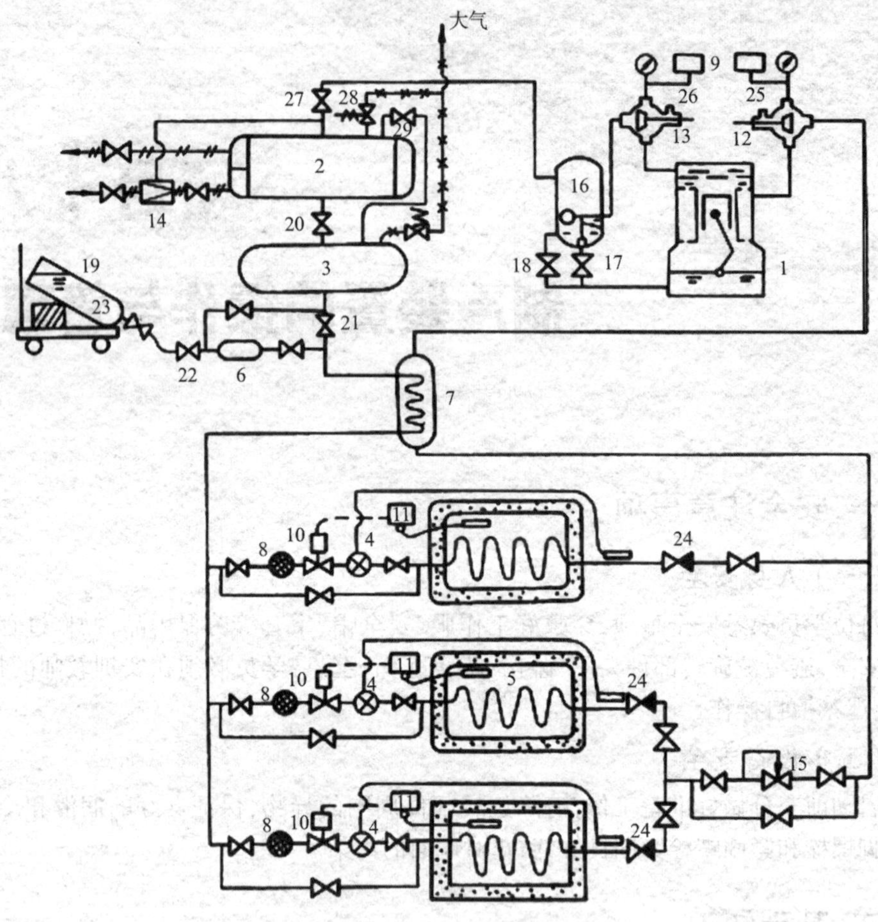

图 19-1　船舶氟利昂伙食冷库制冷装置

1—压缩机;2—冷凝器;3—贮液器;4—热力膨胀阀;5—蒸发器盘管;6—干燥器;7—回热器;8—过滤器;9—压力继电器;10—电磁阀;11—温度继电器;12—吸入截止阀;13—排出截止阀;14—水量调节阀;15—蒸发压力调节阀;16—滑油分离器;17—浮球式自动回油阀;18—手动回油阀;19—制冷剂钢瓶;20—冷凝器出液阀;21—贮液器出液阀;22—充剂阀;23—钢瓶;24—止回阀;25—吸入阀多用通道;26—排出阀多用通道;27—冷凝器进口阀;28—安全阀;29—平衡管截止阀

任务一　制冷装置的启动与停用

一、制冷装置的启动

1.启动前的准备

(1)制冷管系上阀的开关准备

从压缩机的吸入截止阀开始,沿着冷剂的流动方向对各阀的开关状态进行操作性检查:关闭压缩机的吸入截止阀(阀 12)(为轻载启动和防止液击);打开压缩机的排出截止阀(阀 13);打开滑油分离器的浮球式自动回油阀(阀 17);关闭滑油分离器的手动回油阀(阀 18);打开冷剂的冷凝器进口阀(阀 27);打开冷凝器或储液器冷剂的冷凝器出液阀(阀 20);关闭干燥器的前、后截止阀;打开贮液器出液阀(阀 21);打开供液电磁阀和膨胀阀的前、后截止阀,关闭旁通阀;打开蒸发压力调节阀(阀 15)的前、后截止阀。

(2)制冷设备的外表检查和维护

①检查制冷压缩机曲柄箱的油位,滑油的油位应保持在 1/2~2/3,不足时应适当补油。

②储液器或冷凝器的冷剂液位在液位计高度的 1/3~1/2 处(全都回收时不超过 80%)。

③检查冰机系统有无泄漏,如有泄漏,应及时消除泄漏。

④检查仪表与自动化元件,确保仪表与自动化元件处于良好状态,如有损坏,应及时更换。

⑤确保冰机系统的紧固件和地脚螺栓处于良好的紧固状态。

⑥清除冰机系统的旋转部件周围的异物(如开式压缩机的转轴、风机的转轴等)。

(3)冰机冷却水系统的准备

开启冰机水泵的进口阀,关闭冰机水泵的出口阀,打开冷凝器的进、出口阀及旁通阀,确保冷却水泵处于良好的备用状态。

(4)控制箱的准备

①将选择控制面板上的控制旋钮置于关闭或手动位置。

②打开控制箱,检查确认内部电路是否正常,若无异常,则主电源合闸供电。

③消除报警及电路复位。

④检查电压是否正常,若无异常,则可开始操作。

2.启动

(1)启动风机。

(2)启动冷却水泵,待水泵平稳运转后,打开泵的出口阀,调节冷凝器的旁通阀至合适的冷却水流量。

(3)点动启动制冷压缩机(或盘车),检查压缩机的运行状态,若无异常,将制冷压缩机置于自动运转模式。

(4)开启压缩机的进口截止阀,注意缓慢开启以防液击。

(5)冰机开始运转。

3.启动后的检查

(1)检查运行参数(压缩机进口压力、压缩机出口压力、压缩机滑油压力、冰库温度及运转电流等),使其符合设备运转要求。

(2)检查自动化元件(高低压继电器、滑油压差继电器等),确保自动化元件处于良好的运转状态。

(3)检查制冷压缩机曲柄箱的油位,滑油的油位应保持在 1/2~2/3,不足时应适当补油。

(4)储液器或冷凝器的冷剂液位在液位计高度的 1/3~1/2 处,全都回收时不超过 80%。

(5)检查冰机系统有无泄漏,如有泄漏,应及时消除泄漏。

(6)确保冰机系统的紧固件和地脚螺栓处于良好的紧固状态。

(7)倾听设备运转声音。如果设备运转声音异常,则停机检修;如果设备运转声音正常,则说明启动成功。

二、制冷装置的停用

制冷装置的停用分为临时停用和长时间停用。

(一)临时停用

1.停用顺序

(1)关闭出液阀。此时压缩机处于自动运行模式,在低压继电器的作用下,压缩机自动停止。将压缩机的控制方式转到手动位。

(2)停水泵,关闭冷凝器的冷却水进口阀、出口阀等相关水阀。

(3)停风机。

(4)切断装置的电源。

(5)关闭压缩机吸口截止阀。

2.停用后的检查

(1)检查制冷压缩机曲柄箱的油位,滑油的油位应保持在 1/2~2/3,不足时应适当补油。

(2)储液器或冷凝器的冷剂液位在液位计高度的 1/3~1/2 处,全都回收时不超过 80%。

(3)检查冰机系统有无泄漏,如有泄漏,应及时消除泄漏。

(4)检查仪表与自动化元件,确保仪表与自动化元件处于良好状态,如有损坏,应及时更换。

(5)确保冰机系统的紧固件和地脚螺栓处于良好的紧固状态。

(6)清洁整理,确保设备处于良好的备用状态。

(二)长时间停用

1.停用顺序

(1)关闭出液阀。此时制冷压缩机处于自动运转模式,在低压继电器的作用下,制冷压缩机自动停止运转。

(2)回收冷剂。将制冷压缩机的控制方式转到手动位,手动启动制冷压缩机,对系统内的冷剂进行回收。当制冷压缩机的吸口压力表的指针接近 0 而又高于 0 时,使制冷压缩机停止工作。

(3)停水泵,关闭冷凝器的冷却水进口阀、出口阀等相关水阀。

(4)停风机。

(5)切断装置的电源。

(6)关闭压缩机的吸口截止阀。

(7)关闭冷凝器的进口截止阀,减少设备停用时冷剂的泄漏。

2.停用后的检查

(1)检查制冷压缩机曲柄箱的油位,滑油的油位应保持在 1/2~2/3,不足时应适当补油。

(2)储液器或冷凝器的冷剂液位在液位计高度的 1/3~1/2 处,全都回收时不超过 80%。

(3)检查冰机系统有无泄漏,如有泄漏,应及时消除泄漏。

(4)检查仪表与自动化元件,确保仪表与自动化元件处于良好状态,如有损坏,应及时更换。

(5)确保冰机系统的紧固件和地脚螺栓处于良好的紧固状态。

(6)清洁整理,确保设备处于良好的备用状态。

任务二 制冷装置的日常管理

一、通过充剂阀补充冷剂(设备此时处于使用状态)

(1)确定冷剂的种类和充剂量:用磅秤称重,确定充剂量。

(2)制冷管系上阀的开关准备。关闭冷凝器或储液器制冷剂的出液阀,打开干燥器的前、后截止阀,关闭干燥器的旁通阀,使其他阀处于正常的运转位。

(3)接管驱气:接充冷剂的软管,没有顶针的一端接冷剂钢瓶的出口,拧紧并接牢固;有顶针的一端接充剂阀入口,接头虚接并稍漏一点缝隙。稍开钢瓶出口阀,虚接端口有白气漏出时,立即拧紧该接头。

(4)开阀充冷剂:如果钢瓶内没有管,则钢瓶出口向下倾斜放在磅秤上;如果钢瓶内有管,则钢瓶出口向上正放在磅秤上。打开钢瓶的出口阀,打开充剂阀。

(5)启动制冷压缩机充冷剂:启动风机、水泵及制冷压缩机,自动状态下运转。此时冷剂开始进入制冷系统。

(6)充足后停止加冷剂:根据充入的冷剂的重量,或从储液器液位镜上估计冷剂量,一旦充足(储液器或冷凝器的冷剂液位在液位计高度的 1/3~1/2 处,全都回收时不超过 80%),关闭钢瓶的出口阀,阻止冷剂流出。

(7)对充冷剂的软管进行抽真空回收冷剂:当制冷压缩机自动停止时,将制冷压缩机置于“手动”位,手动启动制冷压缩机,对系统进行充分的抽真空(吸口压力表的指针处于某个真空度不再变化时或干燥器结霜时,为了更好地回收冷剂,也可以用热毛巾热敷充冷剂的软管)。最后将压缩机置于“自动”位运转,关闭充剂阀。

(8)干燥运转:打开出液阀,使制冷设备干燥运转(运转时间 8~12 h)。

(9)正常运转:在干燥剂投入运转一段时间后,关闭干燥器的进、出口截止阀,打开干燥器旁通阀,使设备恢复正常运转。

二、制冷系统检漏(设备此时处于使用状态)

经常发生泄漏的部位:(1)阀、管的接口;(2)焊缝;(3)密封面的结合处(垫片部位);(4)盘根和轴封。

1.油迹示漏

由于氟利昂与滑油互溶,只要经常使装置各部分保持清洁,一旦出现油迹,就表明该处可能有泄漏。

2.皂液检漏

(1)查漏用的肥皂液可用肥皂粉调制,在其中加几滴甘油,使泡沫不易破裂;也可用适当稀释的洗发精或洗涤剂代替。

(2)用毛刷将肥皂液涂到可能泄漏的部位。如果有气泡冒出,说明该部位泄漏,气泡越大、越多,说明泄漏越严重。

(3)检漏时必须细心观察,这种方法不适用于温度低于 0 ℃的部位和温度太高的部位,对低压管路和细微的泄漏也不太适用。

3.卤素检漏灯检漏

(1)清洁、疏通:清洁铜片或铜丝的污垢和氧化物;用通针把喷嘴孔口清通一下,保持喷嘴畅通,然后把防风罩拧上。

(2)点火:微开调节阀,用点火器将其点燃。

(3)调节火焰高度:通过控制调节阀的开度,调节火焰的高度,以火焰的上沿恰好处在铜片之下为宜。

(4)进行检测:

①卤素检漏灯直立朝上。

②卤素检漏灯不能放到鼻子下方,防止中毒。

③将探测软管的入口放到可能泄漏部位的正下方。

④探测软管时,移动速度要缓慢。

(5)通过观察火焰颜色判断泄漏情况:将吸气软管沿各检漏部位缓慢移动,火焰颜色为浅蓝时表示没有泄漏。当火焰的颜色变为浅绿色、深绿色、亮蓝色,甚至火焰熄灭时,说明有泄漏,颜色越深,泄漏越严重。

(6)熄灯:检漏灯停用时,轻轻关闭调节阀,以使火焰熄灭为原则。不可将调节阀关得太紧,以防检漏灯冷却后收缩而使阀座和阀芯损坏。

4.电子检漏仪检漏

电子检漏仪将铂金丝电极加热至 800~900 ℃,引起氟利昂电离而产生电流,再测出电流强度大小,从而判断空气中氟利昂的浓度。这种检漏仪对卤素的检漏灵敏度很高(能查出每年 0.3~0.5 g 的微漏),反应速度快,重量小,携带方便且安全。

(1)加强被检测空间的通风:使泄漏的冷剂尽快散发出去,以免影响检测效果。

(2)检查电子检漏仪的状态:确保电池的电量充足,显示正常。

(3)适当调节电子检漏仪检漏的灵敏度:泄漏轻微,则将灵敏度调高点;泄漏严重,则将灵敏度调低点。

(4)探测:将探测管的入口放到可能泄漏部位的正下方,缓慢移动。当电子检漏仪的指示灯变红色、报警声变急促时,说明该部位发生泄漏,应逐一探测以寻找泄漏点。

(5)关闭电子检漏仪。

三、更换干燥剂(设备此时处于使用状态)

(1)制冷管系上阀的开关准备:打开干燥器的出口截止阀(此时干燥器的进、出口截止阀处于关闭状态),关闭干燥器的旁通阀,使其他阀处于正常的运转工作位。

(2)对干燥器进行抽真空:手动启动制冷压缩机,对干燥器进行充分的抽真空(干燥器外表结霜时),使压缩机停止运转。

(3)隔离拆卸:待干燥器内冷剂回收完毕后,关闭干燥器出口截止阀,卸下干燥器。

(4)清洁填充:卸下螺母,拆开干燥器,将旧的干燥剂倒掉,清洁干燥器内部及滤网,保证干净、干燥。再将新的干燥剂填充到干燥器内,充满、压实。

(5)装复驱气:填充完毕后,将干燥器组装好,再装到原位,除虚接干燥器出口接口外,拧紧其他接口。然后稍开干燥器的进口截止阀,使冷凝器的冷剂进入干燥器,当虚接接口冒白气时,立即拧紧该接头。

(6)干燥运转:打开干燥器的进、出口截止阀,关闭干燥器的旁通阀,使制冷设备处于干燥运转中。

(7)正常运转:干燥运转一段时间后,关闭干燥器的进、出口截止阀,打开干燥器旁通阀,使设备恢复正常运转。

四、补充冷冻机油(设备此时处于使用状态)

(一)压缩机运行中加油

1.从轴带滑油泵吸入端的三通阀补充滑油

(1)确定滑油的种类与数量:确保所加滑油牌号与系统原来所用滑油牌号相同。

(2)接管:取一根软管,一端接在装放油阀的外接接头上,另一端插在油桶内,将软管入口放到油的中间部位。

(3)停机:暂停制冷压缩机运转。

(4)驱气加油:先将油阀转至"放油"位置,以驱除接管内的空气,再将三通阀转至"充油"位置,恢复压缩机运转,油泵自行吸入。

(5)停止加油:当曲轴箱油位达到2/3高度时,将三通阀转至"工作"位置。

(6)使设备恢复正常运行。

2.从压缩机曲轴箱加油接头(带针阀)补充滑油

(1)确定滑油的种类与数量:确保所加滑油牌号与系统原来所用滑油牌号相同。

(2)制冷管系上阀的准备:制冷压缩机自动停止后,关闭压缩机的进口截止阀,使其他阀处于正常的运转位。

(3)接管驱气:将油桶置于高于加油接头的位置。将充油的软管没有顶针的一端插在油桶内,软管入口放到油的中间部位。将有顶针的一端接加油接头,拧紧并接牢固。此时,针阀打开,用曲柄箱内的冷剂驱除软管中的空气。

(4)补油:手动启动压缩机,将曲轴箱抽真空,建立合适的真空度后停压缩机(当看到滑油从软管流入曲柄箱时);利用外界大气压力与曲柄箱内压力(真空状态)的差值,将滑油压到曲柄箱。

(5)停止加油:当滑油开始流入曲柄箱时,注意观察滑油的油位。当油位达到 1/2~2/3时,停止加油,立即将加油接头拧下来,拧下的过程就是关闭针阀的过程。

(6)使设备恢复正常运行:打开压缩机进口截止阀,使冰机恢复正常运行。

(二)压缩机停机加油

1.从压缩机加油旋塞加油

(1)确定滑油的种类与数量:确保所加滑油牌号与原来所用滑油牌号相同。

(2)回收压缩机曲柄箱内的冷剂:关闭吸气截止阀,使压缩机手动运行,使曲轴箱内的压力下降到零,然后停机。

(3)加油:拆下加油旋塞,用漏斗灌注加油。当滑油的油位达到 1/2~2/3 时,停止加油,然后拧紧加油旋塞。

(4)使设备恢复正常运行:打开压缩机进、出口截止阀,使冰机恢复正常运行。

2.利用压缩机进口截止阀多用通道

(1)确定滑油的种类与数量:确保所加滑油牌号与系统原来所用滑油牌号相同。

(2)制冷管系上阀的准备:制冷压缩机自动停止后,关闭压缩机的进口截止阀,使其他阀处于正常的运转位。

(3)对曲柄箱抽真空:手动启动压缩机,将曲轴箱抽真空。建立合适的真空度,使压缩机停止运转。

(4)灌油驱气:将加油软管两端放平,用漏斗将软管内加满滑油。

(5)接管加油:将充油的软管的一端用手堵住,另一端接压缩机进口截止阀的多用通道,拧紧并接牢固。将油桶置于高于加油接头的位置,把软管的一端插在油桶内,软管入口放到油的中间部位。打开压缩机进口截止阀的多用通道,利用外界大气压力与曲柄箱内压力(真空状态)的差值,将滑油压到曲柄箱。

(6)停止加油:当滑油开始流入曲柄箱时,注意观察滑油的油位。当油位达到 1/2~2/3 时,立即关闭压缩机进口截止阀的多用通道,停止加油。最后将加油软管拧下来。

(7)使设备恢复正常运行:打开压缩机进口截止阀,使系统恢复正常运行。

3.更换滑油

(1)确定滑油的种类与数量:确保所加滑油牌号与系统原来所用滑油牌号相同。

(2)回收压缩机曲柄箱内的冷剂:关闭吸入截止阀,手动启动压缩机,对压缩机曲轴箱进行充分的抽真空,停压缩机。关闭压缩机的进口截止阀,使压缩机处于隔离状态。

(3)泄放曲轴箱内脏油并清洁曲柄箱:拆下加油旋塞和泄放旋塞,放空脏油。清洁曲轴箱,装复泄放旋塞,确保密封。

(4)加油:用漏斗从加油旋塞灌注加油。当滑油的油位达到 1/2~2/3 时,停止加油,然后拧紧加油旋塞。

(5)排出曲柄箱内不凝性气体:打开压缩机出口截止阀的多用通道,手动启动压缩机,对压缩机曲轴箱进行充分的抽真空,关闭压缩机出口截止阀的多用通道,停压缩机。

(6)使设备恢复正常运行:打开压缩机进、出口截止阀,使制冷系统恢复正常运行。

五、释放不凝性气体

系统运行中会产生一些不凝性气体,这些气体主要是外界漏入(拆装、操作不规范)

的空气。这些气体的导热性能很差,将导致冷凝压力和排气温度升高,增加压缩机功率消耗,降低装置的制冷量,使润滑油容易变质,因此必须设法排除。

如果冷凝器的安装位置高于压缩机,通常是通过冷凝器上的放空气阀来放气的;如果冷凝器的安装位置低于压缩机,则可通过松开排气管路的压力表接头(或排出阀多用通道)来放气。具体操作如下:

(1)制冷管系上阀的准备:关闭储液器的出液阀,使其他阀处于正常的运转位。

(2)对系统抽真空:手动启动压缩机,把系统中的冷剂连同不凝性气体一起压入冷凝器中,同时加大冷却水量。进行充分的抽真空,然后停压缩机。

(3)静置冷却:继续向冷凝器供冷却水,以使冷剂充分冷凝,直至冷凝器中压力不再下降为止(1~2 h),这时不凝性气体聚集在上部。

(4)分次释放不凝性气体:打开冷凝器顶部的放空气阀,让气体流出几秒钟即关闭放空气阀,停一会重复这一操作。空气比冷剂轻,静置后聚在容器顶部,分次操作可减轻扰动,减少冷剂损失。一般分 2~3 次释放。

(5)停止释放:每次释放时注意观察排出压力表,如果释放时压力降低,停止释放后压力又回升,则表明不凝性气体释放得比较彻底。当冷凝器中的压力接近冷却水出口温度所对应的冷剂饱和压力时,应结束放空气的操作。

(6)使设备恢复正常运行:打开出液阀,使冰机恢复正常运行。

六、制冷装置融霜

(一)电热融霜

电热融霜适用于冷风机式蒸发器的冷库系统,利用风机与电加热器对蒸发器外表进行加热,使霜层融化。它较热气融霜简单,操作也更为方便,容易实现自动控制,在伙食冷库制冷装置上被广泛采用。其缺点是既要增设电热设备,又耗电。

操作步骤:

(1)关闭供液电磁阀。

(2)将蒸发器抽空后,停压缩机,有的还需关闭回气管截止阀。

(3)停通风机,如果是冷藏舱,其设有单独的空气冷却器间,应关闭进、出风门。

(4)将融霜加热器通电,将融霜泄水聚集在空冷器下的集水盘泄出。

(5)霜融完毕后停止电加热。

(6)开启供液电磁阀及相关的阀,缓慢开启,以防液击,使冰机系统恢复运转。

(二)热气融霜

热气融霜把压缩机排出的高温气体冷剂引回蒸发器,利用排气热量使霜层融化,这是船用制冷装置常用的一种方法。

融霜的蒸发器已变为冷凝器,为了保证融霜的热气来源,融霜时需至少有一个蒸发器在制冷,所以该方法只适用于一机多库的装置,且需增设融霜热气管和回液管。如果正常制冷的冰库热负荷过小,融霜所需的热气就会不足,可开启库门,人为地增大热负荷,以加快融霜速度。在融霜过程中应适当控制压缩机的吸气量,以避免开度过大导致压缩机液击。热气融霜分为顺流融霜和逆流融霜。

1.顺流融霜

顺流融霜的工作原理如图 19-2 所示。

操作步骤:

(1)停止融霜库制冷:关闭供液截止阀 3,停止向 1 号库蒸发器供液,用压缩机把该库蒸发器内冷剂抽空。关闭蒸发器回气截止阀 8,以隔断与回气总管的通路,停风机。

(2)开始融霜:逐渐开启融霜热气阀 5,把热气引入 1 号库蒸发器融霜。当蒸发器内的压力稳定后,开足热气阀 5。开启融霜回液阀 10,1 号库蒸发器内冷凝的液体冷剂和未冷凝的气体冷剂经回液阀 10 流向冷凝器。视压缩机排压和融霜情况,可适当关小或关闭热气流向冷凝器的进口阀 1,以加快融霜速度。

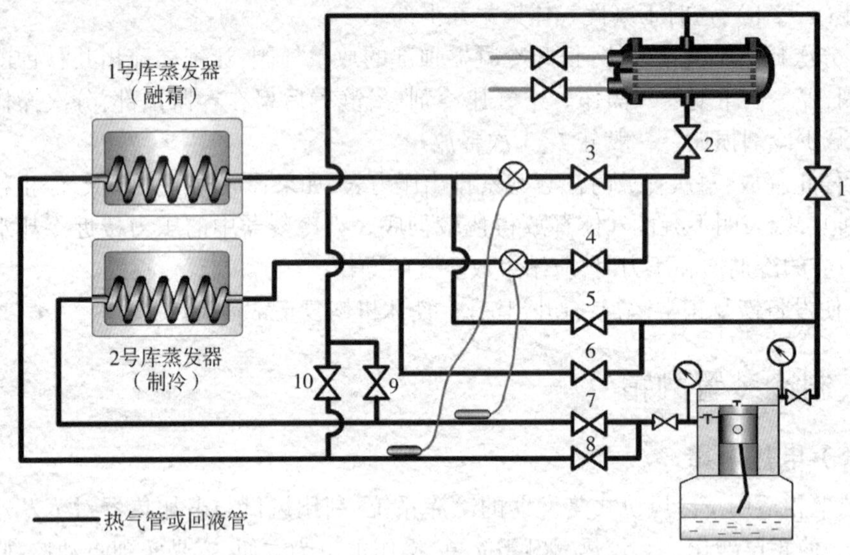

图 19-2 顺流融霜的工作原理

1—进口阀;2—出口阀;3、4—供液截止阀;5、6—热气阀;7—回气阀;8—回气截止阀;9、10—回液阀

(3)停止融霜:1 号库蒸发器的霜层完全融化后,开足冷凝器的进口阀 1,关闭融霜热气阀 5 和融霜回液阀 10。

(4)恢复制冷:缓慢开启 1 号库蒸发器回气截止阀 8,以防被融霜库蒸发器内残存的液体冷剂流入压缩机而产生液击。开启 1 号库蒸发器供液截止阀 3,恢复向 1 号库蒸发器供冷剂。

2.逆流融霜

逆流融霜的工作原理如图 19-3 所示。

操作步骤:

(1)停止融霜库制冷:关闭供液截止阀 3,停止向 1 号库蒸发器供液,并用压缩机把该库蒸发器内冷剂抽空。关闭蒸发器回气截止阀 8,以隔断与回气总管的通路。

(2)开始融霜:逐渐开启融霜热气阀 5,把热气引入 1 号库蒸发器融霜。当蒸发器内的压力稳定后,开足热气阀 5。开启融霜回液阀 9,1 号库蒸发器内冷凝的液体冷剂和未冷凝的气体冷剂经回液阀 9 流向冷凝器。视压缩机排压和融霜情况,可适当关小或关闭热气流向冷凝器的进口阀 1,以加快融霜速度。

(3)停止融霜:1 号库蒸发器的霜层完全融化后,开足冷凝器的进口阀 1,关闭融霜热气阀 5 和融霜回液阀 9。

(4)恢复制冷:缓慢开启 1 号库蒸发器回气截止阀 8,以防被融霜库蒸发器内残存的液体冷剂流入压缩机而产生液击。开启 1 号库蒸发器供液截止阀 3,恢复向 1 号库蒸发器供液。

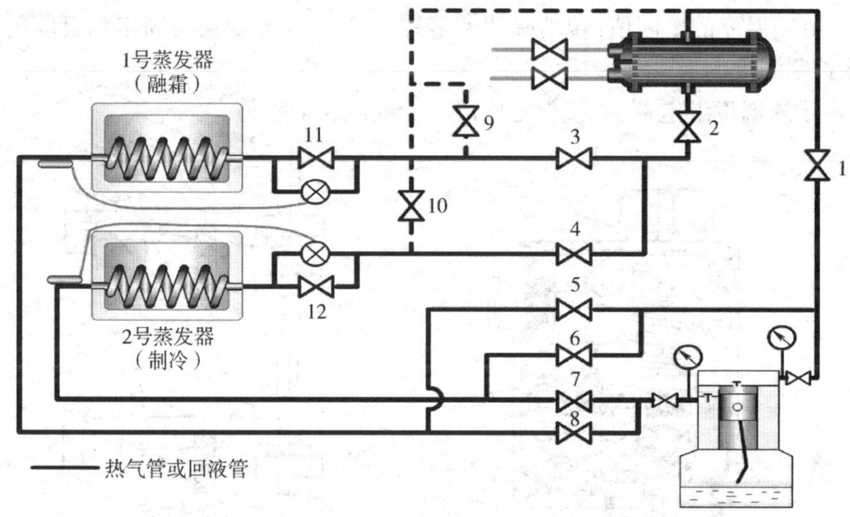

图 19-3 逆流融霜的工作原理

1—进口阀;2—出口阀;3、4—供液截止阀;5、6—热气阀;7—回气阀;8—回气截止阀;9、10—回液阀;11、12—膨胀阀旁通阀

任务三 制冷参数的调整

一、冷凝压力的调节

(1)先通过改变冷却介质的温度和流量来调节冷凝压力,冷却介质的温度升高和流量减小,均会导致传热温差的减小,使热交换能力下降。实船上主要通过控制冷却水的旁通阀或出口阀的开度来调整冷却水的流量,从而调节冷凝压力。船用冷凝器的进、出水的设计温差一般为 2~4 ℃。

(2)及时清洁冷却器热交换面的油垢和污物,因为传热表面积聚的油垢和污物均会导致传热系数减小。冷凝器热交换能力的降低,势必造成冷凝压力增大和冷凝温度升高,使制冷量减少和制冷系数减小。

(3)释放不凝性气体。系统运行中会产生一些不凝性气体,这些气体主要是外界漏入的空气。这些气体的导热性能很差,将导致冷凝压力增大和排气温度升高,增加压缩机功率消耗,减少装置的制冷量,使润滑油容易变质,因此必须设法排除。

根据不同的冷剂确定不同的冷凝温度,如 R22 的冷凝压力一般为 1.3 MPa。

二、冰库温度的调整

(1)低温库(肉库、鱼库):远洋航线-20~-18 ℃;近洋航线-12~-10 ℃。

(2)高温库(菜库、乳品库):0~5 ℃。

(3)RT 型压力式温度继电器如图 19-4 所示:通过调节旋钮 8 改变调节弹簧 1 的张力,可改变控制温度的下限值;转动幅差调节螺母 3 可以改变它与固定圆盘间的间隙,从而改变控制温度的上、下限差值。

(4)电子式温度继电器:直接设定库温的上限值和下限值。

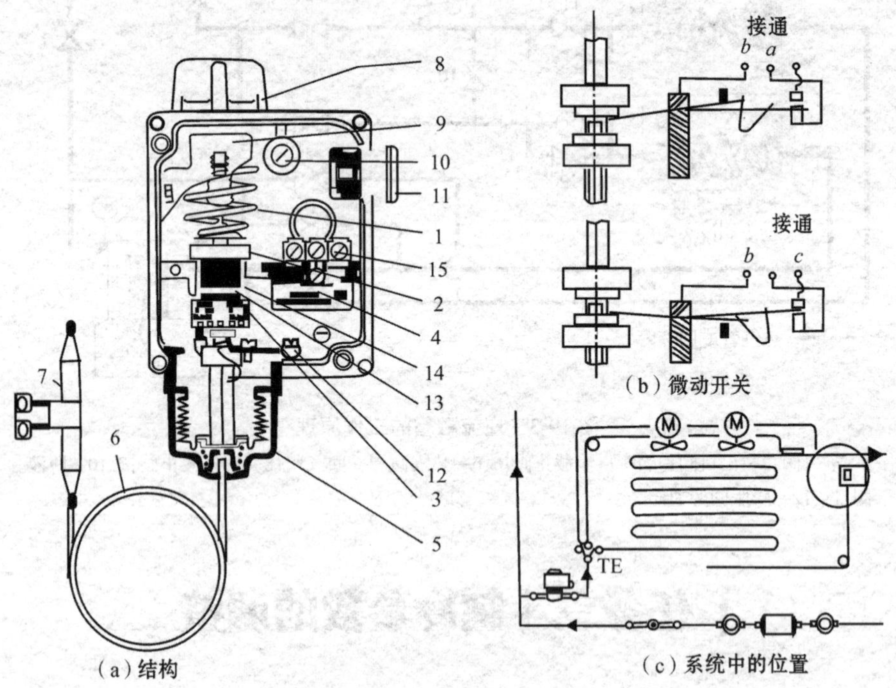

图 19-4 RT 型压力式温度继电器

1—调节弹簧;2—顶杆;3—幅差调节螺母;4—微动开关;5—波纹管组件;6—毛细管;7—感温包;8—调节旋钮;9—主标尺;10—接线柱;11—控制线接入端;12—地线接线柱;13—微动开关拨臂;14—固定圆盘;15—接线柱

三、热力膨胀阀的开度调整

调整热力膨胀阀,其开度要使蒸发器出口保持合适的过热度(3~6 ℃)。过热度大,经济性差、制冷慢;过热度小,易液击。

1.在装置运转稳定时进行调整

调试前的检查包括:冷剂充足;冷凝压力应在合适的范围内;阀本身完好并安装正确;阀及管路没有堵塞;蒸发器结霜不太厚;蒸发器若为冷风机,则应通风良好。如上述均已检查,运行中的装置在工况稳定时蒸发器出口过热度仍不合适,则需要调节膨胀阀。

2.调节幅度

每次调整过热度增减以不超过 0.5 ℃为宜。一般调节螺杆每转一圈过热度变化

1~1.5 ℃,故每次调节转动量一般不宜超过半圈。

3.查看调节效果

热力膨胀阀调节滞后性较大,调节效果对小型装置而言要 10 min 才能显现、对大型装置而言要 30 min 才能显现。故每次调节后应等待一段时间,待其工况稳定后,再判断是否还要再调,直到开度合适。调好后一般不要轻易乱动。

4.调节标准

(1)过热度保持在 3~6 ℃。

(2)外观现象:

①无回热器的系统

高温库:蒸发器的出口管结露,用手摸上去有发凉的感觉。低温库:蒸发器的出口管结霜,用手摸上去有沾手的感觉;压缩机进气管结霜,缸头部分结霜。

②有回热器的系统

高温库:蒸发器的出口管结薄霜,用手摸上去有发凉的感觉。低温库:蒸发器的出口管结霜,用手摸上去有沾手的感觉;压缩机进气管结霜,缸头部分结霜。

四、背压阀的调整

1.确定压力

按照比库温下限低 5~10 ℃来确定冷剂的蒸发温度,从冷剂性质表查得与该温度相对应的饱和压力,该压力即为背压阀进口侧的冷剂压力的调定值。

2.外接压力表

调整时应在压力表接头处接一只压力表。

在装置运转稳定时进行调整,系统处于正常工作状态,且平稳运转时,打开外接压力表截止阀,缓慢转动调节手轮,以改变调节弹簧的张力,使压力表指针指到调定值时为止。

五、过热度、过冷度的调整

1.过热度一般控制在 3~6 ℃

(1)调整热力膨胀阀,使蒸发器出口保持合适的过热度。

(2)首先,吸气过热度主要根据对制冷系数的影响来选取;其次,适当的过热度可以防止压缩机吸入液态冷剂而发生液击,也能减少有害过热,但吸气过热度太高又会使排气温度和滑油温度过高。过热段的换热能力很差,为了有效利用蒸发面积,蒸发器出口的过热度不宜过大。

2.过冷度一般控制在 3~5 ℃

(1)通过调节冷凝压力(温度)来控制过冷度。

(2)实际装置靠增加冷凝器换热面积来提高过冷度,所能达到的过冷度很有限,一般为 3~5 ℃,因此冷凝器到膨胀阀这段液管压降不宜超过 40~70 kPa,否则过冷度可能会消失并提前闪汽,使制冷量下降。

六、高、低压继电器的调整

YK-306 型高、低压继电器工作原理如图 19-5 所示。

1.高压继电器的调整

断开压力(上限值)可参照规定的最高工作压力(冷剂 46 ℃时所对应的饱和压力)选取。下限值影响不大,通常做成固定幅差。

2.低压继电器的调整

(1)低压断开压力(下限值):一般情况取设计的蒸发温度减去 5 ℃后所对应的冷剂饱和压力, 但不能低于 10 kPa。

(2)低压闭合压力(上限值):适当增大低压闭合压力(增大幅差),可减少压缩机启停次数, 但低压闭合压力所对应的冷剂饱和温度应适当低于库温上限。

(3)幅差值:低压继电器上、下限差值, R22 装置可取 0.1~0.2 MPa。

3.压力继电器的设定

压力继电器一般设定上限值和幅差值,即将主弹簧的指针放在上限值上,将幅差弹簧的指针放在幅差值上。

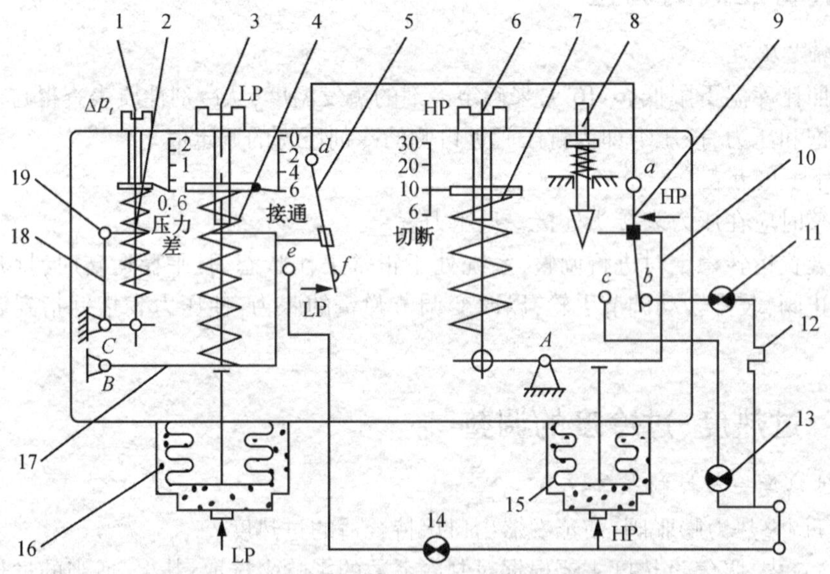

图 19-5 YK-306 型高、低压继电器工作原理图

1—低压幅差调节螺钉;2—低压幅差弹簧;3—低压主调螺钉;4—低压主调弹簧;5—低压微动开关;6—高压调节螺钉;7—高压调节弹簧;8—高压复位按钮;9—高压微动开关;10—角杠杆;11、14—正常信号灯;12—继电器线圈;13—超压信号灯;15—高压波纹管;16—低压波纹管;17—低压角杠杆;18—低压幅差角杠杆;19—低压幅差作用螺钉

七、油压差继电器的调整

油压差继电器是以滑油泵排出压力和曲轴箱压力(吸入压力)之差为信号进行控制的电开关。采用油泵强制润滑的压缩机,当油压差低于整定值时,在经过一定延时之后就会自动切断压缩机电路,以免压缩机因润滑压力不足而损坏,从而实现保护性停车。

压缩机在启动期间,其自带的滑油泵必须经过一段时间才能建立起正常的油压。一般压缩机润滑部位都有存油,允许在低油压下运转很短时间(活塞式压缩机为 50~90 s),暂时性油压差不足没有必要也不应该立即停车,因此油压差继电器中设有延时机构。

图 19-6 所示为国产 JC 3.5 型油压差继电器控制原理。上、下波纹管分别感受吸气压力和油泵排出压力,压差作用力与弹簧 20 的张力平衡,调节弹簧张力(通过调节可调弹簧座 21)可以调定压差触头 K 的动作值(保护压差低限)。当压差低于调定值时,触头接通 YJ 而与 DZ 断开。根据制冷设备说明书对油压差的要求,调节可调弹簧座 21,将主弹簧的指针放在要求值上。

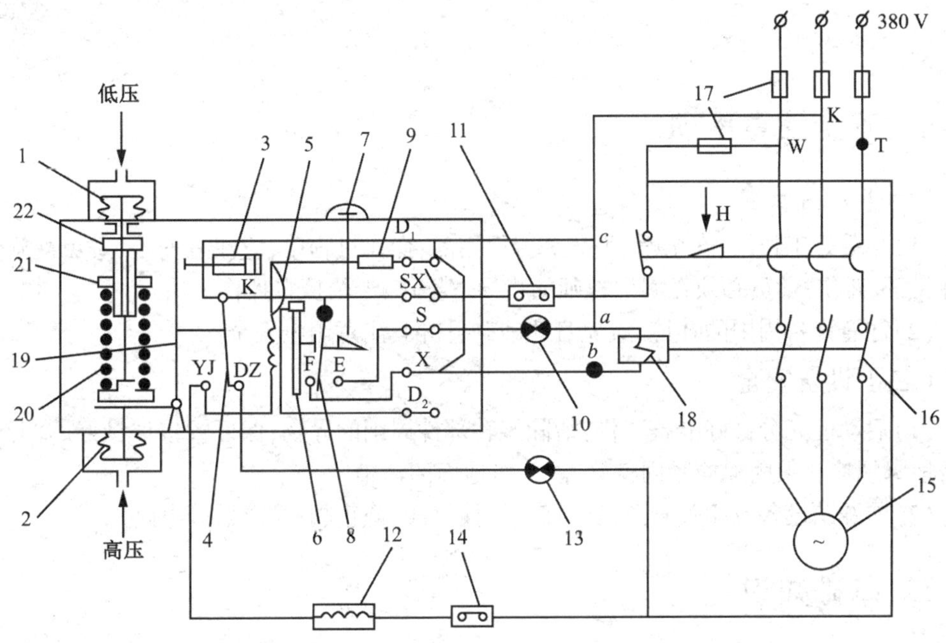

图 19-6 JC 3.5 型油压差继电器控制原理

1—低压波纹管;2—高压波纹管;3—试验按钮;4—压差开关;5—电加热器;6—双金属片;7—复位按钮;8—延时开关;9—降压电阻;10—故障信号灯;11—压力继电器触头;12—滑油加热器;13—正常信号灯;14—手动开关;15—压缩机电动机;16—接触器触头;17—熔断器;18—接触器线圈;19—杠杆;20—弹簧;21—可调弹簧座;22—调节轮;H—过载保护器复位按钮;K—压差触头

项目二十

舵机的操作与管理

一、安全注意事项

（一）人身安全

（1）穿戴好工作服、安全帽、手套等劳保用品；操作过程中，应注意安全，避免被旋转部件夹手、碰伤；学员必须在实训教师的指导下操作，严禁擅自操作。

（2）注意设备周围的环境，避免身体磕碰、摔倒，注意用电安全。

（二）设备安全

（1）启动前充分做好准备工作：清除旋转部件周围的异物；保证铰接件良好的润滑；设备地脚螺栓和紧固螺栓紧固良好；防止对地面的污染。

（2）勿踩踏设备及相关管路，勿碰触、扯拽接线、截止阀、继电器等电路。

二、基础知识

（一）舵机系统及参数

FE 系列舵机是以电动伺服控制的轴向柱塞变量泵为主泵和以拉普逊（Rapson）-拨叉式（或十字头式）为转舵机构的泵控型舵机。遥控系统把舵角指令通过力矩马达传递到主泵变量机构中的伺服滑阀，以控制主泵的排向和排量，然后实现转舵。图 20-1 示出了这种舵机的液压系统构成。其相关参数如下：

型号：FE21-053G；	最大转舵角：35°；
工作压力：19.2 MPa；	舵柄半径：465 mm；
液压泵规格：LV-090；	电动机规格：15 kW/380 V；
转矩：520 kN · m ；	油缸耐压试验：36 MPa；
柱塞直径：Φ170 mm；	油管耐压试验：36 MPa；
安全阀调整压力：24 MPa；	转舵速度：≤28 s/65°。

（二）主油路和工况选择

将两台互为备用的斜轴式变量柱塞主泵置于油箱内。主泵各自的主油路锁闭阀，转舵油缸 C1、C2 和（或）C3、C4 组成两对可各自独立工作的闭式系统。主油路各有一对安全阀。在主泵进口处各设置一对补油单向阀,在主油路锁闭阀后还各增设了一对补油单向阀。

如图 20-1 所示的舵机系统可有五种不同工况(如表 20-1 所示)。系统正常工作时,两个手动隔离阀工作在“N”位,处于系统图示左位状态,四个转舵油缸同时参加工作,工况为单泵四缸;进、出港和在狭水道航行时,采用双泵四缸工况;应急工况(某油缸漏油)时,根据故障油缸操作相应手动隔离阀,使其工作在“E”位,工况为单泵双缸,可进行应急下的操作。

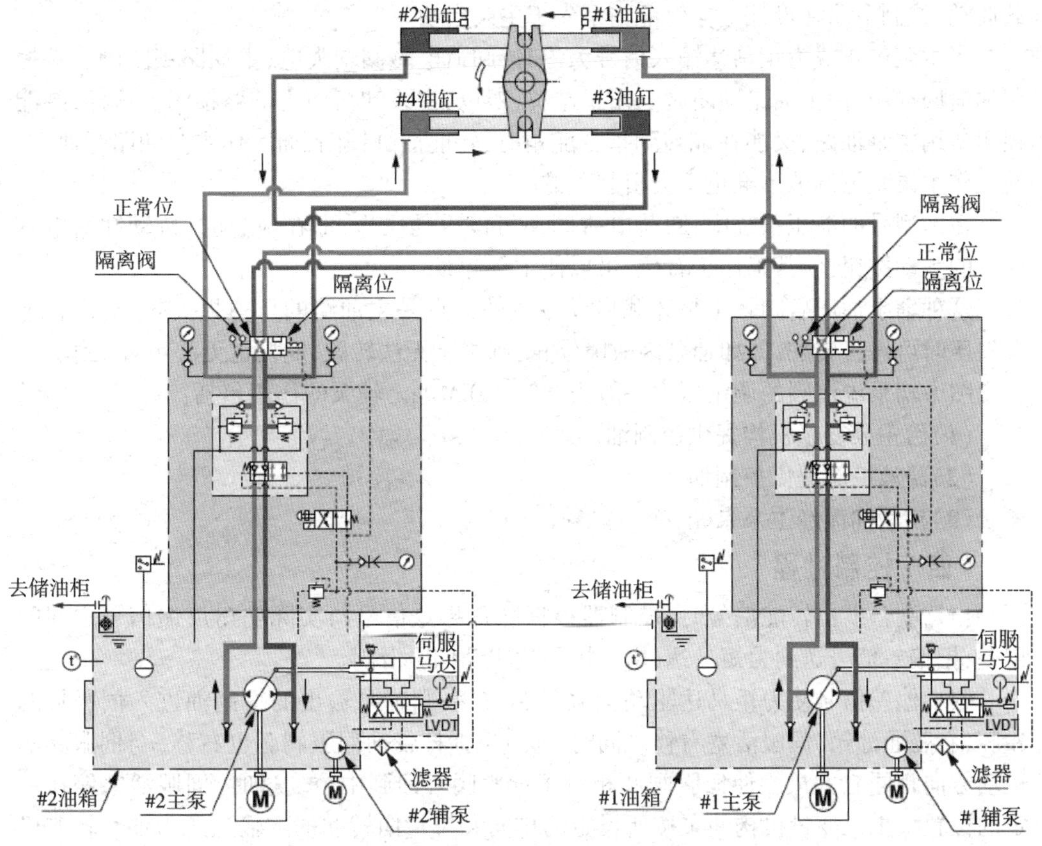

图 20-1 舵机系统图

表 20-1 舵机工况的选择

工况	使用主泵	工作场合	油缸状态		隔离阀状态		说明
			#1、#2 油缸	#3、#4 油缸	#1 隔离阀	#2 隔离阀	
1	#1,#2	机动航行	使用	使用	正常	正常	额定转舵扭矩,转舵速度加倍
2	#1	定速航行	使用	使用	正常	正常	额定转舵扭矩,额定转舵速度
3	#2	定速航行	使用	使用	正常	正常	
4	#1	应急工况	使用	旁通	隔离	正常	转舵扭矩减半,转舵速度加倍
5	#2	应急工况	旁通	使用	正常	隔离	

（三）卸载启动与主油路的锁闭

在主泵电机的 Y-△启动过程中，卸荷电磁阀尚未通电，而此时，辅泵已经启动，并输出控制油，经卸荷电磁阀右位，作用在主油路锁闭阀的左端（右端控制油经卸荷电磁阀右位泄回油箱），使主油路锁闭阀处于左位，所以锁闭转舵油缸油路，并使主泵的吸、排口旁通，从而保证无论泵变量机构处于什么状态均能卸载启动。启动过程结束后，卸荷电磁阀通电，工作于左位，辅泵输出的控制油作用在主油路锁闭阀右端（左端控制油经卸荷电磁阀左位泄回油箱），使主油路锁闭阀换至右位，主油路接通。为保证主泵卸载启动，控制电路在设计上应保证辅泵先于主泵启动。

当主泵停止或力矩马达输入信号为零时，卸荷电磁阀均失电，主油路锁闭阀右端控制油泄回油箱，使主油路锁闭阀工作于左位，所以，主泵卸荷而主油路锁闭。这样，既能锁闭备用主泵油路，又能在舵转到指令舵角时，转舵油缸锁闭，而工作主泵油路旁通，即使工作主泵零位调节不准也不会引起跑舵。

在本型号的液压系统中，卸荷电磁阀还可以手动操作，即在应急时，按动卸荷电磁阀上的手动按钮，使其工作于右位，可以使主泵卸载。

这种辅泵油压启阀式主泵卸载启动方式的优点是主油路的压力损失较小，而且辅泵失压时可停止转舵，即如辅泵因故障停止，则主泵无法转舵，舵机也无法正常工作。

图中辅泵溢流阀的调定压力一般为 0.8~1.0 MPa。辅泵的作用包括：

(1)给主泵变量机构提供控制油。

(2)给液控阀提供控制油。

(3)控制油流经主泵泵壳，冷却主泵。

（四）控制过程

当驾驶台发出转舵信号时，控制器根据舵角指令信号与实际舵角反馈信号之间的偏差，把偏差信号送到力矩马达，由力矩马达驱动伺服滑阀。

假如偏差信号使力矩马达驱动伺服阀芯右移，则辅泵输出的控制油进入伺服缸的左腔，右腔通油箱，伺服活塞右移。同时，通过反馈杆带动伺服阀套也右移（与伺服阀芯运动方向相同），并最终使伺服阀芯相对于伺服阀套回到中位。这时，伺服活塞停在一定的位置。主泵变量机构使泵按所设定的排向和排量向转舵油缸输送压力油。转舵机构把舵叶向要求的舵角转动，同时，把实际舵角的反馈信号送回控制器。

当实际舵角接近指令舵角，即偏差信号较小时，力矩马达将不足以克服伺服阀芯的弹簧力，所以伺服阀芯在弹簧力的作用下，将向左移，则辅泵输出的控制油进入伺服油缸的左、右两腔。

伺服活塞是差动式的，所以它将左移，同时带动伺服阀套左移，并使伺服阀芯回中，而此时，主泵的变量机构已将泵的排量减至最小。同时，舵角的偏差信号也已为零，停止转舵，主油路锁闭。

假如偏差信号使力矩马达驱动伺服阀芯左移，则动作过程与上述类似。

任务一 舵机的启动与停用

一、启动前的准备

1.液压管系上阀的开关准备

从油箱开始,沿着液压油的流动方向检查、操作各阀的开关状态。如相关的泵阀、缸阀及辅助油路的各阀等开关正确,使各阀门保持在所要求的位置上。

2.舵机设备的外表检查和维护

(1)主油箱和辅助油箱的油位、油温、油质的检查。液压油油位应保持在 2/3 左右,不足时应适当补油。油温低于 10 ℃时不宜启动,室温太低时应启用舵机室加热器。如油温低于 10 ℃但尚不低于 -10 ℃,且亟须启动,可让油泵在油路旁通的情况下空载运转一段时间,或实行小舵角操舵,直至油温升到 10 ℃以上再正常使用。

(2)检查各连接处的连接紧固件是否松动,向各摩擦部位注油。

(3)检查舵机系统各阀件及管接头等有无泄漏,如有泄漏,应及时消除泄漏。

(4)检查仪表与自动化元件,确保仪表与自动化元件处于良好状态,如有损坏,应及时更换。

(5)确保舵机系统的紧固件和地脚螺栓处于良好的紧固状态。

(6)清除舵机系统的旋转部件周围的异物。

3.控制箱的准备

(1)将操舵仪上的机组选择开关、控制方式的选择开关置于合适的位置。将操纵部位选择开关置于“LOCAL”位,舵角置于“0”位。

(2)打开控制箱,检查内部电路是否正常,若无异常,则主电源合闸供电。

(3)消除报警及电路复位。

(4)检查电压是否正常,若无异常,可开始启动操作。

二、启动

(1)按下启动按钮,先启动辅油泵,经过时间延时后再启动主油泵,检查并确认转向、电流、排压无异常。设备正常启动运转。

(2)手动操作舵机运转,试验舵机运转状态。

三、启动后的检查

(1)检查运行参数(液压油压力、液压油温度、液位及运转电流等),确保其符合设备运转要求。

(2)检查自动化监控元件(油压压力继电器、低油位浮子开关等),确保自动化监控元件处于良好运转状态。

(3)油箱油位应保持在 2/3 左右,不足时应适当补油。

(4)检查舵机系统有无泄漏,如有泄漏,应及时消除泄漏。

(5)确保舵机系统的紧固件和地脚螺栓处于良好的紧固状态。

(6)倾听设备运转声音。如果设备运转声音异常,停机检修;如果设备运转声音正常,启动成功。

四、舵机的停用

(1)将舵机的舵角转到 0°。

(2)将操舵仪上的操纵部位选择开关置于"LOCAL"位。

(3)停主油泵,停辅助油泵。

(4)切断装置的电源。

(5)关闭油路、冷却水管路上相关的截止阀。

任务二 舵机的日常管理

一、液压油的管理

1.油位

工作油箱中油位应经常保持在油位计显示范围的 2/3 左右。如油位升高,可能是油中进入过多空气或油冷却器漏水;如油位降低过快,则表明有漏油处,应查明修复,然后经过滤器向油箱补油。

2.油温

工作时最合适的油温是 30~50 ℃,油温高于 50 ℃时应使用油冷却器。

3.油质

(1)观察液压油的颜色:氧化后颜色变黑,乳化后颜色发白,混入空气后油变浑浊。

(2)闻液压油的气味:若有刺鼻性气味,则表示油变质。

(3)将液压油滴到滤纸上,如果扩散均匀,则表示油质良好。

(4)将液压油滴到炽热的铁上,如果发出"哧哧"声,则表示油中混入水等杂质。

二、运行参数的管理

1.油压

在主油路中,主泵排出油压应不高于说明书标定的最大工作油压,主泵吸入侧的油压则应不低于由补油条件(闭式系统)或吸油条件(开式系统)所确定的正常数值。辅油路中各处油压应符合设计要求。油压表阀平时应保持关闭,只在检查时打开,以减少损坏的可能性。

2.运转电流

运转电流应符合说明书的要求。

三、液压油管路及机械部件的管理

1.液压泵

泵轴与电动机应用弹性联轴器直接相连，轴线同心度误差不得超过 0.1 mm；泵内各轴承和润滑面得以充分润滑；地脚螺栓紧固良好。

2.过滤器

在舵机运行中应经常注意过滤器前、后压差，及时清洗或更换滤芯（依其种类而定），初次使用的舵机更应注意清洗过滤器。若在清洗过滤器时发现金属屑，必须严密注意其属性及增长情况，如金属屑数量继续增加，则表明系统内部有部件损坏。在过滤过程中，过滤元件的表面被混在液压油中的脏物污染，使进、出油口的压力差增加，这样会对伺服泵和液压元件产生坏的影响，其中指示器的作用就是预先知道过滤器阻塞情况的程度（压力差）。当指示器环（红色）浮在白色基准以上（最高位置）时，压力差为 2 kPa，这种情况下，过滤元件必须进行清洗。

3.润滑

油缸柱塞等滑动表面应保持清洁，并浇涂适量的工作油。若舵机长期停用，应涂润滑脂。

4.泄漏

舵杆的舵承填料不应渗水，油箱、油缸、阀件、油管及接头等处不应漏油。柱塞和活塞杆表面应敷有一层薄油，但不滴油。若滴油，当调紧压盖无效时，则应在合适的时候换新 V 形密封圈。

5.噪声

如有异常声响，应立即查明原因，设法处理。

6.释放气体

液压油中如混入气体，工作时有噪声和滞舵等现象，在转舵时可从高压侧放气阀释放气体。

7.机械过热

泵和电机等不应有过热现象。轴承部位的温度一般比油温高 10~20 ℃。

8.联轴器

在舵机启动时可先用手盘动泵的联轴器，以确认泵无卡阻。如在工作泵联轴器下发现橡皮碎末，则表明对中不良，导致橡皮圈破碎，此时必须停泵校正，并换新橡皮圈。备用泵在舵机使用期间，联轴器不应反转，如果反转，则说明液压油倒流入备用泵。

9.阀和固定螺母

在舵机使用过程中应检查各放气阀、旁通阀和截止阀，以及各固定、连接螺母，防止其因振动而离开正确位置或松动。

任务三 舵机试验与舵机调整

一、舵机试验

每次开航前应会同值班驾驶员分别在舵机室和驾驶台一起试舵。试舵时,在驾驶台用遥控按钮启动一套油泵机组,用遥控系统先后向一舷及另一舷做0°、5°、15°、25°、35°的操舵试验,判断舵机及其遥控系统、舵角指示器是否能可靠地工作。然后换用另一套油泵机组做同样的试验。如有备用遥控系统,也应进行试验。

(1)电气舵角指示器的指示舵角与实际舵角之间的偏差应不大于±1°,而且正舵时须无偏差。

(2)采用随动方式操舵时,操舵角的指示舵角与舵停住后的实际舵角之间的偏差应不大于±1°,而且正舵时须无偏差。

(3)不论舵处于任何位置,均不应有明显的跑舵(稳舵时舵偏离所停舵角)现象。在台架试验中,当舵杆扭矩达到公称值时,往复式液压舵机的跑舵速度应不超过0.5°/min,转叶式液压舵机的跑舵速度应不超过4°/min。

(4)采用液压或机械方式操纵的舵机,滞舵(舵的转动滞后于操舵动作)时间应不大于1 s,操舵手轮的空转不得超过半圈,手轮上的最大操纵力应不超过0.1 kN。

(5)电气和机械的舵角限位必须可靠,实际的限位舵角与规定值之差不得大于±30′。

二、舵机调整

(1)如随动舵的实际舵角与指令舵角零位不符,舵角偏差超过±1°,需对操纵系统进行调整。当舵叶在零位时,反馈信号发送器的输出也应调整为零;当操舵轮位于其他舵角时,只有当舵叶转至相应舵角时反馈信号发送器才应与操舵信号发送器给出的电信号抵消,这时电路中各相敏整流电路及放大器的输出也应该为零。

(2)舵机安全阀的整定:

一般安全阀在出厂前即已调定。装船后和必要时,也可对整定压力进行验证,如不符合要求,应重新调整。每一安全阀的调整步骤如下:

①启动一台油泵,移开控制机构的操舵角限制元件,用机旁操纵向某舷操舵,如主泵为变量油泵,当舵叶接近最大舵角时,应尽量使泵以小流量工作。

②将舵转至机械限位挡块限止的极限舵角位置,以使油泵的排压继续升高,直至接近规定的整定压力,开启安全阀。此时应使主泵保持额定流量(如为变量泵,应使变量机构处在额定位置),然后观察压力表的读数。

③如果所得读数与规定的整定压力不符,则取下安全罩盖,松开锁紧螺母,转动调节螺母,校正安全阀整定压力,直至符合要求,再重新将锁紧螺母锁紧。在安全阀的调试过程中,必须注意防止系统中的油压超过耐压试验的数值,安全阀每次开启的时间也

不宜超过 30 s。安全阀的调整工作应在船检部门和轮机长在场的情况下进行。

(3)测试转舵时间:

操舵装置应具有足够的强度并能在船舶处于最深航海吃水并以最大营运航速前进时进行操舵,使舵自任一舷的 35°转至另一舷的 35°,并且于相同条件下自一舷的 35°转至另一舷的 30°所需时间不超过 28 s。转舵时间应在机旁实际舵角指示处用秒表测定。

通过调整变量泵斜盘最大倾角使液压泵工作于最大流量,调整转舵速度,使转舵时间符合要求即自一舷的 35°转至另一舷的 30°所需时间不超过 28 s。

任务四 舵机的应急操作

一、应急舵操作的注意事项

(1)装置进行应急操舵的前提是主泵和辅泵均能正常运转。

(2)在进行应急操舵时,不可操大舵角且注意不要超负荷。

二、应急舵操作的流程

(1)若驾驶台的遥控系统发生故障,可以在舵机房通过安装在油箱上的泵控装置上的泵控旋钮进行应急操作。

(2)切断控制箱电源。

(3)按下电磁控制阀手动按钮并用锁紧螺母锁紧。

(4)通过旋转泵控旋钮进行操舵,观察泵倾角指示器板和舵角刻度板。

(5)当舵机达到所需的角度时,松开泵控旋钮,旋钮和液压泵将回到中位,舵机也会自动停止。

第三部分

实操考核任务设计

设计一

机工实操考核任务设计

学员实操考核任务卡

科目	设备拆装与操作	等级	750 kW 及以上船舶值班机工	时间	30 min
操作题目	1.1 管系的拆装			题号	1
序号	评估要求				配分
1	工具选用与使用				5
2	拆装方法与密封件检查				10
3	安全注意事项				5
总计					20

学员实操考核任务卡

科目	设备拆装与操作	等级	750 kW 及以上船舶值班机工	时间	30 min
操作题目	1.2 管系堵漏器材的选择与绑扎堵漏			题号	2
序号	评估要求				配分
1	工具选用与使用				5
2	管系堵漏器材的选择与止漏				10
3	安全注意事项				5
总计					20

学员实操考核任务卡

科目	设备拆装与操作	等级	750 kW 及以上船舶值班机工	时间	30 min
操作题目	2.1 冷却器的拆装、清洗、密封性检查与处理			题号	3
序号	评估要求				配分
1	工具选用与使用				3
2	拆装方法				4
3	冷却器的清洗、检查与装复				10
4	安全注意事项				3
总计					20

学员实操考核任务卡

科目	设备拆装与操作	等级	750 kW 及以上船舶值班机工	时间	30 min
操作题目	3.1 离心泵的拆装			题号	4
序号	评估要求				配分
1	联轴器与泵壳的拆装				5
2	叶轮的拆装				5
3	轴和轴承的拆装				5
4	离心泵装复				5
总计					20

学员实操考核任务卡

科目	设备拆装与操作	等级	750 kW 及以上船舶值班机工	时间	30 min
操作题目	4.1 往复泵的拆装			题号	5
序号	评估要求				配分
1	外壳拆装				5
2	活塞的拆装				5
3	吸、排阀的拆装与研磨				5
4	装复				5
总计					20

学员实操考核任务卡

科目	设备拆装与操作	等级	750 kW 及以上船舶值班机工	时间	30 min
操作题目	5.1 齿轮泵的拆装			题号	6
序号	评估要求				配分
1	联轴器与泵壳的拆装				5
2	轴向间隙的测量				5
3	轴、轴承和轴封的检查与更换				5
4	齿轮泵装复				5
总计					20

学员实操考核任务卡

科目	动力设备操作	等级	750 kW 及以上船舶值班机工	时间	15 min
操作题目	12.1 舱底水系统的操作与管理			题号	7
序号	评估要求				配分
1	舱底水系统的操作				10
2	管理项目的完整性				7
3	随机让考生完成相关的某项操作				3
总计					20

学员实操考核任务卡

科目	动力设备操作	等级	750 kW 及以上船舶值班机工	时间	15 min
操作题目	12.2 消防水系统的操作与管理			题号	8
序号	评估要求				配分
1	消防水系统的操作				10
2	管理项目的完整性				7
3	随机让考生完成相关的某项操作				3
总计					20

学员实操考核任务卡

科目	设备拆装与操作	等级	750 kW 及以上船舶值班机工	时间	30 min
操作题目	13.1 辅锅炉点火前的准备工作			题号	9
序号	评估要求				配分
1	本体和附件检查				6
2	工作系统的准备				6
3	自动调节报警系统的检查				6
4	启动给水泵给水				6
5	启动燃油泵建立油压				6
总计					30

学员实操考核任务卡

科目	设备拆装与操作	等级	750 kW 及以上船舶值班机工	时间	30 min
操作题目	13.2 辅锅炉点火、升汽			题号	10
序号	评估要求				配分
1	点火操作				10
2	辅锅炉升汽操作				10
3	检查安全阀强开装置				10
总计					30

学员实操考核任务卡

科目	设备拆装与操作	等级	750 kW 及以上船舶值班机工	时间	30 min
操作题目	13.3 辅锅炉运行管理			题号	11
序号	评估要求				配分
1	经常检查各系统及其附件				10
2	判断燃烧情况				10
3	注意观察凝水柜中是否有油				10
总计					30

学员实操考核任务卡

科目	设备拆装与操作	等级	750 kW 及以上船舶值班机工	时间	30 min
操作题目	13.4 锅炉水位计冲洗与上下排污操作			题号	12
序号	评估要求				配分
1	锅炉水位计冲洗				20
2	上下排污操作				10
总计					30

学员实操考核任务卡

<table>
<tr><td>科目</td><td>设备拆装与操作</td><td>等级</td><td>750 kW 及以上船舶值班机工</td><td>时间</td><td>30 min</td></tr>
<tr><td>操作题目</td><td colspan="3">13.5 辅锅炉停火操作</td><td>题号</td><td>13</td></tr>
<tr><td>序号</td><td colspan="4">评估要求</td><td>配分</td></tr>
<tr><td>1</td><td colspan="4">供汽阀操作</td><td>5</td></tr>
<tr><td>2</td><td colspan="4">停火操作</td><td>10</td></tr>
<tr><td>3</td><td colspan="4">排污</td><td>10</td></tr>
<tr><td>4</td><td colspan="4">锅炉空气阀操作</td><td>5</td></tr>
<tr><td>总计</td><td colspan="4"></td><td>30</td></tr>
</table>

设计二

二/三管轮实操考核任务设计

学员实操考核任务卡

<table>
<tr><td>项目</td><td>动力设备拆装</td><td>等级</td><td>750 kW 及以上船舶二/三管轮</td><td>时间</td><td>30 min</td></tr>
<tr><td>操作题目</td><td colspan="3">3.1 离心泵的拆装</td><td>题号</td><td>14</td></tr>
<tr><td>序号</td><td colspan="4">评估要求</td><td>配分</td></tr>
<tr><td>1</td><td colspan="4">工具选用与准备</td><td>5</td></tr>
<tr><td>2</td><td colspan="4">离心泵泵体解体、叶轮拆卸</td><td>10</td></tr>
<tr><td>3</td><td colspan="4">联轴器和滚动轴承拆卸</td><td>5</td></tr>
<tr><td>4</td><td colspan="4">密封环间隙测量</td><td>5</td></tr>
<tr><td>5</td><td colspan="4">离心泵装复</td><td>10</td></tr>
<tr><td>6</td><td colspan="4">安全注意事项</td><td>5</td></tr>
<tr><td>总计</td><td colspan="4"></td><td>40</td></tr>
</table>

学员实操考核任务卡

<table>
<tr><td>项目</td><td>动力设备拆装</td><td>等级</td><td>750 kW 及以上船舶二/三管轮</td><td>时间</td><td>30 min</td></tr>
<tr><td>操作题目</td><td colspan="3">4.1 往复泵的拆装</td><td>题号</td><td>15</td></tr>
<tr><td>序号</td><td colspan="4">评估要求</td><td>配分</td></tr>
<tr><td>1</td><td colspan="4">工具选用与准备</td><td>5</td></tr>
<tr><td>2</td><td colspan="4">往复泵缸盖、活塞的拆卸</td><td>10</td></tr>
<tr><td>3</td><td colspan="4">阀箱解体、往复泵泵阀研磨</td><td>5</td></tr>
<tr><td>4</td><td colspan="4">测量往复泵的胶木胀圈</td><td>5</td></tr>
<tr><td>5</td><td colspan="4">往复泵装复</td><td>10</td></tr>
<tr><td>6</td><td colspan="4">安全注意事项</td><td>5</td></tr>
<tr><td>总计</td><td colspan="4"></td><td>40</td></tr>
</table>

学员实操考核任务卡

项目	动力设备拆装	等级	750 kW 及以上船舶二/三管轮	时间	30 min
操作题目	5.1 齿轮泵的拆装			题号	16
序号	评估要求				配分
1	工具选用与准备				5
2	齿轮泵解体				10
3	端面间隙、径向间隙和啮合间隙测量				5
4	轴、轴承、轴封的检查与更换				5
5	齿轮泵装复				10
6	安全注意事项				5
总计					40

学员实操考核任务卡

项目	动力设备拆装	等级	750 kW 及以上船舶二/三管轮	时间	30 min
操作题目	6.1 活塞式空气压缩机的解体、检修及装复			题号	17
序号	评估要求				配分
1	工具选用与准备				5
2	空气压缩机缸盖的拆卸				5
3	活塞的拆卸				5
4	气阀检查、余隙测量、气阀阀片的研磨				10
5	轴瓦的检查、空压机装复				10
6	安全注意事项				5
总计					40

学员实操考核任务卡

项目	动力设备拆装	等级	750 kW 及以上船舶二/三管轮	时间	30 min
操作题目	7.1 排污阀和给水止回阀的解体、清洁、研磨与组装			题号	18
序号	评估要求				配分
1	工具选用与准备				5
2	排污阀与给水止回阀解体				10
3	阀密封面研磨				5
4	排污阀装复				5
5	给水止回阀装复				10
6	安全注意事项				5
总计					40

学员实操考核任务卡

项目	动力设备拆装	等级	750 kW 及以上船舶二/三管轮	时间	30 min
操作题目	7.2 水位计的解体、清洁、垫片更换与组装			题号	19
序号	评估要求				配分
1	工具选用与准备				5
2	水位计解体及清洁				10
3	水位计垫片更换				10
4	水位计组装				10
5	安全注意事项				5
总计					40

学员实操考核任务卡

项目	动力设备拆装	等级	750 kW 及以上船舶二/三管轮	时间	30 min
操作题目	7.3 燃烧器的解体、清洁与组装			题号	20
序号	评估要求				配分
1	工具选用与准备				5
2	燃烧器解体				10
3	雾化片清洁				5
4	点火电极位置调整				5
5	燃烧器组装				10
6	安全注意事项				5
总计					40

学员实操考核任务卡

科目	动力设备操作	等级	750 kW 及以上船舶二/三管轮	时间	15 min
操作题目	12.1 管路系统图的识读			题号	21
序号	评估要求				配分
1	泵的识读				5
2	阀的识读				3
3	管路的识别				2
总计					10

学员实操考核任务卡

科目	动力设备操作	等级	750 kW 及以上船舶二/三管轮	时间	30 min
操作题目	12.2 离心泵的启动与停用			题号	22
序号	评估要求				配分
1	启动前的准备工作、安全事项				1
2	启动顺序与过程				1
3	启动后的检查内容				1
4	停用顺序与过程				1
5	停止后的操作、检查				1
总计					5

学员实操考核任务卡

科目	动力设备操作	等级	750 kW 及以上船舶二/三管轮	时间	30 min
操作题目	12.3 离心泵的日常管理			题号	23
序号	评估要求				配分
1	管理项目是否全面				3
2	参数调整的正确性				2
总计					5

学员实操考核任务卡

科目	动力设备操作	等级	750 kW 及以上船舶二/三管轮	时间	15 min
操作题目	12.4 压载水系统的操作与管理			题号	24
序号	评估要求				配分
1	压载水系统启动前的准备和启动方法				5
2	压载水系统的运行管理及停用				5
总计					10

学员实操考核任务卡

科目	动力设备操作	等级	750 kW 及以上船舶二/三管轮	时间	15 min
操作题目	12.5 舱底水系统的操作与管理			题号	25
序号	评估要求				配分
1	舱底水系统的启动				5
2	舱底水系统的运行管理				3
3	舱底水系统的停用				2
总计					10

学员实操考核任务卡

<table>
<tr><td>科目</td><td>动力设备操作</td><td>等级</td><td>750 kW 及以上船舶二/三管轮</td><td>时间</td><td>15 min</td></tr>
<tr><td>操作题目</td><td colspan="3">13.1 辅锅炉点火前的准备工作</td><td>题号</td><td>26</td></tr>
<tr><td>序号</td><td colspan="4">评估要求</td><td>配分</td></tr>
<tr><td>1</td><td colspan="4">准备事项的全面性</td><td>10</td></tr>
<tr><td>2</td><td colspan="4">准备事项的正确性</td><td>10</td></tr>
<tr><td>总计</td><td colspan="4"></td><td>20</td></tr>
</table>

学员实操考核任务卡

<table>
<tr><td>科目</td><td>动力设备操作</td><td>等级</td><td>750 kW 及以上船舶二/三管轮</td><td>时间</td><td>15 min</td></tr>
<tr><td>操作题目</td><td colspan="3">13.2 辅锅炉点火、升汽</td><td>题号</td><td>27</td></tr>
<tr><td>序号</td><td colspan="4">评估要求</td><td>配分</td></tr>
<tr><td>1</td><td colspan="4">安全注意事项</td><td>5</td></tr>
<tr><td>2</td><td colspan="4">点火操作</td><td>10</td></tr>
<tr><td>3</td><td colspan="4">升汽操作过程</td><td>5</td></tr>
<tr><td>总计</td><td colspan="4"></td><td>20</td></tr>
</table>

学员实操考核任务卡

科目	动力设备操作	等级	750 kW 及以上船舶二/三管轮	时间	15 min
操作题目	13.3 辅锅炉运行管理			题号	28
序号	评估要求				配分
1	管理项目的全面性				15
2	运行参数的正确性				5
总计					20

学员实操考核任务卡

科目	动力设备操作	等级	750 kW 及以上船舶二/三管轮	时间	15 min
操作题目	13.4 辅锅炉的停火操作			题号	29
序号	评估要求				配分
1	停炉操作过程				10
2	停炉后的检查与操作				10
总计					20

学员实操考核任务卡

<table>
<tr><td>科目</td><td>动力设备操作</td><td>等级</td><td>750 kW 及以上船舶二/三管轮</td><td>时间</td><td>15 min</td></tr>
<tr><td>操作题目</td><td colspan="3">14.1 活塞式空压机操作与管理</td><td>题号</td><td>30</td></tr>
<tr><td>序号</td><td colspan="4">评估要求</td><td>配分</td></tr>
<tr><td>1</td><td colspan="4">空压机的启动操作</td><td>5</td></tr>
<tr><td>2</td><td colspan="4">空压机的运行管理及停车操作</td><td>5</td></tr>
<tr><td>总计</td><td colspan="4"></td><td>10</td></tr>
</table>

学员实操考核任务卡

<table>
<tr><td>科目</td><td>动力设备操作</td><td>等级</td><td>750 kW 及以上船舶二/三管轮</td><td>时间</td><td>15 min</td></tr>
<tr><td>操作题目</td><td colspan="3">15.1 液压系统图的识读</td><td>题号</td><td>31</td></tr>
<tr><td>序号</td><td colspan="4">评估要求</td><td>配分</td></tr>
<tr><td>1</td><td colspan="4">液压泵、液压马达符号识读</td><td>5</td></tr>
<tr><td>2</td><td colspan="4">液压阀件符号识读</td><td>3</td></tr>
<tr><td>3</td><td colspan="4">液压管路和附件的识别</td><td>2</td></tr>
<tr><td>总计</td><td colspan="4"></td><td>20</td></tr>
</table>

学员实操考核任务卡

科目	动力设备操作	等级	750 kW 及以上船舶二/三管轮	时间	20 min
操作题目	15.2 液压甲板机械的启动与停用			题号	32
序号	评估要求				配分
1	启动前的准备工作、安全事项				5
2	启动顺序与过程				3
3	启动后的检查内容				5
4	停用顺序与过程				3
5	停止后的操作、检查				4
总计					20

学员实操考核任务卡

科目	动力设备操作	等级	750 kW 及以上船舶二/三管轮	时间	20 min
操作题目	15.3 液压系统的日常管理			题号	33
序号	评估要求				配分
1	管理项目的全面性				15
2	相关参数的正确性				5
总计					20

学员实操考核任务卡

科目	动力设备操作	等级	750 kW 及以上船舶二/三管轮	时间	20 min
操作题目	15.4 液压甲板机械操作与调整			题号	34
序号	评估要求				配分
1	系统工作压力的检查及调整				10
2	系统相关保护装置的参数调整				10
总计					20

学员实操考核任务卡

科目	动力设备操作	等级	750 kW 及以上船舶二/三管轮	时间	30 min
操作题目	16.1 油水分离器的操作和运行管理			题号	35
序号	评估要求				配分
1	油水分离器的启动操作				3
2	油水分离器的运行管理				4
3	油水分离器的停车操作				3
总计					10

学员实操考核任务卡

科目	动力设备操作	等级	750 kW 及以上船舶二/三管轮	时间	15 min
操作题目	17.1 造水机的操作和运行管理			题号	36
序号	评估要求				配分
1	造水机的启动操作				4
2	真空度及产水量的控制				4
3	停造水机操作				2
总计					10

学员实操考核任务卡

科目	动力设备操作	等级	750 kW 及以上船舶二/三管轮	时间	15 min
操作题目	18.1 空调装置的操作与运行管理——降温工况			题号	37
序号	评估要求				配分
1	空调装置降温工况的启动前的准备				3
2	空调装置降温工况的启动				2
3	空调装置的一般操作				2
4	空调装置降温工况的停用				2
5	安全注意事项				1
总计					10

学员实操考核任务卡

科目	动力设备操作	等级	750 kW 及以上船舶二/三管轮	时间	15 min
操作题目	18.2 空调装置的操作与运行管理——取暖工况			题号	38
序号	评估要求				配分
1	空调装置取暖工况的启动前的准备				3
2	空调装置取暖工况的启动				2
3	空调装置取暖工况的一般操作				2
4	空调装置取暖工况的停用				2
5	安全注意事项				1
总计					10

设计三

大管轮实操考核任务设计

学员实操考核任务卡

项目	动力设备拆装	等级	750 kW 及以上船舶大管轮	时间	30 min
操作题目	8.1 制冷压缩机的解体、检修及装复			题号	39
序号	评估要求				配分
1	工具选用与准备				5
2	活塞式制冷压缩机缸盖与活塞的拆卸				10
3	曲轴及轴承配合间隙检查				5
4	缸套与气阀的检查				5
5	活塞式制冷压缩机装复				10
6	安全注意事项				5
总计					40

学员实操考核任务卡

项目	动力设备拆装	等级	750 kW 及以上船舶大管轮	时间	30 min
操作题目	9.1 液压油泵的解体、检修及装复			题号	40
序号	评估要求				配分
1	工具选用与准备				5
2	液压油泵转子及配油盘拆卸				10
3	液压油泵转子及配油盘的检查				5
4	缸体柱塞配合间隙测量				5
5	液压油泵转子及配油盘装复				10
6	安全注意事项				5
总计					40

学员实操考核任务卡

项目	动力装置测试分析与操作	等级	3 000 kW 及以上船舶大管轮	时间	15 min
操作题目	15.1 甲板液压机械的启动与停用			题号	41
序号	评估要求				配分
1	启动前检查				5
2	启动并进行启动后的必要检查				5
3	停止液压甲板机械操作				5
总计					15

学员实操考核任务卡

项目	动力装置测试分析与操作	等级	3 000 kW 及以上船舶大管轮	时间	15 min
操作题目	15.2 液压系统的日常管理			题号	42
序号	评估要求				配分
1	液压系统运转性能检查				3
2	系统参数检查及调整				5
3	液压系统维护保养				5
4	安全注意事项				2
总计					15

学员实操考核任务卡

项目	动力装置测试分析与操作	等级	3 000 kW 及以上船舶大管轮	时间	15 min
操作题目	15.3 液压甲板机械操作与调整			题号	43
序号	评估要求				配分
1	液压甲板机械操作前的准备工作				3
2	液压甲板机械的基本操作				5
3	液压甲板机械参数调整				5
4	安全注意事项				2
总计					15

学员实操考核任务卡

项目	动力装置测试分析与操作	等级	3 000 kW 及以上船舶大管轮	时间	15 min
操作题目	19.1 制冷装置启动与停用			题号	44
序号	评估要求				配分
1	启动前的准备工作				5
2	制冷装置启动操作				5
3	制冷装置的停用操作				5
4	安全注意事项				5
总计					20

学员实操考核任务卡

项目	动力装置测试分析与操作	等级	3 000 kW 及以上船舶大管轮	时间	15 min
操作题目	19.2 制冷装置日常管理操作			题号	45
序号	评估要求				配分
1	补充冷剂				4
2	制冷系统检漏				2
3	更换干燥剂				2
4	补充冷冻机油				4
5	释放不凝性气体				4
6	制冷装置融霜				4
总计					20

学员实操考核任务卡

项目	动力装置测试分析与操作	等级	3 000 kW 及以上船舶大管轮	时间	15 min
操作题目	19.3 制冷参数调整			题号	46
序号	评估要求				配分
1	冷凝压力调节				6
2	温度继电器调节				6
3	热力膨胀阀调节				8
总计					20

学员实操考核任务卡

项目	动力装置测试分析与操作	等级	3 000 kW 及以上船舶大管轮	时间	15 min
操作题目	20.1 舵机的启动与停用			题号	47
序号	评估要求				配分
1	启动前的准备工作				5
2	舵机启动操作				5
3	舵机的停用操作				5
4	安全注意事项				5
总计					20

学员实操考核任务卡

项目	动力装置测试分析与操作	等级	3 000 kW 及以上船舶大管轮	时间	15 min
操作题目	20.2 舵机日常管理			题号	48
序号	评估要求				配分
1	舵机运转状况的一般检查				5
2	液压舵机装置运行参数检查及调整				5
3	液压舵机日常维护保养				5
4	安全注意事项				5
总计					20

学员实操考核任务卡

项目	动力装置测试分析与操作	等级	3 000 kW 及以上船舶大管轮	时间	15 min
操作题目	20.3 舵机试验与调整			题号	49
序号	评估要求				配分
1	对舵控制的有关参数测试				5
2	舵机的调整				5
3	开航前的试舵操作				5
4	安全注意事项				5
总计					20

学员实操考核任务卡

项目	动力装置测试分析与操作	等级	3 000 kW 及以上船舶大管轮	时间	15 min
操作题目	20.4 舵机的应急操作			题号	50
序号	评估要求				配分
1	应急操作前的准备				5
2	舵机的应急操作				10
3	安全注意事项				5
总计					20

参考文献

[1]中国海事服务中心.值班机工业务.大连:大连海事大学出版社,2012.
[2]刘晓晨,张守俊.船舶辅机.大连:大连海事大学出版社,2013.
[3]陈海泉.船舶辅机.大连:大连海事大学出版社,2016.
[4]中国海事服务中心.船舶辅机.大连:大连海事大学出版社,2012.
[5]郑学林,任福安,宋立国.船舶辅机.大连:大连海事大学出版社,2021.
[6]向阳.船舶辅机.武汉:武汉理工大学出版社,2015.
[7]丁立勋,王福秋.船舶辅机拆装与检修.大连:大连海事大学出版社,2012.
[8]黄兴旺,王玲.船舶辅机拆装与操作.大连:大连海事大学出版社,2015.
[9]张守俊,王福秋.船舶辅机辅助教材.大连:大连海事大学出版社,2018.
[10]张心宇.船舶辅机.哈尔滨:哈尔滨工程大学出版社,2020.
[11]刘德宽,赵峰,彭秋平.船舶辅机.大连:大连海事大学出版社,2020.
[12]中国船级社.钢质海船入级规范.北京:人民交通出版社股份有限公司,2021.